哲学与社会发展文丛

林默彪　著

哲学的反思
与
反思的哲学

Philosophical Reflection
and
Reflective Philosophy

社会科学文献出版社
SOCIAL SCIENCES ACADEMIC PRESS (CHINA)

总　序

在美丽的榕城白马河畔，有一个由中青年哲学学者组成的学术团队，他们以理性的激情，把哲学反思的视野投向当代社会发展，试图以“哲学与社会发展文丛”为题陆续推出他们的研究成果。在与他们深入交谈中，我被他们的哲学学养和睿识以及他们对哲学与时代的那份眷注、担当的情怀所深深地打动，欣然应邀为该文丛作序。

改革开放三十多年造就了中国社会实践的辉煌，也极大地推动了哲学研究的发展。从历史反思到实践观念，从体系创新到问题意识，从经典诠释到话语建构，哲学在把握时代的同时也被时代所涵养化育，呈现多样化的研究面相。在中国社会由传统社会向现代社会的变革转型过程中，哲学发展面临着机遇和挑战。哲学不应该以思辨的精神贵族自期自许，而应该回归生活世界。诚如维特根斯坦所言的“贴在地面行走，而不在云端跳舞”，哲学应当“接地气”——在时代变革与发展的实践中获得鲜活厚实的“地气”。社会发展是我们这个时代的一个主题，哲学必须也能够以其理性的力量在反思、把握社会发展的规律、特点、趋势中获得自身发展的生机活力，拓展出新的问题域。

当代中国社会正面临着一个全面而又深刻的变革、转型和发展的历史进程，改革与发展给中国社会带来巨大进步的同时，也日益显现、暴露出发展中存在的问题和矛盾。发展的现代性问题在当代中国并非一个遥远的“他者”，而是有了其出场的语境。诸如社会阶层的分化，利益结构的重组，经济社会结构的转型，公平正义问题，社会失范问题，发展可持续性问题，以及资源、环境、生态问题等，社会发展以问题集呈现在世人面前。问题表明发展对理论需求的迫切性。当代社会发展的整体性、复杂性、长期性、风险性需要克服单线性的进化论发展观，对社会发展的把握也不能停留在具体的经验实证的认识层面上，全新的社会发展需要全新的发展理念来烛引，对发展的具体的经验的把握必须上升到哲学的总体性的层面上来。因为，在对社会发展的不同学科、不同视角、不同维度、不同层次的研究中，哲学的视角具有总体性、根本性、基础性、前提性、方向性的特点，它是以理性的反思和后思的方式对社会发展的前提、根据、本质、价值、动力、过程、规律、趋势、模式和方法等作出整体性的观照。这种反思使我们能够超越和突破对社会发展的经验的、狭隘的眼界，在总体性、规律性、价值性和方向性意义上获得对当代社会发展的理性的自觉性和预见性。在这个意义上，唯有哲学，才能够对当代社会发展既在后思的意义上充当黄昏后才起飞的“密纳发的猫头鹰”，又在前引的意义上充当报晓的“高卢雄鸡”。

福建省委党校、福建行政学院哲学部的中青年哲学学者正是在上述的意义上试图以哲学的多视角的反思性方式介入对当代社会发展问题的研究，在社会发展的元理论研究与问题研究、反思性研究与规范性研究、社会发展的一般规律与特殊规律、本质与价值、方法与模式、历史与逻辑、比较与反思以及社会发展的世界经验与中国经验等方面拓辟哲学观照当代社会发展的问题域。他们有着共同的学术愿景：立足于当代中国社会发展的实践，在理论与实践、思想与学术之间形成互动的张力，对时代实践的要求作出哲学的回应，从中寻找哲学自身的生长点，造就一个哲学研究的学术团队，形成自己的研究方向和特点。

在一个急功近利、浮躁虚华的年代，他们以一种哲学的淡定和从容来反思时代，充当哲学“麦田的守望者”。我祝愿他们，并相信通过他们的努力有更多的哲学学术成果问世。就像白马河畔那根深叶茂的榕树一样，有他们哲学思考的一片榕荫绿地。

李景源

2014.5.6

自　序

本论文集辑录的是笔者散落于时间驿站的思绪码成的文字，内容涉及哲学认识论、唯物史观、马克思主义哲学中国化、文化哲学、社会转型等论域。论文集在保留文章发表原稿的基础上做了一定的修改，并将经典引文用最新版替换。论文集中的个别观点在不同文章中有相似或重叠之处的，是笔者在不同论题的语境中对同一观点的重申和发挥。《哲学的反思与反思的哲学》一文是笔者在第十三届全国马克思主义论坛上所作的题为《哲学如何面向当代中国问题》的发言，选取这样一个论题作为书名正切合本论文集的思想旨趣：在理性反思与现实关切的互动中寻找思想的张力。

无论是哲学的反思还是反思的哲学，都应尽可能地与世俗功利无涉，而较为纯粹地出于对生活和经验世界以及思想本身的“思”的意趣，通过理性的沉思，穿透生活和经验的面相，来揭示生存问题和思想本身的问题，进而对问题提出富有个性化的解释性观念并将其置于思想平台上，供人审视和批判。不过，现代生活的浮躁与焦虑也许不太适合“思”的意趣，那么，做哲学可能还有一种面相：“渔樵问答”和“把酒笑谈”式的意象所显现的一种生活的拙真、平常与散逸。本集子仅作为思想边缘人的一种“爱智慧”的心曲，对哲学所念叨不已的还是生活中的“逻辑”加“经验”，以及其中所蕴含的人文思绪。

对当代人来说，生存从来没有呈现像今天这样的变化和不确定性，人的内心深处也从未像今天这样强烈地渴望某种牢固和确定的东西。哲学总是试图透过这种变动不居的“多”，去把握那不变的“一”。而对于人的生存来说，真实存在的是变动不居的“多”，那不变的“一”却是不靠谱的思想幻相。但问题正如笔者在《认识论问题域的现代转向》一文中所纠结的那样：“人类认识的一个根本矛盾或悖论是：人所要认识的世界是人所能认识的世界，但人总要寻找那个不能被人所认识的永恒绝对的世界。追求绝对永恒却难及，不追求绝对永恒又可能失去认识的根基。我们在寻求绝对世界的确定性时，却发现寻求者本身是非绝对、非确定性的，是以‘有涯’去追‘无涯’，世界本身对认识永远是逃逸和遮蔽的，对于‘我思’是没有终点的地平线。但即便是这样，认识论的这个形上之谜，就像古希腊神话中的塞壬女妖摄人心魄的歌声一样是一个妖冶迷人的陷阱，对人类的哲学智慧来说，是一个永恒的诱惑。”这种诱惑，对人的生存来说，又何尝不是这样！

海德格尔曾举例说他在阁楼上遇到年轻时候用过的那块破损的滑雪板，自己遭遇了“我的青少年时代”。这本集子对笔者而言，是与散落在个人时间驿站中的思绪再相遇，这既是自己的一种历史性的情景重构，亦是自己的一种历史性的当下在场，个中况味也只有自己来领会。就好像辑录出版这本集子的想法，源于一种暮色的寂然与冲动的纠结，如同在老校园里看到飘落满地的枯叶，还想着如何从中捡起一丝绿意。

林默彪

2023 年 3 月 27 日于福州

目录

Contents

认识论问题域的现代转向

本文所论说的是传统认识论问题域在现代的超越和转向。这种超越与转向并不是对传统认识论问题的消解，也不表明认识论的终结，而是认识论的问题域在一种不同于传统认识论思维框架中的拓展和深化。

一　传统认识论问题的思维框架和提问方式

哲学史就是问题史，而问题总是在某种思维框架中提出并予以解决的。传统认识论的“传统”主要的意蕴不在于时间上与现代的分界，而在于它的问题域产生于主体和客体二元分立的思维框架和提问方式中，也是在这样的思维框架中来解决的。“近代认识论的共同倾向是主体和客体之间的对立，即认识着的心灵和它所面对着的、并试图加以认识的外部世界之间的对立。”①

近代哲学无论是经验论还是唯理论，对认识的反思和提问都蕴涵着一个基本的思维构架，即思维着的自我（主体）与对象（客体）之间的分立以及二者之间的关系，在这种关系构架中提出并试图解决的认识论问题大致可归结为三个方面的内容，这三个方面的内容构成了传统认识论的问题

① 〔美〕M. K. 穆尼茨：《当代分析哲学》，吴牟人、张汝伦、黄勇译，复旦大学出版社，1986，第4页。

域。一是关于认识的性质、前提和基础等问题。近代哲学对这类问题的提出和解决具有此前本体论哲学的特点。二是认识的来源、过程和机制即认识的发生学方面的问题。三是认识的范围、可靠性、真理性、确证性、知识的普遍必然性和客观有效性等知识论问题。这些问题用康德的话来表述，就是研究有关认识的“起源、范围及其客观有效性”。英国学者海姆伦在《西方认识论简史》一书中指出，认识论主要“研究知识的性质和范围及其前提和基础，以及对知识所要求的一般可靠性”①。

笛卡尔由“我思”推及“我在”，一方面把本体论的问题置于认识论的场域和框架内来讨论，另一方面为认识论提供了一个不证自明、无可置疑的本体论前提和出发点：一个先验的在思的自我的存在。认识是自我的天赋观念通过理性的演绎推演出真实可靠的知识，人们通过演绎推演建立起全部知识的大厦。显然，笛卡尔是以先验的自我为前提和出发点来把握主客体的关系，来解决上述基本问题的。经验论者如洛克对“天赋观念论”进行了尖锐的批判，认为心灵是一块“白板”，认识是对象在“白板”上留下的印记，一切观念都是后天获得的，直接或间接来源于我们的内外感觉，知识建立在感觉经验的基础上。洛克的经验论以承认对象的客观实在为前提，不过这一点恰恰是未被经验论所证实的。休谟正是从经验论出发质疑对象的客观实在。他认为，呈现在心灵前的任何东西都只是知觉，并非独立于我们意识之外的东西，因果关系、必然性也不过是我们的一种经验性质的习惯性的心理联想和期待而已，并非真实事实之间的真实联系，至于认识对象如何进入我们的心灵，这是不可知的，其实在性是值得怀疑的。“我们所确实知道的唯一存在就是知觉……除了知觉以外，既然从来没有其他存在物呈现于心中，因此我们永不能由知觉的存在或其任何性质，形成关于对象存在的任何结论。”② 在休谟哲学中，知识来源于感觉经验，也局限于感觉经验，认识活动就像一只果蝇被关进经验和知觉的捕蝇瓶中找不到出口。不过，休谟把对象的客观实在这种形而上学问题转换为认识论问题并加以质疑，对人类认识能力、界限进行审视进而对知识确定性、绝对性进行怀疑，给后来者留下不能回避的认识论难题。在康德

---

① 〔英〕D. W. 海姆伦：《西方认识论简史》，夏甄陶、崔建军、纪虎民译，中国人民大学出版社，1987，第1页。

② 〔英〕休谟：《人性论》，关文运译，郑之骧校，商务印书馆，1980，第239页。

哲学中，具有先天认知能力和形式的先验主体，是认识的中心。他以先验自我为中心来解决认识的本性和来源问题，从主体的认知能力来划定认识的范围和可靠性。虽然他设定了一个“物自体”，但物自体不是认识论论域中的存在，在认识论上对此可以存而不论。与先验主体认识能力和形式相对应的是“现象”，即客体对我们的“呈现”，而不是直接被给予的实存。认识就是主体运用先验的感性直观形式和知性范畴对感性材料、表象的综合整理而来的。胡塞尔说：“康德试图在主体性中，或者说，在主体性与客体的相互关系中寻找对客体性意义的最终的、通过认识而被认识的规定。就此而论，我们与康德是一致的。”[①] 黑格尔把这些问题归结为思维和存在的同一性问题。他不仅把先天的观念和原则看作存在于自我的主观意识中的东西，而且把这些观念、原则看成对象客体自身的本质和灵魂。这种集主观性和客观性于一身的思想就是“绝对精神”“理念”。“思想的真正客观性应该是：思想不仅是我们的思想，同时又是事物自身，或对象性的东西的本质。”[②] 可见，黑格尔所说的思维和存在的同一，是把主观观念和客观事物的本质同一于“绝对精神”，真理性的认识是客观精神自己认识自己的自我显现的辩证过程。

认识论始于对认识本身的反思性考察，这种反思既符合哲学思维发展的逻辑进路，又是哲学思想史发展的事实。传统认识论得以成立的前提是主客分立的思维框架，只有这种对立成立，才有主体或心灵何以达到客体或外部世界、对象或外部世界何以嵌入主体心灵等认识论问题的成立。不管是经验论还是唯理论，其认识的本质、来源、可靠性、客观有效性和真理性等问题的提出和解决都是在这一基本结构的框架内进行的。

不过，尽管近代传统认识论有其哲学思维发展的必然性和合理性，但主客分立的二元思维框架存在明显的缺陷，主要表现在以下几个方面。第一，对认识活动的把握是直观的、机械的，即认识主体与客体、心与物、思维与存在之间是直接的二元关系。诸如第一性与第二性、决定与被决定、反映与被反映、可知或不可知等问题的提出和解决无一不是在这二元

---

① 转引自倪梁康《胡塞尔现象学概念通释》，生活·读书·新知三联书店，1999，第460页。

② 〔德〕黑格尔：《小逻辑》，贺麟译，商务印书馆，1980，第120页。

分立的构架中的两端来回梭巡，而且总是在这两端的某一端寻找一个最终的根源和答案。显然，这种把握方式没有深入认识发生、发展的内在机制、中介环节、背景条件等更为复杂的结构中，因而它无法回答诸如对象是如何被嵌入心灵的、认识的客观有效性和普遍必然性的根据何在等问题。第二，对认识活动的把握不仅是直观的，而且是抽象的、思辨的，即在一种纯粹无差别的主客体二元结构的条件中来考察认识现象，并试图从中抽象出普遍的认识规律和程式，而不是把认识活动和现象放置于具体的生活和实践的存在境域去考察它的生成和发展，以及它的具体历史性的意义和标准。第三，在思维取向上具有绝对性的特征，即在主客二分的认识构架中追求认识的绝对基础、绝对的本质、绝对的来源、绝对的标准，致力于探究认识（知识、真理）绝对的普遍性、客观性、必然性、可靠性和明证性的方法和途径。

现当代哲学对传统认识论问题的超越和转换主要是在克服传统认识论的上述这些缺陷的同时，开拓和深化了认识论的问题域。

二　现代认识论问题域的超越与拓展

现代认识论对传统认识论问题的超越和转换有其自然科学和人文社会科学发展的背景，也基于传统认识论自身的局限以及对克服这种局限的理论逻辑要求。

（1）传统认识论问题域中的本体论问题被消解或搁置。它或者因不能为经验所证实或证伪而被认为是不能说的、没有意义的假问题，或者因远离人的生活世界而被“生命”“意志”“生活世界”“交往”“实践”等问题所置换。

（2）关于认识的来源、机制等认识发生学问题逐渐被经验科学化。20世纪重视认识论研究的哲学家都不同程度地表现出使认识论问题经验科学化的倾向。如皮亚杰在《发生认识论原理》一书中引用了美国心理学会对他的研究的评价：“他使用坚定地依赖经验事实的手法研究了一些迄今还是纯哲学的问题，使认识论成为一门与哲学分开、与所有人类科学都有关系的科学。”[①] 现代西方科学哲学大多把科学发现和认识发生学问题看作经验心理学的问题。当代认知心理学、脑科学与人工智能、神经生理学等新兴学科都体现了认识发生学问题的经验科学化的趋向。

（3）关于认识的范围、可靠性、真理性、普遍必然性和客观有效性及其确证、意义及标准等认识论问题，分析哲学把它转换为语言逻辑问题，并通过语言分析追求思想及其表达的精确性和明晰性，从而为科学命题即知识提供意义标准和可由经验证实或证伪的逻辑框架。科学哲学把科学作为研究对象，关注科学发现和发展的方法和逻辑、科学与非科学的划界、知识的检验及其标准、科学知识的演进和模型等方面的内容，把认识论转向对科学认识论和方法论即知识论的研究。随着科学哲学研究的相对主义倾向的泛滥，到费耶阿本德的无政府主义认识论那里，客观知识变成了一个“神话”，理论和范式是不可通约的，唯一通行的法则是“怎么都行”。如果知识是“怎么都行”的话，那么，毋宁说这种“怎么都行”的认识论宣告了认识论本身的终结。同时，从科学本身来看，认识论问题的研究对当代科学的发展并非必不可少，科学研究也并非必须以认识论的探究为前提，大多数科学家既不关心知识标准以及对科学的哲学基础的讨论，也不认为科学研究必须有这种认识论作为前提和背景。在 20 世纪，不是科学需要哲学、认识论的辩护，而是认识论需要在科学面前为自己存在的合理性和合法性进行辩护。在哲学内部，后现代主义者罗蒂反对基础主义，认为认识论不可能为知识辩护，宣布“后认识论”时代的来临，要用解释学取代传统的认识论。在这个意义上，认识论似乎在西方哲学中走到了尽头，各种“转向”“解构”似乎把哲学认识论打入了“冷宫”。

可见，传统认识论问题域中的三个方面的基本问题在 20 世纪的西方哲学中已逐渐淡出。那么，认识论还有无存在和发展的理由？

哲学不是科学，认识论如果走上经验科学化的道路，那只能说这种经验科学化的认识论被科学消解了，但不能说认识论本身也走到了尽头；哲学也不是功利性的学说，以认识论是否对科学或某一具体实践有用作为其是否存在的理由也有违哲学智慧的本性；至于说到种种的“转向”，如果

① 〔瑞士〕皮亚杰：《发生认识论原理》，王宪钿译，商务印书馆，1981，第 17 页。

是某一时期哲学研究出现一些热门问题和研究成果并开拓了哲学研究新的方向、新的问题域，那也并不是不能说“转向”，但如果说“转向”是对以往哲学的完全替代和否定就显得过于浮躁和武断。认识活动是人类生活和实践的一个永恒的、普遍的现象和基本的条件，只要人类存在，认识现象也就存在，人类就不会停止对认识现象的反思，哲学认识论就有其存在的理由。认识论自身也有其产生和讨论问题的基本结构和问题域，只不过在不同历史时期的不同社会生活、实践和认识发展水平以及不同的哲学流派中，会产生不同的提问方式和解答方式而已。如近代认识论关注的重点是认识的前提、基础、本性、来源、范围、可靠性、客观有效性和普遍必然性等方面的问题，现当代认识论则更关注知识的确证性、意义和标准、发现和证明的程序与形式、科学的结构和发展模式等知识论方面的问题。因此，现当代哲学问题域的变化与拓展不能说是哲学认识论的终结，在许多方面可以理解为是传统认识论问题域的现代转换、超越和拓展。这种超越与拓展主要表现在以下方面。

（1）现代认识论超越了传统认识论的主客二分的思维框架，深入连接主客体的中介、工具环节，主体和客体自身的历史文化的丰富规定性以及主客体之间多向度、多层次的关系，在这样一个复杂而又辩证的关系构架中拓展了认识论问题域，克服了传统认识论的机械性和直观性。传统认识论把认识活动简单、直观地理解为主客、心物之间的反映和被反映的过程或客体对于主体心灵的契合，现代认识论则更为关注中介、工具的作用。列宁在这个问题上则有着深刻的洞见：“仅仅‘相互作用’= 空洞无物”，“需要有中介”；“一切 vermittelt = 都是经过中介，连成一体，通过过渡而联系的”。[①] 现代认知心理学运用信息论揭示认识过程的内在机制，把认识过程看成信息的接收、加工、存储和输出过程，认识工具就是主体用于接收、加工、存储和输出有关客体信息的中介手段，它内在地蕴涵着主体尺度和物性的尺度的统一。在认识活动中，主客体相互作用，信息的传递和变换是通过认识工具这一中介桥梁来实现的。从广义看，人们认识、把握对象世界所运用的概念、范畴、语言、逻辑、符号、认知图式等都可以看成认识工具、中介系统。语言哲学认为，在对象世界、意义世界（思想、

① 《列宁全集》第 55 卷，人民出版社，2017，第 137、85 页。

观念世界）之间还有一个语言世界、符号世界。思想反映对象，符号表达思想，指称对象。语言符号系统产生于对对象世界的命名，它既是人们认识对象世界的基本工具和手段，又是人们阐释认识结果的工具和载体，不能离开语词即符号世界去讨论认识论问题。而语言符号世界既是一个语言逻辑的世界，又是一个主体间约定的、可公度的、具有公共性的主体间性的世界。这已展现出一个新的问题域：认识（知识）的主体间性和公共性问题。在海德格尔那里，语言与真理是密切相关的。“语言是存在的家”并不完全是人们所理解的那样是一个本体论的命题。在他看来，语言的根本意义在于存在的揭示和敞亮，此在通过语言使存在得以显现，真理的本义是“解蔽”，而真正源始的语言正是“存在的澄明”。可见，海德格尔的这一命题具有认识论的意义。在皮亚杰的发生认识论那里，认识的首要问题不再是传统认识论中的主体和客体何者是第一性的、何者是认识之源的问题，而是主客体之间相互作用时中介的建构问题，认识是主客体在个体活动基础上的双向建构过程。在这个建构过程中，主体与客体任何一方都不占有第一性的决定性的优势，而是处于由个体活动所中介的开放性的动态格局中，在这种开放性的动态格局中运演着主客体的同化、顺应和自我调节的双向建构的辩证过程。这有点接近马克思主义认识论关于认识是在实践基础上的辩证过程的观点，不过，马克思主义的“实践”不是孤立的生物性的个体活动，而是蕴涵着社会的、历史的丰富规定性的“社会实践”。

康德通过理性的“批判”，厘定认识主体的能力和认识的范围，通过“为自然立法”的理性的中介，开启了对传统认识论的“本质主义”的“祛魅”，转向“现象主义”的认识论；分析哲学通过语言的“批判”，对形而上学“祛魅”，由“我们如何认识世界”转向“我们如何表述世界”的语言和逻辑领域；马克思则通过实践的“批判”，对传统认识论的思辨性、直观、机械性以及不可知论“祛魅”，转向以实践为基础和中介的辩证认识论。在这里，实践不仅是批判性的，而且是建构性的；不仅是认识论的，而且是存在论的，而且只有在作为人的存在方式的意义上，才能作为新的认识论的批判原则和建构原则。作为批判原则，其针对的是传统的认识论：“人的思维是否具有客观的［gegenständliche］真理性，这不是一个理论的问题，而是一个实践的问题。人应该在实践中证明自己思维的真理性，即自己思维的现实性和力量，自己思维的此岸性。关于思维——离开实践的思维——的现实性或非现实性的争论，是一个纯粹经院哲学的问题。”① 作为建构原则，实践是建立关于认识的本质、来源、意义、动力、真理性标准以及认识辩证的发展过程等理论体系的基础，构成了马克思主义认识论的问题域。

（2）现代认识论深入以人的社会生活、交往、实践为内容与方式的存在领域、历史与价值领域来讨论认识论问题，从而一方面克服了传统认识论的单纯性、抽象性和思辨性，另一方面则大大开拓了认识论的新视界。传统认识论单纯、片面地对认识做知识论的理解和追求，在无差别的抽象的主体和客体的直接、单一的纯认识的关系中寻求认识的真理性、客观有效性和普遍必然性。这种寻求只能导致主客体在思维中的抽象的同一或抽象的不同一。事实上，任何主体和客体及其关系都首先是在社会生活、交往、实践中历史性生成的存在。在这种存在的场域中，主体和客体自身蕴涵着历史的文化的丰富规定性，以及主客体之间诸如实践的、认识的、伦理的、审美的、价值的相互交叉渗透的多重、多维向的复杂而又辩证的关系。同时，从认识、真理的具体性来看，在一个设定的条件和区间里，认识的真理性、可公度性、确证性、可检验性是可能的，而且是必需的，在这个意义上说，“真理是具体的”。传统认识论的抽象、思辨性在于没有设定这种条件和区间，而没有条件和区间的认识是纯粹的抽象，这种纯粹的抽象导致真理的虚幻性和不可确证性。也就是说，具体性（情境、条件和区间）本身就是认识的一个普遍性的特征。认识产生于特定的社会生活、交往和实践的存在境域。

在康德那里，实践理性就高于理论理性，因为人的认识归根到底要服务于人的生活和道德实践。实用主义者如詹姆士，实际上是从存在论或实践哲学角度来讨论真理问题的，认为真理不在于它是实在的反映或摹本，而在于它对人类实际生存的功用。因此，真理不是一种发现，而是一种发明。胡塞尔晚年提出“返回生活世界”，后期维特根斯坦提出“语言游戏”说，伽达默尔主张放弃准确再现外部世界的知识论，使认识论转变为生活世界的解释学，米德的社会认识论从社会群体的活动组成的社会整体出发

① 《马克思恩格斯选集》第1卷，人民出版社，2012，第134页。

来说明个体如何在社会情境中行为互动并建构出社会性的经验，以解决个体认识如何社会地构成的问题等，这都表明了对传统认识论的抽象性和思辨性的克服，在生活、实践、语言、文化历史的存在领域开掘出认识论研究新的进路。同时，人文社会科学在当代的发展，客观上要求对其存在的价值、条件、合理性及其思维方式做哲学上的追问和辩护。认识论不应局限于对自然、空间、数量关系的认识（知识论）的反思，生活、社会、交往、实践、文化、历史、价值等人文社会科学领域应开辟为哲学认识论新的问题域。如新康德主义弗莱堡学派对历史科学的认识特性和价值的关注、卡西尔的文化哲学、哈贝马斯的交往理论等可看作对这一要求的哲学回应。从马克思主义认识论来看，“逻辑和认识论应当从‘全部自然生活和精神生活的发展’中引申出来”①，而“全部社会生活在本质上是实践的。凡是把理论引向神秘主义的神秘东西，都能在人的实践中以及对这种实践的理解中得到合理的解决”②。实践解释框架的普遍有效性和穿透力在于：实践是人类存在和发展的基本方式，不仅认识主体和客体的丰富的规定性以及二者之间多重多维度的关系是在人类实践活动中历史性地建构、生成和积淀的，认识的工具、概念、范畴、图式、模型以及认识的历史、文化等背景性的因素和条件也是人类实践活动历史性地建构、生成和积淀的，而且认识的结果的真理性与价值性及其统一亦是在人类实践活动中历史性地建构、生成和得以验证的。

（3）现代认识论放弃了传统认识论在主客二分的认识构架中对认识的绝对基础、绝对本质、绝对来源、绝对可靠的标准的追求，转向寻求认识的相对性、或然性以及在主体间性层面上认识的公共性、可公度性。这对于人类的哲学思维来说，多少有点是在对永恒绝对的根基的追求中的一种退而结网式的无奈，但这份小心对于断言拥有绝对真理从而断了认识论的后路的旧哲学而言，却给认识论的发展开辟了一个可能性的空间。

早在古希腊普罗泰戈拉那里，“人是万物的尺度”就已经对认识的相对性做了古典式的标示。休谟对归纳可靠性的质疑，康德对认识能力的批

① 《列宁全集》第55卷，人民出版社，2017，第73页。

② 《马克思恩格斯选集》第1卷，人民出版社，2012，第135～136页。

判和审定，都透露出认识相对性的意蕴。不过，绝对性的观念和对认识的客观性、必然性的追求在近代认识论中还是占主导地位。哲学家黑格尔用其思辨的方法构筑了一个绝对真理的思辨体系，科学家牛顿用绝对的物质、绝对的时空、绝对的力学定律勾画了一幅绝对的、决定论的世界图景。20 世纪被西方学者称为“相对主义的时代”，真理观的相对论、价值观的多元论、历史观的非决定论成了西方哲学—文化思潮的主导性解释原则。仅就哲学认识论而言，哲学家们不再信奉那种绝对无误、普遍必然的真理，认为真理、规范、理论原则、科学法则等都相对于主体以及文化和历史而发生变化，甚至逻辑规则和语言构架也可以根据不同约定而有所不同。实用主义强调真理的有用性和相对性；逻辑经验主义强调科学命题的具有统计性质的或然陈述和主体间的约定性特点，强调认识的或然性、概率性，罗素认为，人类全部知识都是不确定的、不准确的和片面性的；波普尔认为科学观察受理论“污染”，不可能是客观中性的，归纳既没有必然性也没有概率或然性，科学的命题只是假设、猜测；解释学认为文本没有固定不变的意义，文本的意义随着传统的变迁和解释者的不同而不同；维特根斯坦的“语言即游戏”“意义即用法”，强调的是具体的语境；库恩认为科学的范式是不可通约的；更有甚者，在费耶阿本德无政府主义认识论那里，唯一通行的法则是“怎么都行”。

现代认识论的这种相对主义趋向与 20 世纪科学发展诸如相对论、测不准原理、大数现象等的提出不无关系，也与哲学思维自身的逻辑发展有关。休谟的怀疑和康德的主体性转换以及对主体认识能力的批判正是现代认识论相对主义趋向源出的思想根由。20 世纪西方哲学如分析哲学、科学哲学、现象学、解释学以及“约定论”“主体间性”“知识的公共性”等问题的提出，也都可以看作在现代自然科学和人文社会科学发展的基础上对这种质疑与批判的回应。

在认识论的问题域中，思维与存在、主体与客体、主观与客观、现象与本质、真理与价值、感性与理性、绝对与相对、怀疑与辩护乃同构共生的现象。传统认识论总是在这两极之间做一元独断的选择，不可避免地陷入康德式的认识论“鸿沟”。现代哲学的一种新的趋向是超越这种独断，走向生活、实践、交往、历史、文化与价值等人的存在境域中生成的“理解”。理解蕴涵着上述两极的解释张力，理解所体现的整体性、历史性、具体性、开放性、创造性更合乎人类认识的能动本性和社会本性，给认识论问题域的现代转换开辟了一个新的方向。

余论：一个永恒的诱惑

一些老的问题依然是那么诱人。如认识对象的客观实在性问题、认识与对象一致何以可能等问题，在传统认识论的思维构架中设置了思维与存在之间的认识论“鸿沟”。分析哲学想借助于语言分析绕过这个鸿沟；实践哲学试图在这条鸿沟上架起一座桥从而使认识能从客体的这一端从容地走向真理的那一端；现象学把这个鸿沟用“括号”括起来，把认识现象还原到纯粹意识领域，现象就是本质，取消了这一鸿沟，也取消了这一跳。但是，不管是理性的批判、经验的批判，还是语言的批判、实践的批判、现象学的搁置，都没有也不可能取消或一劳永逸地解决这个问题。尽管通过人类实践的不断进步，不可知的东西会转化为可知的，但这种转化为可知的东西依然是我们所认识的对象，是被人类认识所“污染”的对象而不是对象本身。由于人类认识本身的自我相关性，人们始终无法在认识论上证明对象的客观实在性，因为你所证明的外部世界的实在性说到底还是你所证明的实在性，它不在你的认识之外。康德由此称之为“哲学和人类理性的耻辱”，海德格尔则认为所谓“哲学的耻辱”不在于哲学至今尚未完成这个证明，而在于哲学一而再地期待、尝试着这种证明。海德格尔只是取消了这个问题而并没有回答这个问题。不过，从另一个角度来看，即便我们所拥有的只是经验或语言中的世界，而不是世界本身，这种“鸿沟”对人类的认识来说也并不完全是坏事，因为它使认识有了永恒追求的张力和目标。

人类认识的一个根本矛盾或悖论是：人所要认识的世界是人所能认识的世界，但人总要寻找那个不能被人所认识的永恒绝对的世界。追求绝对永恒却难及，不追求绝对永恒又可能失去认识的根基。我们在寻求绝对世界的确定性时，却发现寻求者本身是非绝对、非确定性的，是以“有涯”去追“无涯”，世界本身对认识永远是逃逸和遮蔽的，对于“我思”是没有终点的地平线。但即便是这样，认识论的这个形上之谜，就像古希腊神话中的塞壬女妖摄人心魄的歌声一样是一个妖冶迷人的陷阱，对人类的哲学智慧来说，是一个永恒的诱惑。

（本文原载于《哲学研究》2005 年第 8 期）

哲学的反思与反思的哲学

本文所言说的“哲学”及其论域在一般意义上泛指中国哲学界在20世纪80年代以来哲学活动的状况及其流变。对这一过程进行实然性梳理和应然性的论设，亦即对“反思”的反思，正是本文的意蕴和逻辑。这样一种回溯与考量对哲学来说是一种“清理地基”式的努力，而这种努力的意旨在于使哲学能够在自我反思中寻觅一个新的可能的路向。

一　由启蒙先锋到文化边缘的退守

20世纪80年代的哲学因应了时代变革的需要，在中国社会转型过程中充当了解放思想的启蒙者角色。

“启蒙”一词在西方的语境中有两层含义：一是照亮的意思，就是把黑暗变成光明；二是启发的意思，就是通过启迪和教化，使人由愚昧无知变得明白事理。当然，启蒙最直接的含义是指西方的启蒙运动。启蒙运动要把欧洲人的精神从宗教神权和封建王权专制的禁锢下，从一种愚昧无知、未开化的、不能自由自决的蒙蔽状态中给解放出来。既然人类精神的这种蒙蔽状态出于外在的禁锢，那么，要把人类精神解放出来，就不能寄望于外在的神启或皇恩，而只能借助于人类精神自己来解放自己，即人类精神的自由和自决。人类精神的自由自决是人类自我意识的觉醒，人类自我意识的觉醒是理性精神的觉醒。这种理性精神一方面表现为人能够运用自己的理智力量去认识和改造自然，把人从对自然的无知和自然对人的束缚中解放出来；另一方面则表现为人能够运用自己的理智力量去设计并建构一个合乎人性人道的自由、平等的社会，把人从宗教蒙昧和封建专制的禁锢中解放出来。这两种解放在启蒙运动的旗帜上写下了理性、自由和进步的鲜明口号，赋予理性以人类自己解放自己的力量和品赋。因此，启蒙运动体现了人类的理性精神摆脱外在权威的支配，形成人类理性的内在自决——理性自己为自己立法的独立自主精神，理性与自由实现统一。

对于启蒙和启蒙运动，康德在《答复这个问题："什么是启蒙运动?"》一文中开宗明义对启蒙作这样的言说："启蒙就是人们走出由他自己所招致的不成熟状态。不成熟状态就是对于不由别人引导而运用自己的知性无能为力。如果不成熟状态的原因不在于缺乏知性，而在于缺乏不由别人引导而运用自己知性的决心和勇气，这种不成熟状态就是自己招致的。"据此，康德提出："要有勇气运用你自己的知性！这就是启蒙的箴言。"[①] 蒙蔽或蒙昧是人类自身造成的一种不成熟的状态，要使人从这样一种蒙蔽或蒙昧状态中解放出来，既需要人类理智的自我觉醒和自我超越，又需要人类理性的启迪和教化。问题在于，在蒙蔽或蒙昧状态中运用理智需要付出代价，甚至是生命的代价，例如古希腊的苏格拉底被指控渎神和腐蚀青年而被判死刑，布鲁诺被宗教裁判所判处火刑。同时，蒙昧在更深层次上来自人类自身的文化历史和传统，它形塑积淀为人的集体无意识，表现为日常生活和交往中的习惯、常识和定见。因此，无论是与外在权威的决裂，还是摆脱传统和常识的羁绊，启蒙不仅在于理智的运用和发挥，更在于人要有勇气来运用自己的理智。启蒙"必须永远有公开运用自己理性的自由，并且惟有它才能带来人类的启蒙"[②]。康德道出了启蒙运动和启蒙精神的真谛！

启蒙是理性的祛魅，哲学则是理性的集中体现。启蒙理性既体现在培根的"知识就是力量"的口号中，又体现在启蒙运动思想家的自由、平等和天赋人权的呐喊以及对社会进步的理性设计上。在哲学上则集中体现在近代由笛卡尔所开启的主体性哲学中，进而体现在康德的"理性为自然界

① 〔德〕康德：《历史理性批判文集》，何兆武译，商务印书馆，1990，第23页。
② 〔德〕康德：《历史理性批判文集》，何兆武译，商务印书馆，1990，第24页。

立法”和“人是目的”的思想中以及黑格尔的理性主义的主体性哲学中，还体现在西方工业文明的“现代性”建构的历史过程中（启蒙运动的理性主义所蕴涵的科学精神与人文精神的辐辏运演成的资本主义现代性建构，体现在资本主义工业文明的世界历史体系的形成和发展过程中，这就是启蒙理性的果实。当然，这种现代性建构一开始就埋下了分裂的种子，即科学与人文、工具与价值的分裂）。哈贝马斯认为，黑格尔是第一个把现代性问题上升到哲学高度来把握的哲学家。黑格尔的主体性概念既包含对主体的个性自由的肯定，又包含对主体的自我负责的要求，蕴涵着不折不扣的现代性原则，体现着彻头彻尾的现代性精神，黑格尔是“第一个试图‘用思想来把握’他的时代的哲学家”①，“黑格尔认为，现代性自我确证的要求就是‘哲学的要求’”②。可见，启蒙的实质是理性的启蒙、现代性的启蒙、哲学的启蒙。

近代以降，中国社会逐渐被卷入资本主义世界历史体系建构进程中，以西方工业文明（现代化）为蓝本的现代性建构使得源于西方的启蒙理性在中国有了出场的语境。20世纪初，新文化运动被推崇为中国式的启蒙运动，是因为这场运动的两面旗帜——“德先生”（民主）和“赛先生”（科学）是中国的启蒙精英学自西方启蒙理性所体现的理性精神和人文精神之要义，其深层的目的也是自觉或不自觉地指向中国社会由传统向现代化转型的现代性建构。新文化运动的启蒙精英如同康德所言的那样有着公开运用自己理智的自由和勇气，即“冲决一切网罗”的精神。但问题在于，这样一种启蒙精神和勇气在西方列强的逼迫欺凌和民族存亡的危局下已无力再续，中国的一部分启蒙知识分子有感于西方世界的强盗逻辑以及对西方现代性的内在矛盾和危机的感触而回归传统，如严复、梁启超以及后来的现代新儒家等；另一部分则转向救亡与革命的启蒙而接受了马克思主义，其杰出的代表中国共产党人把马克思主义中国化，运用唯物史观来改造中国社会，使这种革命的、实践的、唯物而又辩证的哲学理性充当了中国革命的启蒙理性。马克思主义中国化，产生了一系列成果，如毛泽东的《实践论》《矛盾论》，艾思奇的《大众哲学》，李达的《社会学大纲》

① 〔德〕哈贝马斯：《后民族结构》，曹卫东译，上海人民出版社，2002，第179页。

② 〔德〕哈贝马斯：《后民族结构》，曹卫东译，上海人民出版社，2002，第180页。

等，并形成中国共产党人学哲学、讲哲学、用哲学的思想传统。

20 世纪 80 年代，由传统向现代社会转型的现代性建构再次成为中国社会变革与发展的主题，作为理性表征的哲学再一次充当启蒙先锋的角色。在中国社会改革开放和现代化建设实践中，哲学充当了解放思想的先导。解放思想首先贯注着理性的反思批判精神——哲学的批判逻辑。这种批判逻辑指向阻碍改革开放和现代化建设的一切因素：一是对教条主义和极“左”路线的反思批判；二是对文化传统的反思批判；三是对旧有体制的反思批判；四是对来自苏联哲学教科书的马克思主义哲学体系的反思批判。其次，哲学作为解放思想的理性力量在反思批判的同时，还必须在理性的层面上建构中国现代性的逻辑——哲学证明的逻辑。一是从世界观和方法论入手为实事求是、实践标准的思想路线提供哲学论证。二是运用唯物史观的基本理论为新时期的改革开放和现代化建设的基本路线提供哲学根据。三是从一般与个别、普遍与特殊、共性与个性辩证关系的角度为中国在资本主义世界历史体系中坚持中国特色社会主义现代化道路和模式提供哲学方法论，从马克思主义哲学经典中寻找“跨越资本主义卡夫丁峡谷”的合理性。四是在思想层面上论证了“四个标准”：为了在思想上摆脱“两个凡是”的束缚，论证了实践作为检验真理的标准；为了摆脱姓“社”还是姓“资”的纠缠，论证了生产力作为评判改革成败的标准；为了摆脱社会发展中人的物化的生存状态，论证了以人为本的发展标准；为了摆脱社会转型过程中的认同危机，论证了社会主义核心价值观作为价值和意义标准。最后，不管是批判的逻辑还是证明的逻辑，都还必须为中国现代性建构提供理论参照，哲学在历史—文化的总体性视域中建立起比较逻辑：一是围绕传统与现代的分立建立中西方文化比较分析框架；二是对中西方现代化的历史文化背景、条件、道路、模式、建制的比较；三是围绕人的现代化展开的比较研究。

无论是批判逻辑、证明逻辑还是比较逻辑，都是围绕中国社会现代性建构这一历史主题展开的。批判逻辑为中国现代性建构清扫思想路障，证明逻辑为中国现代性建构提供理性的论证，比较逻辑为中国现代性建构提供理论参照。批判逻辑、证明逻辑和比较逻辑既从马克思主义哲学经典中寻找根据，如马克思主义哲学经典中的人学思想、实践唯物主义思想、世界历史思想和东方社会理论等，也从西方哲学、西方马克思主义、海外现代新儒家思想中寻找思想资源。由此形成20世纪80年代的马克思主义哲学、西方哲学、现代新儒学三分天下的格局。作为解放思想的先导，20世纪80年代的哲学体现着理性的激情、历史实践主体意识、改革开放和现代化建构的时代精神。

20世纪90年代后，哲学在外在和内在的双重逼迫下开始由思想文化中心向边缘退守。现代性在中国逐渐生成已不需要哲学继续充当启蒙先锋的角色，市场化、世俗化的经济社会也容不下哲学的思辨和高深。从政治生态来看，几经政治风波周折后，哲学启蒙的锋芒开始收敛，理性激情、济世情怀和广场意识逐渐褪去，康德所言的运用理智的"勇气"让位于实用理性的处世机巧，哲学内在的独立意识和自由精神开始消隐，哲学批判、比较的逻辑淡出，而证明的逻辑则不断强化，被纳入体制内意识形态话语体系中成为证明的工具。哲学的先锋意识已然不再，思想棱角也已磨平。一些学者既无力继续充当启蒙角色，又不甘于"稻粱谋"，开始转身到"哲学就是哲学史"中来，试图在哲学史的故纸堆中觅一锥之地，退而结网地回归哲学经典。哲学启蒙的先锋意识被"走进马克思""回到马克思"的后觉意识所取代。在这种氛围中聚集了一批富有哲学自我意识又具有深厚学术功底并掌握了诠释学方法的学院式的学者，他们通过对马克思主义哲学经典、西方哲学经典和国学经典的现代诠释来释放哲学的解释空间和主体意识，从而对哲学经典作出创造性的现代诠释。如黄克剑先生对国学经典的诠解，张异宾（笔名张一兵）、聂锦芳等学者对马克思主义哲学经典的研究，都体现了这种创造性诠释的特点。

由思想启蒙到经典诠释，体现了哲学由思想到学术的游移，重演了中国传统知识分子的进退之术。哲学学术化的倾向也体现了哲学试图摆脱意识形态羁约的一种努力或一种姿态。其实，何止哲学，20世纪90年代人文社会科学都挤向思想淡出、学术凸显即所谓"学术自觉"一途。

哲学学术化的进路自有其合理性。其一，这是对哲学泛政治化或泛意识形态化的一种反拨，使哲学研究回归哲学本真；其二，使哲学研究能够从时代历史表面的喧嚣中冷静下来，与世俗生活的功利保持一定的距离，专心来消化和反思哲学研究自身所面临的理论问题以及时代实践对哲学提出的重大问题；其三，把哲学研究从那种大而无当的宏大叙事中解脱出来，而专注于具体的学理研究，这使得哲学研究更加扎实、更加深入，给哲学研究提供了学术、逻辑的支撑；其四，哲学学术化使哲学能够摆脱权力话语的宰制，为自身争得话语权力，使哲学语言更加富有逻辑和理性力量；其五，以退为进，为哲学研究廓清前提、清理地基，使思想义理言之有理，持之有固，具有学理和逻辑上的公度性与自洽性，从而为哲学进一步发展提供学术规范和奠定学术基础。

不过，哲学学术化的自许也在一定程度上造成思想与学术的分裂，使哲学由思想义理蜕变成专骛诠释考据的学术工匠，专于自家后花园一亩三分地而忘却了时代历史的驱唤，精于狭隘的碎片化的研究而缺乏总体性的视界，工于知识性的规范和方法而失却其爱智慧的本性。

其实，哲学不管是对时代的思想还是对思想的思想当然离不开学术的规范和论证，但学术离开了思想则只是一具没有灵魂的僵尸。一个时代的学术背后如果缺少了思想的支撑，就不可能对这一时代的问题和精神作出深刻的本质性的透观，学术内容和形式只有始终紧凑于思想的义涵才有其存在的根据。说到底，没有无学术的思想，也没有无思想的学术，思想是学术的灵魂，学术是思想的载体，没有一种学术不是在表达着一种思想，思想与学术是不可分家的，真正的哲学学术应当达到思想的水平。90 年代学术凸显更多的是哲学退守的一种姿态，而并非哲学真的能够离开思想的园地去建构一座纯学术的空阁。而且这种退守的姿态的实质在于哲学试图划清学术与政治的分野，以摆脱政治化的干预去拓守一个相对独立自由的思想和学术研究空间的一种努力。

哲学退守的另一路向是由体系建构转向问题研究，即所谓体系哲学的衰落与问题哲学的兴起。20 世纪 80 年代，哲学在反思传统的马克思主义哲学教科书体系的同时试图建构一个新的马克思主义哲学体系。高清海主编的《马克思主义哲学基础》是一个突破性的尝试，但遗憾的是马克思主义哲学体系创新并没有在这一基础上有新的建树。到 90 年代，哲学体系创新的雄心已消弭不再，哲学在一片“贫困”“危机”声中茫然四顾，退而结网地转向哲学学理本身中的问题以及现实生活和实践中的问题。体系意识消隐，问题意识凸显，以问题为导向成为哲学研究的一个基本路向。哲学走出思辨的王国和政治意识形态话语中心回归生活世界。

可见，90 年代后，对哲学经典文本的研究诠释和哲学问题意识的凸显成为哲学研究的两个主要向度。由思想启蒙到经典诠释，由体系建构到问题研究，体现了哲学由80年代的思想先锋向政治、文化边缘的退守。

二 哲学的归位

哲学在中国可谓毁誉参半，但不管是肯定的还是否定的，都是在现实功利意义上来考量的，而忘却了哲学本身的意义。

过去我们常常用一种现实功利的态度来看待哲学，导致两个极端。一是把哲学当作万能的工具来证明、解释、解决政治以及社会生活和实践的各种问题，当作现实生活的教条和解决一切问题的灵丹妙药，把哲学简单化、庸俗化到世俗经验的层次。上天入地，似乎哲学无处不在、无时不有、无所不能，就是1+1=2也得找个哲学基础。这种全民学哲学、全民用哲学、全民皆哲学家的闹剧，并非表明我们是一个富有哲学智慧的民族，更不是哲学的繁荣，反而是哲学真正的危机和“贫困”。与此相联系的另一个极端是，一旦哲学担当不起这种万能工具的重荷而破绽百出的时候，把实践中的失误和挫折归罪于哲学又成为一种时尚，仿佛资本主义垂而不死、腐而不朽等都是哲学的错，嘲笑哲学无用、贫困、脱离实际、变戏法等声音从未停止。哲学享受了它不应有的荣光，又承担了它不应有的罪责。这一切都是因为在中国的实用理性的语境中，哲学并没有获得其自身思想自由的追求真理的爱智慧的品格，而成为政治生活的实用工具和现实生活中处事的机巧。从世俗功利诉求的角度来看待哲学，哲学走“经世”之途才有可能繁荣，走纯粹学理性的“明道”，则有穷途末路之危局。哲学作为思想和智慧的理性洞见，是极具原创性、个人性和内在性的东西，对于个人来说，思想、智慧是富有的就是富有的，“贫困”只能怪自己思想无能，却不能怨天尤人。说到底，过去的“繁荣”或“富有”只是外在的权威的给予，原本就不是哲学思想和智慧所本有的，又何谈“贫困”和“失落”？其实，现在一些以哲学为职业的人的所谓的哲学“贫困”更多的意味在于昨日那风光的身份不再，那种全民学哲学闹剧的收场。他们所关切的不是哲学思想、智慧本身，而是某种切近实际和世俗的身份和功利。

当然，这样析解并不是要否认哲学在当代确实存在的某种“贫困”和

“危机”。我认为，哲学失去了自身的精神品格、迷失了思想方向以及哲学自身定位的模糊才是真正的“贫困”和“危机”之所在。因此，哲学就像维特根斯坦所比喻的像一只被装在瓶子里的果蝇那样，四处碰壁又找不到出口。

其实，20 世纪 90 年代哲学转向经典研究和问题研究似乎是哲学从政治意识形态话语中心向文化边缘的一种退守，但这种退守在积极的意义上反倒是哲学本身的一种退而结网式的归位，它使哲学能够从浮躁的世俗功利场中抽身而出，回归爱智慧的理性沉思的本性，这反而孕育着哲学发展的某种契机。哲学发展有两条根：一条根扎在思想史经典的源泉中，不断地从经典中汲取养料，滋养自身；另一条根扎在现实生活和实践中，不断地研究现实生活和实践中提出的问题，并把这些问题置于理性沉思的层面上来审视。这两条根又互相缠绕在一起。经典研究的根本价值、目的不在于经典本身，而在于用经典中的微言大义来说今天的事、今天的问题，为今天我们解决生活和实践中的问题提供范导性的价值和意义，即所谓“六经注我”；同时，我们也是以我们今天的事，今天的困惑、疑虑、难题等所形成的视域和问题域去叩问经典，即所谓“我注六经”。这样，就在经典研究和现实问题研究的互释互动中形成哲学创新性诠释的可能性空间。

因此，有必要对当代中国哲学研究提出哲学的归位问题。哲学是思想家的事业，哲学研究要从世俗的功利场中抽身而出，回到理性的沉思，回到理性对智慧的爱好和追求，也就是回到思想本身。而思想要以把握、反思、直透现实生活和实践的重大问题为要务。因此，回到思想就必须以理性沉思的方式回到“被把握在思想中的时代”（黑格尔），回到“现实生活世界”、“实际生活过程”、“每个时代的个人的现实生活过程和活动”（马克思），回到“生活世界”（胡塞尔）、“领悟存在的此在的生存境域”（海德格尔）。这就是哲学的归位。

哲学回归思想和智慧，思想、智慧是理性的沉思和洞见。“人却把能思看成自己的本质，且当之无愧。因为人是理性的生物。但理性（ratio）是在思中展开自身的。”① 思想，作为动词是指理性的意识活动，即内思，

① 〔德〕海德格尔：《什么召唤思?》，载孙周兴选编《海德格尔选集》下，上海三联书店，1996，第 1205 页。

如我在思想；作为名词是指这种理性意识活动的结果，即外显，如我的思想，呈现为观念。哲学思想是哲学家以理性沉思的方式反思人与人所生存于其中的世界之间的最根本的、最本质的、最普遍的关系，形成关于这种关系的识见——真理，以及领悟这样一种生存关系之于人的生存的意义——价值。而所有的这一切关系都是在人的生存的现实生活、实践基础上建构并展开，呈现为历史、现实与未来的人类生命的文化历史过程。因此，哲学思想要把握人类生存关系的演化过程，既要思过往，寻根究底，回溯原因，为把握和改造现实生存关系提供规律、经验、根据和借鉴；又要想未来，超越现实，设立理想目标，追求终极价值，为超越当下、建构未来理想的生存关系提供意义和方向，以理性的方式建构引导人类未来生存活动的价值理念。而不管是思过往，还是想未来，都要以现实的生存关系为基点，立足于现实思，立足于现实想，从而为发现、把握和解决现实生存关系的重大问题提供思想坐标或分析框架。

海德格尔是一位哲学终结论者。但他同时指出，在哲学终结以后还留下了一项任务，那就是“思想”。[①] 不过，海德格尔认为在我们这个由科技器物所宰制的时代最需要但也是最缺乏的是真正的“思想”。他在《什么召唤思?》一文中把这个时代思想的缺席称为最可思虑的东西：“在我们这个激发思的时代的最激发思的东西显明于：我们尚不会思。”[②] 他指出，在今天到处都更加显露出对哲学的热烈而持常的兴趣，但对当今的兴趣来说，重要的只是有趣的东西。这个有趣的东西让人见异思迁，过一会儿就对它满不在乎，并用另一个有趣的东西来取而代之，而后者与它所取代的前一个有趣的东西一样也很少与人相干。今天人们常常以为，发现某物是有趣的，就是对它表示了莫大的尊敬。实际上，人们在做这种断定时，早已把这个有趣的东西抛入漠然无殊和索然乏味的境地中了。人们对哲学表现出某种兴趣，这丝毫没有证明人们已准备去思。[③] 我们这个时代思想为物所累，技术座架宰制了思想。他认为，即使我们经年累月地钻研伟大思

① 参见〔德〕海德格尔《哲学的终结和思想的任务》，载孙周兴选编《海德格尔选集》下，上海三联书店，1996，第 1246 页。

② 〔德〕海德格尔：《什么召唤思?》，载孙周兴选编《海德格尔选集》下，上海三联书店，1996，第 1206～1207 页。

③ 参见〔德〕海德格尔《什么召唤思?》，载孙周兴选编《海德格尔选集》下，上海三联书店，1996，第 1207 页。

想家们的论文和著作，这一事实仍不能担保我们自身正在思想，或者哪怕只是准备去学习思想。这种哲学研究活动甚至可能最顽固地给我们造成一种假象：我们在思想，因为我们确实在“做哲学”。但在我们这个可思虑的时代里最可思考的东西显明于：我们尚不会思。[①] 他指出：“我们指向那在其自己的去蔽中让自己显现出来从而露面的东西，并在我们自身中来指明它。这种单纯的方式就是思的特性，就是通向那从一开始就给予人们去思的东西的道路。”[②] 海德格尔在这里所思虑的是在现代性场域中思想的缺席，是在我们这个技术和物化的时代里思想的退场。人们感兴趣的只是这个科学的、技术的、工业的、物质的、消费的时代所提供的不断变化的、琳琅满目的各种“有趣的东西”，而不是那种对当代人生存来说是至关重要的，具有本质的、恒久意义的存在之真理。而思想的任务就在于领悟存在之真理，追问、开显、澄明存在的意义，揭示、指明和开启存在的道路。

在这样的意义上，说哲学回归思想并非要哲学回到思辨王国中以精神贵族自期自许；说哲学走出思辨的王国回归生活世界也并非要把哲学变成现实生活的简单的证明工具、琐屑的实证研究和大众感兴趣的日常话语。作为“被把握在思想中的时代”的哲学是以思想的方式走进时代实践与现实生活，是哲学家以自由的心灵、理性的沉思以及对生活的独特感受和深度理解去揭示、把握、反思我们这个时代所面临的至关重要的问题，从而为当代人的生存与发展提供核心理念。马克思当年有言：

> 一个时代的迫切问题，有着和任何在内容上有根据的因而也是合理的问题共同的命运：主要的困难不是答案，而是问题。因此，真正的批判要分析的不是答案，而是问题。[③]
>
> 问题却是公开的、无所顾忌的、支配一切个人的时代之声。问题是时代的格言，是表现时代自己内心状态的最实际的呼声。[④]

---

① 参见〔德〕海德格尔《什么召唤思?》，载孙周兴选编《海德格尔选集》下，上海三联书店，1996，第 1207 ~ 1208 页。

② 〔德〕海德格尔：《什么召唤思?》，载孙周兴选编《海德格尔选集》下，上海三联书店，1996，第 1210 页。

③ 《马克思恩格斯全集》第 1 卷，人民出版社，1995，第 203 页。

④ 《马克思恩格斯全集》第 1 卷，人民出版社，1995，第 203 页。

哲学之思是由时代问题所激发的思问题之思。

三　哲学如何面向当代中国问题?

哲学回归思想，思想以透观时代生活和实践中的问题为要务。那么，当代中国的哲学应该如何面向中国问题以及面向中国的哪些问题?

每一时代都有反映这一时代问题和要求的时代意识或时代精神，它决定着这一时代的人们对问题的态度、观点、标准和原则等。这些态度、观点、标准、原则凝结为这一时代的价值观念和思维取向，形成反映这一时代本质特征和发展趋势的思想体系——哲学。哲学是时代的需要和时代精神的理论表达。哲学创造就是哲学家以其自由的、独特的心灵体验、理性洞见和独创的分析框架去把握自己时代的精神和问题，揭示时代发展面临的矛盾和问题，反思批判传统与现实的惰性力量，赋予时代以价值和意义，推动人们的思想不断解放，去建构“思想所把握的时代”，为时代发展揭示新的方向和可能世界，塑造和引导新的时代精神。真正的哲学“必须以炽热的社会自我意识的使命感去求索生活世界的‘意义’。真正的哲学，也决不仅仅是时代精神的‘反映和表达’、‘总结和概括’，更重要的是时代精神的‘反思和表征’、‘塑造和引导’。哲学以自己提出的新的问题，新的提问方式以及对新问题的新的求索，批判性地反思人类生活的时代意义，理论性地表征人类生活的矛盾与困惑、理想与选择，从而塑造和引导新的时代精神。这是哲学作为‘意义’的社会自我意识和时代精神的‘精华’的真义之所在，也是人类把握世界的全部方式中的不可或缺和不可替代的生活价值之所在”①。

哲学是理性的沉思活动，这种沉思活动是理性寻根究底的反思性、批判性的思维活动。哲学作为无设定前提地去探索真理的事业，在其存在条件本身中即包含思想的自由和永无止境的怀疑—批判精神。

反思即“反省之思”，即思想以自身为对象而进行的批判性的理性探

---

① 孙正聿:《思想中的时代：当代哲学的理论自觉》，北京师范大学出版社，2004，第123～124页。

索活动，是理性对命题和对象进行的具有怀疑、否定性的考察和分析，追问和澄清思想、认识的前提。康德把哲学视为一种“清理地基”的工作，认为哲学家的事业就在于对“自明的东西”进行分析。这种怀疑和批判不仅仅是对外的，即针对一切外部对象和已有概念及思想成果，同时也是对内的，即针对怀疑、批判着的思想自身，亦即所谓“思想的思想”“认识的认识”“批判的批判”。哲学思维的特殊性，就在于它“以思想的本身为内容，力求思想自觉其为思想”①，智慧就是精神之达到自觉。精神的自觉是通过精神对精神的认识、反思而获得的。反思代表着一种批判性的自我意识，是人类思维、理性达到成熟和自觉的标志。在哲学史上，苏格拉底通过问答诘难来分析思维认识中的矛盾的思想“助产术”，休谟对形而上学和理性的怀疑，康德的理性批判和划界，马克思的实践批判，维特根斯坦的语言的批判等，都体现了哲学的这种思想达至自觉的反思本性。

哲学既反思思想也反思思想所把握的时代。反思是对既定秩序、传统观念、流行见解等的大胆质疑，对现实状况的重新审视和批判。马克思认为自己思想的优点“恰恰在于我们不想教条地预期未来，而只是想通过批判旧世界发现新世界。……如果我们的任务不是构想未来并使它适合于任何时候，我们便会更明确地知道，我们现在应该做些什么，我指的就是要对现存的一切进行无情的批判”②。伯林认为：“如果不对假定的前提进行检验，将它束之高阁，社会就会陷入僵化，信仰就会变成教条，想象就会变得呆滞，智慧就会陷入贫乏。社会如果躺在无人质疑的教条的温床上睡大觉，就有可能渐渐烂掉。”③ 霍克海默把哲学当作批判理论：“哲学认为，人的行动和目的绝非是盲目的必然性的产物。无论科学概念还是生活方式，无论流行的思维方式还是流行的原则，我们都不应盲目接受，更不能不加批判地仿效。”“哲学的真正功能在于它对流行的东西进行批判。”④ 罗蒂指出：“哲学乃是对自己和社会之永无尽头的改造活动。”⑤ 德国学者罗姆巴赫说：“时代批判作为哲学任务已经进入到当代意识之前台，因为人

① 〔德〕黑格尔：《小逻辑》，贺麟译，商务印书馆，1980，第 39 页。

② 《马克思恩格斯文集》第 10 卷，人民出版社，2009，第 7 页。

③ 〔英〕布莱恩·麦基编《思想家——当代哲学的创造者们》，周穗明、翁寒松译，生活·读书·新知三联书店，1987，第 4 页。

④ 〔德〕霍克海默：《批判理论》，李小兵等译，重庆出版社，1989，第 243、250 页。

⑤ 〔美〕罗蒂：《分析哲学与变革的哲学》，杨富斌译，《世界哲学》2003 年第 3 期，第 9 页。

们极为普遍地得出这样一个经验，即有某些东西与整体‘不着调’。在当代所有的核心关注中，都可以看到一些悖论式的情势，由于这些情势，使得发展不仅受到阻碍，而且被扭曲为直接否定自身。”[①] 任何真正有生命力的哲学思想都来自对现实的深刻反思和批判，哲学面对现实并不是无度地注解或证明给定的东西，而是对现实的问题以理性的审视。哲学反思特质不在于托马斯式的证明，更多的是奥卡姆的剃刀。黑格尔在《法哲学原理》中称哲学是被把握在思想中的它的时代。[②] 对黑格尔来说，哲学当然不是对历史或时代的简单记录，哲学所呈现的时代，是经过反思批判的时代。在此意义上，马克思并没有离开黑格尔，马克思的哲学正是从批判他那个时代开始它的思想行程的。从哲学的发端处，苏格拉底就充当了古希腊城邦时代的马虻。在现代工业文明时代，马克思对资本的批判、海德格尔的存在批判、法兰克福学派对现代性的文化的审美的批判等，这种哲学的批判，从人类生存关系的根底处深刻地揭示了现代社会人之生存的根本问题和矛盾，给这个时代以深沉的理性审视与启迪。

“哲学的认识方式只是一种反思，—意指跟随在事实后面的反复思考。”[③] 黑格尔认为，哲学是要去反思和揭示生活现象背后的本质和源头，所以总是来得太晚，哲学作为有关世界的思想，要直到现实结束其形成过程并完成其自身之后才会出现，他形象地把哲学比喻为要等到夜幕降临时才开始起飞的密纳发的猫头鹰。哲学采取总体性的反思方式对时代的把握需要作为过程的社会历史整体充分展现出来之后才有可能。因此，哲学的反思需要一个过程，需要一段距离。哲学对现实问题的关注恰恰在于它与现实必须有一段属于所谓思想的距离，这种距离正是哲学能够反思现实的一个必要条件。这正如海德格尔在《什么召唤思?》一文中所形容的：“我们才能保持为起跑所需要的距离，以此距离，我们当中的某些人或许可以成功地跃入对最激发思的东西的思。”[④] 哲学是一种沉思理性，与现实保持距离正是哲学关注现实的方式——因为这种距离使理性沉思成为可能。哲

---

① 〔德〕罗姆巴赫：《作为生活结构的世界——结构存在论的问题与解答》，王俊译，上海书店出版社，2009，第 154 页。

② 〔德〕黑格尔：《法哲学原理》，范扬、张企泰译，商务印书馆，1982，第 12 页。

③ 〔德〕黑格尔：《小逻辑》，贺麟译，商务印书馆，1980，第 7 页。

④ 〔德〕海德格尔：《什么召唤思?》，载孙周兴选编《海德格尔选集》下，上海三联书店，1996，第 1209 页。

学直接从生活、实践中抽身而出，形成一种独立的、客观的思想之眼。这似乎是一种从直接行动者中抽身而出的一种超脱的旁观者的眼光。这种超脱的旁观者的眼光能够超越直接行动者私自性的狭隘视界的私见以及“身在此山中”的蒙蔽，达到对现实生活和实践问题的总体性的、本质性的透观。哲学反思，就是用这种距离、超脱、旁观者的眼光审视现实生活和实践问题，这正是哲学的优位之势。哲学不能靠现实太近而受时势之驱遣，成为现实生活的注释或证明的工具而失去其理性的独立和自由的品性。当然，哲学与现实保持一定距离并不是要哲学远离现实，把自己锁在精神思辨的空阁中自期自许、自说自话。其实这种思想与现实的“距离”才会使理性的沉思成为可能，才能使哲学与现实形成一种互动的张力，真正以思想的方式去揭示、拷问、省思现实的总体性的、本质性的、前提性的、应然性的、方向性的问题，这正是哲学关注现实问题的基本方式，恰恰是这种思想与现实的审思的“距离”才有可能蕴涵着哲学创新、突破和发展的契机。

可见，哲学回归生活世界、面向实践问题不是要哲学直接参与并提供具体方案去解决现实生活和实践问题，而是以哲学反思的方式来审视生活世界和面向实践问题。哲学面对中国问题，不是描述性的，而是反思性和范导性的。它既是对实然的反思和解蔽，又是对应然的开显和范导。而范导则必须以反思为前提。事实上，当代中国哲学研究所谓的“问题意识”或“问题导向”是哲学反思批判现实的别名。哲学面向中国问题并非注解给定的东西，而是对影响当代中国社会实践与人的生存发展的重大的根本性问题进行理性的透观和反思，即思想对问题的总体性的、本质性的、前提性的、方向性的审视与把握，并通过这种理性透观和反思来建构当代中国的思想自我。

那么，哲学应该面向当代中国哪些重大的根本性问题呢？笔者认为，当前可以提到哲学层面上来反思的有如下一些重大问题：

（1）当代中国现代性的反思与重构；

（2）现代化的中国模式与普遍价值；

（3）传统与现代转换的文化和时空视域；

（4）当代中国的资本形态、消费形态与生活形态的哲学反思；

（5）当代中国公共理性的社会建构；

（6）现代性论域中的国家治理与社会治理；

（7）市场化条件下的社会公平正义问题；

（8）生态文明作为一种超越工业文明的人类文明形态何以可能？

（9）社会转型期的意义失落与价值重建；

（10）现代性的中国话语体系的建构，塑造当代中国的思想自我。

现代化是当代中国社会生活和实践、社会变革和发展的主题，中国现代化过程在本质上是在世界历史时代塑造“中国现代性”的过程。哲学面向当代中国问题的一条主线是面向中国现代性问题，这种面向是在思想中对中国现代性的反思与重构。中国现代性问题是作为一个问题域中的问题集呈现的，哲学既要反思批判中国现代性建构过程中出现的诸如在资本与市场宰制下世俗生活的物化现象和意义危机，社会转型过程中人与自然、人与人、人与社会的疏离化，精神生活与物质生活的失衡等生存悖谬问题；又要在思想中重构一种不同于由资本与市场宰制的资本主义现代性的新现代性来启引范导中国社会现代化进程。构建这种新现代性必须确立一种辩证整体性的生存理念：在天人、群己、人我以及科学与人文、工具理性与价值理性、传统与现代、物质与精神、自由与必然之间的整体性关联和辩证统一中形成互动的张力，塑造当代中国人的新的生存方式和生存意义。而不管是现代性的反思还是现代性的重构，都必须考虑现代性的个性与共性、现代性的中国模式与普遍价值、现代性的中国语境与西方话语之间的区别与联系。

哈贝马斯从哲学的角度将现代性看作一套源于理性的价值系统与社会模式设计。当然，无论是理性的价值系统的建构还是社会模式的合理设计，都应该是为了作为目的的现代人的生存与发展，亦即人的现代化。社会模式设计如当前热议纷呈的中国道路问题，而理性的价值系统对于当代中国现代性建构来说一个重要的方面是具有普适意义的价值效准的建构。这种价值效准建构的意义既在于当代中国社会的文化认同和社会整合，也在于个体的价值范导和精神安顿。社会与人的发展都离不开具有普适意义的“基本善”的烛引和范导。没有这种具有普适意义的实践理性、价值效准、社会公义，就没有正义和是非，也就没有现代文明社会。个体生存的意义、价值的丰赡和实现，既在于个体生存与发展需要的满足和实现，还在于这种需要的满足和实现不能背离、破坏这些具有普适意义的实践理性、价值效准和社会公义。个体必须在社会共同经验和价值体系参照中，寻求理想的生存方式和人格建构。而这种当代中国现代性的价值系统的建构，在思想、观念的层面上塑造当代中国的思想自我，正是当代中国哲学的根本使命。

可见，如同西方马克思主义和后马克思主义从现代性批判的意义上来重构马克思主义的批判话语和叙事传统一样，关注当代中国现代化进程中的现代性问题成了当代中国哲学研究的一个富有实践意义和理论价值的问题域，哲学在反思这些重大问题中孕育着自身创新和发展的契机。“当代中国哲学的发展，始终面临彼此关联而又相互促进的双重根本任务：一方面，参与、引导和推动合理的中国现代性的塑造；另一方面，在合理塑造中国现代性的实践中生成和完善、更新和创新自身的理论。塑造中国现代性的实践及其与理论之间的张力，成为当代中国哲学发展的强大动力。”[①]

问题向思想涌现，思想反思问题如同海德格尔所言不是证明，而是指引和开启。哲学如是。

（本文原载于《东南学术》2015 年第 6 期）

---

① 侯才：《构建当代中国哲学形态——中国当代当前哲学发展概观》，《中共中央党校学报》2014 年第 1 期。

哲学创新释要

哲学创新经常被人们提起，各种研究课题、论文等也总有创新的要求，这成为一种时髦格式，学界似乎把哲学创新当作一个不证自明、无须置辩的东西，少有对哲学创新作出精细的辨析，更多的是停留在话语上，哲学创新成为一种标签式的口号。哲学创新成了一个很不创新的话题，而面对真正的哲学创新倒杯弓蛇影。那么，哲学创新是怎样的？哲学创新又何以可能？

一　哲学创新何谓？

“创新”迄今为止还是人类文明的一项专利，与其他物种无涉。创新的主体是具体历史活动中的人，创新是人类文明得以发展和进化的内在活力和根据。创新在总体上看是人之生存的生活实践创新。

生活实践创新源于人的生存与发展的需要。人类文明始源性和生成性意义的创新，诸如中国古代传说中的有巢氏构木为巢，燧人氏钻木取火等，都无不与古代先民的生存需要息息相关。随着生存实践活动的不断持续以及在各个领域的拓展，人的需要也在多方面、多层次生成发展起来，人的生活实践创新也就在人类文明历史过程的多领域、多向度、多层面上持续不断地展开。当然，生活实践创新必须根基于创新活动所指向和改变的对象，所需要的物质条件，所运用的物质手段，以及对客观对象本身的性质、特点、规律等的发现、认识、遵循和利用。

仅有内在需要推动和外在根据与条件还不足以构成创新的充分必要条件。马克思说："蜘蛛的活动与织工的活动相似，蜜蜂建筑蜂房的本领使人间的许多建筑师感到惭愧。但是，最蹩脚的建筑师从一开始就比最灵巧的蜜蜂高明的地方，是他在用蜂蜡建筑蜂房以前，已经在自己的头脑中把它建成了。"① 人通过认知、反思、比较、联想、概括、选择、筹划、建构等一系列复杂的意识活动，在意识中建构起新的观念、理论、目标、规划、方案等，实现观念或理论创新；运用创新的观念和理论指导实践活动并在与实践的互动中实现实践创新；通过实践创新改变了客观对象，实现了人的目的、规划和蓝图，把观念和理论创新转化为现实从而实现了结果创新。在创新的结果中实现了主体与客体、思维与存在、主体的内在尺度与客体的外在尺度的辩证统一。

可见，所谓创新，可以理解为人在生活实践过程中基于生存与发展的需要，根据客观对象和条件及其特点规律，创造出突破和超越此前旧有的思想观念、实践技艺（方式）、现存状态的新的思想观念、新的实践方式、新的现实过程。

所谓"新"，是与"旧"相对而言的。"新"意味着新思想、新观念、新技艺、新方法、新制度等新事物的出现，是对旧思想、旧观念、旧技艺、旧方法、旧制度等旧事物的突破、颠覆、超越，即破旧立新、除旧布新、革故鼎新。《系辞》曰："日新之谓盛德。""天地之大德为生。""生"的本义就是创造出新事物。"生生之谓易"，创新与破旧是一而二、二而一的事，"新"与"旧"相比较而存在，没有"旧"，就没有"新"；而没有"新"，也就无所谓"旧"。"旧"从何而来？"旧"就是此前所创造的"新"，随着历史时间的推移、社会生活实践和条件的变化、人的思想认识拓展深化，过去的"新"就转化为现在的"旧"。如有巢氏构木为巢作为人类文明始源性的创新，与后来乃至现代建筑相比，人类的巢居文明就是一个"新"与"旧"和"旧"与"新"的不断转换交替的文明历史进程。"新"—"旧"—"新"的转换交替并不是断裂式的无中生有，而是一个由量的进化到质的飞跃的辩证统一过程，是一个既克服又保留的辩证否定

① 《马克思恩格斯选集》第2卷，人民出版社，2012，第169~170页。

过程。如北京奥运会主场馆鸟巢、中国北京世界园艺博览会中国馆的建造理念都蕴涵有巢氏巢居文明内涵的创新。可见，任何创新活动都是在一定的人类文明成果基础上进行的，都是对文明的以往创新成果的丰富和扩张、突破和补充。

人类文明从根本意义上看就是人类“生生不已”的创新和传承的转化和链接过程，但这并不意味着任何创新在人类历史过程中的任何时期、任何阶段都受到欢迎，尤其是在思想观念方面的创新。因为，通常人们的思想观念总是在传统的、既定的知识和价值体系内寻求解释权威性和认同一致性。思想观念创新则意味着在创造新的思想观念的同时，也在破坏或解构旧的思想观念以及据此形成的规范和秩序，而对既定的思想观念和规范秩序的质疑和破坏与人在社会生活中的文化认同和安全需要是相悖的，它会给人的生活带来某种不稳定和不确定性的危险感。如在启蒙运动之前的西方社会，“创新”一词局限在宗教和政治领域且具有贬义和负面色彩，它意味着对传统宗教教义、社会秩序的破坏和颠覆，因而是传统社会不安定的因素。欧洲传统的封建专制要求社会秩序化和同质化，“对一切不可同化之物加以否定——要求对他者去合法化”①。在这种情况下，“一个新观念，纵使具有明显优势，但要想让普通大众认可它，也绝非易事。许多创新都是经过数年时间的沉淀，才被大众广泛接受的”②。直到启蒙运动后，与现代化社会转型和变革发展相适应，社会心理由害怕变革变成害怕停滞保守，原本具有贬义的“创新”摇身变成褒奖之词。事实上，创新能否成为潮流归根结底还是由社会生产方式决定的，农耕自然经济决定了在此基础上的思想观念等必然以自然条件和传统封建社会秩序为依附，现代工业文明生产方式对传统生产方式的变革则使得“创新”备受关注和推崇，在科学技术、生产技艺、思想观念、制度创设等领域大行其道。

创新大致可以归为三类：一是生存与发展的技艺创新，二是社会行为规则、规范、制度创新，三是思想观念、艺术等方面的创新。哲学创新属于思想观念创新。亚里士多德曾提出三种学术：一是以实用为目的的实用学术，包括生产技术；二是以快乐为目的的制造艺术，包括文学、艺术和

---

① 〔英〕齐格蒙特·鲍曼：《现代性与矛盾性》，邵迎生译，商务印书馆，2013，第13页。

② 〔美〕E. M. 罗杰斯：《创新的扩散》，唐兴通、郑常青、张延臣译，电子工业出版社，2016，第3页。

美学；三是以真理为目的的哲学。在西方哲学传统那里，哲学既是寻求世界的“始基”“逻各斯”“理念”的活动，又是追寻人之生存意义的活动。在中国传统思想那里，哲学要究天人之际，通古今之变，追寻宇宙和人生之“道”。可见，以真理为目的的哲学体现了人类不同文明和不同时代所特有的把握世界与人生的基本观念、价值取向和思维方式。就其一般意义而言，哲学的“真理”是在人与其生存世界关系及其意义问题上具有解蔽、展现、揭示、澄明、反思和建构功能的“智慧性”真理，而并不是经验实证意义上的“知识性”真理。

哲学何以达至“真理”？柏拉图和亚里士多德都曾说过哲学从惊奇开始，在人类对世界的惊讶和注目中，事物的本真——“理念”对人呈现出来。呈现事物的本真，除了惊异和注目，更需要沉思，苏格拉底和柏拉图都把沉思看作幸福的和善的生活方式。沉思是理性之思，思想是理性的洞见。马克思指出：“‘自由理性的行为’我们就称为哲学研究。”[①] 理性作为人类的一种特殊能力，是“一种引导我们去发现真理、建立真理和确定真理的独创性的理智力量”[②]，“人是理性的生物。而理性是在思中展开自身的”[③]。而理性的沉思是反思。哲学本质上是理性寻根究底的反思性、批判性的思维活动。反思是理性对命题和对象进行的具有怀疑、否定性的考察和分析，追问和澄清思想的前提，扭转思想活动的习惯方向，如同休谟的怀疑和康德的批判。这种怀疑和批判不仅仅是对外的，即针对一切外部对象和已有概念及思想成果，同时也是对内的，即针对怀疑、批判着的思想自身。哲学的反思、怀疑和批判意味着哲学思维的开放性、开拓性和创新性。理性沉思“真理”，不仅是反思性的，而且是建构性、范导性的，它既是对实然的反思和解蔽，又是对应然的开显、范导和建构。它不仅反思和批判现实，而且超越现实，引导现实生活发生变革；它不仅像密纳发的猫头鹰一样守望黑夜，而且如同高卢雄鸡一样迎接黎明，如同马克思要在对旧世界的批判中去发现新世界。惊异、沉思、反思、范导和建构，需

① 《马克思恩格斯全集》第1卷，人民出版社，1995，第224页。

② 〔德〕E. 卡西尔：《启蒙哲学》，顾伟铭、杨光仲、郑楚宣译，山东人民出版社，2007，第11页。

③ 〔德〕海德格尔：《什么召唤思?》，载孙周兴选编《海德格尔选集》下，上海三联书店，1996，第1205页。

要心灵和思想的自由、开放的态度、追求真理的勇气，以及寻根究底的探索和创造精神。

可见，哲学创新并不是经验性、知识性的创造活动，而是哲学家的思想性、智慧性的探索活动。哲学创新创造的是有价值的思想或者说思想价值，而不是具体的知识性、技术性、工具性、实用性的价值。这种创新活动表现为发现、提出真问题（哲学经典中的问题或现实生活实践的问题），阐述了真正有创见的思想，对某个已成定见的思想观念、命题或理论作出新颖独到的诠释、辩难或批判等。推演至此，哲学创新可以理解为：思想家以自由的心灵、理性的沉思以及对生活独特的感受与深度理解，突破或超越已有的思想观念、思想前提和思维方式，以新的视角、概念、范畴、观念、思想、方法、话语，去揭示、反思、阐释、澄明在时代历史过程中的人与世界的现实关系及其意义，建构“思想所把握的时代”，创造出有价值的思想或思想价值，为人的现实生活实践提供“智慧性”真理。

二　哲学创新何为?

哲学创新大体有如下几种表现方式。

（一）始源性、开创性、奠基性的哲学创新

始源性、开创性、奠基性的哲学创新，即在哲学源头、开端意义上的创新。那是哲学源头之处，是哲学思想的“轴心时代”，诸如古希腊的苏格拉底、柏拉图、亚里士多德和中国的孔子、老子等，这些人类文明的精神导师所创造的思想经典。正是这些始源性、开端性、奠基性的哲学创新，开启了中西方哲学的本体论、人性论等方面的哲学沉思，形成了诸如“逻各斯”“理念”“道”等中西方哲学最基本的概念和范畴体系。它开掘出中西方哲学的源头活水，其思想原则、价值观念、范畴体系、话语表达塑造了中西方不同的哲学传统。这可以说是开端性的元一级的哲学创新，在此之后，现在乃至未来的哲学创新都只能是“次生”或“再生”等意义上的哲学创新而不能称为始源性、开端性的哲学创新。

（二）时代性的哲学创新

时代性的哲学创新是不同历史时代的哲学家们面对时代问题、矛盾、特点、发展趋势以哲学方式作出新的思考、分析、概括、提升的哲学创新，即通过对社会现实生活实践的深度反思来把握时代问题和时代精神的时代性的哲学创新。与时代问题相呼应的哲学创新就像黑格尔所言的是“被把握在思想中的它的时代”①，马克思所言的“是自己时代的精神上的精华”②。每一时代的思想家以其独到的理性洞见和心灵体悟以及独创的概念、范畴、话语去把握自己时代的问题，为时代发展揭示新的方向和可能世界，去建构塑造和引导时代变革发展的新的思想观念。如洛克、孟德斯鸠、伏尔泰、康德等人的哲学思想对欧洲由传统向现代社会变革转型的思想启蒙，马克思创立的唯物史观对资本主义时代问题的揭示和对共产主义未来的理论建构，当代中国的“新发展理念”对新时代发展问题的哲学把握和引导等，都可以理解为是一种时代性的哲学创新。

（三）影响研究方向的哲学创新

即在哲学思想流变嬗递过程中突破和超越以往思想和方法、转变哲学研究方向、开一代哲学精神气质、创造出新的哲学体系和话语体系、形成新的哲学经典并深刻地影响了此后哲学研究的哲学创新。如笛卡尔突破了西方哲学本体论研究传统，开启了西方哲学以主体为中心的认识论转向；休谟以其反思性“怀疑”的哲学精神气质突破形而上学研究传统，开创了哲学经验论的新传统；康德则通过理性的批判实现了“哥白尼式的转向”，在古典西方哲学与现代西方哲学之间架起一座“康德之桥”；维特根斯坦在哲学的语言学转向中创立了前后两种相互对立的哲学体系；海德格尔则以其独创的概念、范畴来澄明当代人生存问题，创造了现象学存在论。这些哲学巨匠在对传统哲学经典问题和时代问题的揭示和解决中创造了哲学研究新的问题域、概念群、逻辑链、话语场，形成了新的哲学体系，开辟了哲学研究新的方向。

---

① 〔德〕黑格尔：《法哲学原理》，范扬、张企泰译，商务印书馆，1961，第12页。

② 《马克思恩格斯全集》第1卷，人民出版社，1995，第220页。

（四）开拓新论域和新课题的哲学创新

即对某个新领域涌现的新问题进行开创性的填补空白式的哲学研究，从而拓辟出哲学研究的新论域和新课题。随着现代社会生活和实践场域在深度和广度上的拓展，出现许多新领域、新学科和新问题。哲学就这些领域和问题以思想方式来审视和观照，分化出许多新的部门哲学和问题哲学。相应地，传统哲学的基础性和总体性研究开始淡出，哲学研究重心也开始分化下落到具体领域和具体问题，问题哲学取代了体系哲学。在这种多样化景观中的哲学创新，拓辟出哲学研究的新论域和新课题，诸如文化哲学、经济哲学、科学哲学、技术哲学、政治哲学、社会哲学、生态哲学、后现代主义哲学等，以及对生态问题、全球化与逆全球化、大众消费、文化工业、人工智能、数字化生存、生命政治、新冠疫情与人类生存和交往方式的变化等重大问题进行创新性研究的哲学课题。

（五）哲学研究的融合创新

即通过不同哲学学说之间以及哲学与其他学科之间的比较、对话、交汇而拓展出哲学研究的新视野、新交集和新增长点的创新。这种哲学创新的机理可用中国传统哲学讲的“会通”来理解，也可用张岱年的“综合创新”来表征：不同学说、不同学科之间交汇产生视域和论域的接轨、交叉、融合，形成互鉴、互释、互补、互文的张力和交集，在思想争论中发现差异，在差异辩难中寻求共识，在异质互补中获得新知，从而产生新视界、新论域、新观点、新概念、新方法、新话语以及新的问题链和意义场。例如儒道会通产生了魏晋玄学，儒释道会通产生了宋明理学，现代西方哲学思潮与马克思学说“结合”而产生的诸如存在主义马克思主义、弗洛伊德主义马克思主义、生态学马克思主义等。当代科学发展进入对宇宙、物质、生命、意识的认知深处，引发与此相关哲学问题的提出和对这些问题的探讨。例如，脑神经科学、认知科学和人工智能研究新进展，引发对意识本性的研究，涉及机器意识、身心关系等哲学问题；生物医学、基因工程、克隆技术的突破，衍生生命伦理、技术与人文等涉及当代人生存异化的深层次哲学问题。这些问题，对人类在当代乃至未来的生存与发展来说，既构成重大的挑战也蕴涵着革命性变革和飞跃性发展的契机。

“这些问题的澄清和解决，需要科学与哲学联手推进。牛顿、笛卡尔、莱布尼兹时代那种科学与哲学紧密结盟的时代已悄然复归。未来的科学革命，离不开哲学思想的激发和引导；而哲学方法和思想的变革，也离不开科学的批判和滋养。人类文明的新发展，呼唤科学与哲学建立新型的、更加紧密的联盟。哲学与自然科学的交叉与融合，是当今世界学术领域的新动向和新趋势。”① 哲学研究在与人类文化多维交汇互动中，在通过对当代科学技术革命性变革发展的深层思考中拓展拓深其思想和学术创新的可能性空间。

（六）哲学研究的方法论创新

即把现代自然科学与人文社会科学的新方法提升到哲学思维层面并将其运用于哲学研究。随着近现代以来哲学与其他学科的交汇以及哲学研究领域的拓展，现代科学与人文社会科学视域和方法对哲学创新产生了重大影响，哲学创新常常表现为一种方法论的革命。新方法的运用，突破传统思维定式，开拓哲学研究新视野，提出解决哲学问题新思路，拓辟哲学新论域新课题，创造哲学新思想新理论。诸如现象学方法、语言分析方法、解释学方法、证伪主义方法、精神分析方法、结构主义方法给哲学研究带来的方法论革命，导致新的哲学思潮和流派的产生。此外，把现代科学的系统论、控制论、信息论、突变论、协同论、耗散结构论、大数据分析等理论和方法提高到哲学方法论层面上，用以分析把握当代人类社会所面临的各种具有普遍性意义的时代课题，这蕴涵着当代哲学创新的契机，而我国哲学界在这些方面的研究状况，则远远落后于时代的要求。

（七）批判性、否定性、解构性的哲学创新

它既表现为对阻碍时代进步的旧有势力、传统观念、惰性力量的批判和否定，又表现为对传统和现有哲学本身的思想前提、概念范畴、分析范式、理论体系的质疑和批判。如果说建构性的哲学创新更多地体现了正向

① 白春礼：《架构科学界与哲学家的思想桥梁，为人类科技事业贡献新智慧》《中国科学院院刊》2021 年第 1 期。

的“是什么”“应该怎样”的致思理路，那么解构性的哲学创新则更多地体现出逆向的“不是什么”“不应该这样”的否思性特征。哲学史上不乏这样的哲学家，他们为冲破旧有势力和传统思想城堡而摇旗呐喊、攻城拔寨，但在创建自身的哲学体系上则乏善可陈。哲学史上的怀疑论者、相对论者的哲学创作大多具有这种特征。如与黑格尔从正向建构了一个结构森严的思辨哲学体系不同，康德从反向把哲学视为一种“清理地基”的工作，认为哲学家的事业就在于运用理性对“自明的东西”进行分析批判。现代西方科学哲学家波普尔认为从批判我们所钟爱的信念开始，是探索真理的最佳方案，他的“证伪主义”方法论最为突出地体现了批判性、否思性、解构性哲学创新的特点。在整个20世纪，对西方社会现代性的哲学批判汇成大流，其突出代表法兰克福学派则直接把自己的哲学当作社会批判理论：“哲学认为，人的行动和目的绝非是盲目的必然性的产物。无论科学概念还是生活方式，无论流行的思维方式还是流行的原则，我们都不应盲目接受，更不能不加批判地仿效。”“哲学的真正功能在于它对流行的东西进行批判。”[①] 西方后现代主义哲学更是将批判性、否定性、解构性特征体现得淋漓尽致，罗蒂把哲学看作“对自己和社会之永无尽头的改造活动”[②]。20世纪80年代，中国化的马克思主义哲学因其理性的反思批判精神——哲学的批判逻辑成为中国社会思想解放的先导。这种批判性、否定性、解构性的哲学创造，虽然“破旧”有余，但“立新”尚显不足。不过，对思想前提的反思、质疑和批判正体现了哲学思维的本质特征，对旧有哲学思想观念的批判和对阻碍时代进步惰性力量的批判正是通向新的哲学创造的桥梁。如休谟对传统形而上学的质疑开辟了西方哲学的知识论的路向，以至于罗素在《西方哲学史》中把西方哲学史分为休谟前的哲学和休谟后的哲学。而康德则通过理性批判和划界，揭示了传统形而上学在知识论上的逻辑悖谬，以“哥白尼式的转换”扭转了哲学沉思的方向，开掘出现代西方哲学知识论和价值论的两个不同研究路向。在这个意义上，哲学批判即创造。

---

① 〔德〕霍克海默：《批判理论》，李小兵等译，重庆出版社，1989，第243、250页。

② 〔美〕罗蒂：《分析哲学与变革的哲学》，杨富斌译，《世界哲学》2003年第3期，第9页。

（八）创新性阐发式的哲学创新

即对哲学经典作出新颖独到的研究阐释，在经典的原初语境与现实语境的视域融合中对经典作出创新性的阐发。哲学创新的一条重要路径是诠释哲学经典，如在对经典的反思性研究中发现经典中存在的前人所没有发现的问题和矛盾，提出解决这些问题和矛盾的新的思路和方法；在当下语境中激活经典的思想活力并赋予其新的内容和价值；运用新的方法研究经典文本得出新的观点；等等。中国思想史上绝大多数思想形态的建构是通过注释经典来完成的，思想家在对经典的“注疏”“正义”过程中，夹杂、附加上诠释者自己的思想见解。如王弼在对《道德经》和《易经》撰注中成为魏晋时期玄学大家，朱熹通过撰写《四书集注》成为宋代理学的代表人物，现代新儒家要返本开新，融中外古今视域，对经典思想进行“创造性转化”和“创新性发展”。如梁漱溟所言，“要在老根上发新芽”，如张立文把儒学创新指认为是“继承往圣和诸子基础上，度越往圣和诸子，……充分体贴和把捉时代的现实需求和时代的主流精神，以新思想、新观点、新方法、新话题，建构新哲学理论思维体”①。这种“体贴”即如宋代理学大师程颢所自许的“吾学虽有所受，天理二字却是自家体贴出来的”②。西方哲学史又何尝不是这样，有人说一部西方哲学史都是柏拉图哲学的注脚，但这一“注脚”则常常在柏拉图哲学的“老根”中发出“新芽”。中世纪的《圣经》诠释者建立起经院哲学大厦；文艺复兴时期对古希腊经典的回望，是“以复古为解放”而赋予经典以新理解、新意义的思想文化运动；新康德主义、新黑格尔主义者在所谓“回到康德”“回到黑格尔”的哲学创造中发展出新的哲学流派。对经典的诠释是经典文本的视界和诠释者视界的融合互动过程，在这一过程中形成哲学诠释与创新的互动张力，生成新的理解、新的意义、新的真理、新的视界。新的视界超越了原来的视界，体现了理解的开放性、创造性、超越性。对经典的这种“创造性诠释”推动了哲学“创新性发展”。这就像希腊故事中的“忒修斯之船”那样：一条木船一些木板破旧了，就置换了新木板，为此不断

---

① 张立文：《儒学的生命在于创新》，《光明日报》2011年1月24日。

② 《河南程氏外书》卷十二，载《二程集》第二册，王孝鱼点校，中华书局，1981，第424页。

置换下去，最后这条船的每块木板都更换过了，可是这条船看上去还是原来的那条木船。可见，哲学经典不是死的，而是活着流淌在思想的历史时间长河中，每一时代对经典的诠释，使经典的精髓得到保存，又创造出新东西而往前开展。千百年来，时代钟声不时敲响，而经典思想的长卷还在历史的时间长河中缓缓铺陈，经典思想不仅在我们的背后，也在我们的当下和前方。这样，哲学史不再是一堆死寂的哲学思想化石的堆砌，而是一条流动的思想河流，一条富有生命力的思想之川，虽古老而又常新。

以上从一般意义上辨析出哲学创新的主要方式，但在具体的哲学创造过程中，创新并非纯粹地表现为上述的某一种方式。事实上，哲学创新常常表现为既破又立、既批判又继承、既解构又建构、既诠释又创造的辩证统一的创造过程。当然，在不同的哲学家那里，有的“破”、批判、解构的倾向更突出，有的“立”、创新、建构的倾向更明显；有的更潜心于对哲学经典进行创造性的诠释，有的更注重于对时代生活与实践的重大现实问题予以哲学的观照。但不管怎样，哲学思维是一个包含诸如发散思维与聚合思维、横向思维与纵向思维、逆向思维与正向思维、逻辑思维与直觉思维、抽象思维与具体思维、比较思维与联想思维等多种思维方式的综合作用的思维过程，哲学创新是多种创造方式相互渗透、相互作用、相互促进的综合效应的过程。建构与解构、证明与批判、划界与越界、适应与超越、诠释与创造，构成哲学创新的张力，新的思想观念在其中孕育生成。

三　哲学创新何以可能?

每一时代的哲学创新既基于时代实践的需要和驱唤，又以时代的问题和矛盾为其反思的内容和主题。习近平在哲学社会科学工作座谈会上指出：“当代中国正经历着我国历史上最为广泛而深刻的社会变革，也正在进行着人类历史上最为宏大而独特的实践创新。这种前无古人的伟大实践，必将给理论创造、学术繁荣提供强大动力和广阔空间。这是一个需要理论而且一定能够产生理论的时代，这是一个需要思想而且一定能够产生思想的时代。”[①] 哲学是思想中的现实，经验层面的现实需要思想层面的哲学的提升，如果没有思想的穿越，我们可能会迷失在经验的世俗和历史的幽暗里。如同当年马克思所言：“光是思想力求成为现实是不够的，现实本身应当力求趋向思想。”[②] 当代世界正经历百年未有之大变局，中国正处于实现中华民族伟大复兴的关键时期，在新时代中国与世界，各种问题、矛盾交互作用，错综复杂，科技革命与社会变革使人的实践方式、生活方式、交往方式、思维方式、生存方式发生重大变化，未来呈现多变性、风险性和不确定性，因此道路的选择与价值观的引领显得尤为重要。这一切迫切需要在哲学层面上对现时代生活和实践、问题和矛盾、特点和趋势作出深刻的分析和宏观总体的把握，为时代发展提供解释原则、分析框架、价值理念，引导和塑造新时代、新实践、新生活。

除了急迫的社会需要外，社会也应该创建一种鼓励和善待哲学创新的机制，形成一种思想解放、学术自由、开放宽容、容错纠错的思想环境。而创新者自身的创造性和开放性思维，勇于怀疑批判、不断探索进取的精神品格，以及宽广的理论视野和厚实的学术积淀等也构成了哲学创新所必不可少的内在条件。以下就当代中国哲学创新何以可能的问式，探讨三个问题。

（一）有思想地追问、反思、澄明有意义的真问题，在观念中建构新的问题域、意义场

“理论创新只能从问题开始。从某种意义上说，理论创新的过程就是发现问题、筛选问题、研究问题、解决问题的过程。”[③] 哲学创新正是来自以哲学的方式发现真问题，并以哲学的方式给出解决问题的可能的思路、方案和方向，形成哲学创新的可能性空间。波普尔认为：“科学和知识的增长永远始于问题，终于问题——愈来愈深化的问题，愈来愈能启发新问题的问题。”[④]罗蒂指出：“有趣的哲学变化之产生，不是当人们发现了一种

---

① 习近平：《在哲学社会科学工作座谈会上的讲话》，人民出版社，2016，第 8 页。

② 《马克思恩格斯全集》第 3 卷，人民出版社，2002，第 209 页。

③ 习近平：《在哲学社会科学工作座谈会上的讲话》，人民出版社，2016，第 20 页。

④ 〔英〕卡尔·波普尔：《猜想与反驳——科学知识的增长》，傅季重等译，上海译文出版社，1986，第 318 页。

新方法去处理旧问题之际，而是当一套新问题产生和老问题开始消退消失之时。”① 哲学之思是由问题所激发的思问题之思，“而问题期待的是对可能性的发现”②，哲学创新正是在对问题缘由、衍变、解决方向等“可能性”的反思和探索中生成新的论域。哲学史上的每一次思想突破往往与发现问题和解决问题直接相关，哲学家们每提出一个新问题，往往能够打开一个新研究领域，哲学由此不断更新和拓展思维空间。如维特根斯坦从语言分析的角度揭示了传统形而上学的问题和矛盾，推动了现代哲学的语言学转向；马克思通过对资本逻辑运演下现实的资本主义生产方式所蕴涵的内在矛盾的揭示和批判，创立了唯物史观。哲学所要追问、反思和澄明的有意义的真问题，可能是哲学思想本身（包括哲学经典）中的难题、矛盾、缺陷；也可能是每一时代现实生活和实践中新出现的矛盾、困境；或是原有哲学思想无力解释、回应的现实生活和实践中出现的新问题；等等。哲学家发现上述理论和现实的问题和矛盾，通过理性反思和建构，提出解决问题的新的思路、观点和方法，并将这些思路、观点和方法在思想界和社会一定范围内进行切磋、论辩、检验、修正，进而形成具有解释力的新的思想和方法。把时代生活与实践中的现实问题和思想观念中的问题以哲学反思的方式在思想中给“拎出来”，进行前提性、本质性、总体性、方向性的审视与把握，是哲学创新的阀机。老问题不断消退，新问题不断涌现，只要我们“聆听时代的声音，回应时代的呼唤，认真研究解决重大而紧迫的问题，才能真正把握住历史脉络、找到发展规律，推动理论创新”③。

（二）在经典诠释与现实观照之间形成哲学创新张力

哲学创造有两条根：一条根扎在思想史的经典中，不断从经典中汲取养料；另一条根扎在现实生活和实践中，不断地从现实生活和实践中提出问题和沉思问题。这两条根又互相缠绕在一起。就经典研究的现实意义而言，其研究目的和价值不在于经典本身，而在于用经典的微言大义来说今

① 〔美〕理查德·罗蒂：《哲学和自然之镜》，李幼蒸译，生活·读书·新知三联书店，1987，第231页。

② 赵汀阳：《中国哲学的身份疑案》，《哲学研究》2020年第7期。

③ 习近平：《在哲学社会科学工作座谈会上的讲话》，人民出版社，2016，第14页。

天的事、今天的问题，为我们解决今天生活和实践中的问题提供启示。同时，我们也是以我们今天的事、今天的问题去拷问和反思经典。这样，就在经典的原初语境和经典诠释的现实语境的视域融合中、在经典研究和现实问题研究的互释互动中形成哲学创新的可能性空间或哲学创新的张力，在当下历史地平线赋予经典以新的意义和活力，使传统与现实链接成哲学生命的连续体。这正如黑格尔所言："这是我们时代的使命和工作，同样也是每一个时代的使命和工作：对于已有的科学加以把握，使它成为我们自己所有，然后进一步予以发展，并提高到一个更高的水平。当我们去吸收它，并使它成为我们所有时，我们就使它有了某种不同于它从前所有的特性。在这种吸收转化的过程里，我们……把它转变成为我们自己的一部分。"①

不过，面向经典与面向现实毕竟是不同的研究路径和方向，前者主要着眼于诠释，后者更注重于新的创造。从国内哲学研究来看，20 世纪 80 年代哲学面对历史与现实问题因应了时代变革需要，充当解放思想和改革开放的启蒙先锋。20 世纪 90 年代后，思想启蒙的先锋意识开始退隐，哲学研究回归经典，通过对马克思哲学经典、西方哲学经典和国学经典的现代阐释来释放哲学写作空间。而在经典释义这个行当中，"富于独创性的学者"其实是贬义而不是褒奖之词，等于说他游离了经典在贩运"私货"。总的来看，回归经典的研究路径存在着类似如社会学术语"内卷化"② 倾向而缺乏创新性维度，而这种具有"内卷化"、复制性、自闭性特点的文本研究，已然压倒了面对现实重大问题的创新性研究而成为时下一种学术时髦。

注重经典的校勘、考据、注疏，对经典义理的抉微、阐发和传承是中国学术的特色，形成中国哲学的崇古、保守、封闭的释经传统。这种释经传统，使我们的文明精神延续而不断裂，使思想传统能够存活甚至激活，也不乏在新的语境中对经典进行某种创新性诠释，或以某种"旧瓶装新

① 〔德〕黑格尔：《哲学史讲演录》第 1 卷，贺麟、王太庆等译，商务印书馆，1959，第 9 页。

② "内卷化"（involution）一词源于美国人类学家格尔茨（Clifford Geertz）的《农业内卷化：印度尼西亚的生态变化过程》，其原义是指一种社会、组织或文化模式无突变式发展和无渐进式的增长，只是停留在简单层次的自我重复，无法转化为另一种高级模式的现象。近年来被普遍地运用于形容一种向内演化或自我复制的没有任何变化和改观的无实质意义的消耗。

酒”的方式借古人的酒来浇现代人心中之“块垒”，但总的来看，其致思取向是向后看而不是朝前看，是封闭保守而不是开放创新。如果哲学研究缺乏现实关切的旨趣，缺乏主体性和创新性的自觉，仅仅埋首于或满足于经典后花园进行复制式的学术阐释，那就会使思想画地为牢而走向贫乏，僵化迟暮而失去活力。

哲学经典是思想的一个典范，但不是思想的界限和囚笼。思想边界的不断拓展，思想层次的不断深入，思想高地的不断超越，使哲学史成为思想者在观念上拓疆辟土的“英雄史诗”。这基于哲学的自由理性的反思和创造的本性，但归根结底植根于每一时代现实的生活和实践、问题和矛盾。能够真正激活传统使之在当下在场的不是传统思想本身，而是现实的生活和实践、问题和矛盾。以现实和未来问题来接续传统经典，是传统存活的唯一方式，而那些不能被现实和未来激活的传统终将变成思想的化石。这正如克罗齐所言：“由于生活发展的需要，死的历史会复活，以往的历史会再一次变为现在的东西。而罗马人和希腊人长眠在他们的坟墓里，直到文艺复兴才被那个新成熟的欧洲精神唤醒。”① 当代中国哲学创新的一个根本任务是要在思想观念上从前提性、总体性、本质性、价值性层面揭示和回应当今中国社会现实问题、矛盾和挑战，而完成这一思想任务的根本动力是由当代中国现实实践所源源不绝地提供的。因而，哲学创造就不会局限于或停留在对传统经典的阐释和承继上，而是必然指向具有时代历史性意义的开拓与创新。“当代中国的伟大社会变革，不是简单延续我国历史文化的母版，不是简单套用马克思主义经典作家设想的模板，不是其他国家社会主义实践的再版，也不是国外现代化发展的翻版，不可能找到现成的教科书。我国哲学社会科学应该以我们正在做的事情为中心，从我国改革发展的实践中挖掘新材料、发现新问题、提出新观点、构建新理论。”② 在马克思主义哲学中国化百年历程中，中国学者对马克思主义哲学经典研究不乏“回到马克思”“走进马克思”学术旨趣，但总的来看，对马克思主义哲学经典的研究始终是在回应中国革命和社会主义现代化建设不同历史阶段实践需要中，在引导中国社会变革转型的方向道路中来选

---

① 〔英〕汤因比等著，张文杰编《历史的话语——现代西方历史哲学译文集》，中国人民大学出版社，2012，第397页。

② 习近平：《在哲学社会科学工作座谈会上的讲话》，人民出版社，2016，第21~22页。

择研究的主题和论域，使马克思主义哲学经典在反思历史、观照现实、启引未来中彰显新的生命力。

（三）哲学创新的主体性自觉

要推动哲学创新，创新主体的主体性自觉是必要前提。没有创新主体独具个性的自主性、自为性、能动性、选择性、创造性等主体性的自觉意识，以及社会对这种主体性的承认与尊重，哲学创新只能流于空洞的口号。哲学创新主体可以从相互关联的两个层面来考量：一是相对于其他国家、地域或民族的哲学创新而言的一个国家和民族的哲学创新主体；二是相对于群体性、整体性的哲学创新主体而言的个体的哲学创新主体。前者如德国哲学的创新主体，中国哲学的创新主体；后者如康德、王阳明等作为特殊个体的哲学创新主体。相应地，哲学创新的主体性自觉既指对本国、本地域、本民族的哲学创新的主体地位和哲学创新的内容、形式、语言、方法、价值取向的自主意识、自为意识、创造意识、反思意识的理性自觉和担当，也指作为个体的哲学家对自身哲学创新的主体地位和哲学创新的个性化内容、话语、方法、价值取向的自主意识、自为意识、创造意识、反思意识的理性自觉和担当。归根结底，作为一个国家、地域、民族的哲学创新主体性必然寓于一个个具体的、个别的、特殊的哲学家个体主体性中，并通过个体主体性得以体现、彰显和实现，没有这种哲学创新的个体主体性也就没有一个国家和民族的哲学创新主体性。如德国思辨哲学，其国家和民族特色的主体性是通过康德、黑格尔等各具个性的个体的哲学创新得以体现和实现的，中国哲学的主体性是通过孔子、老子、朱熹等各具个性的个体的哲学创新得以体现和实现的，中国化马克思主义哲学的主体性是通过毛泽东、艾思奇等各具个性的个体的哲学创新得以体现和实现的。

就当下中国的哲学创新主体性而言，显得比较萎缩、弱化而不彰。总的倾向大多还是在做对他人和前人哲学思想和经典的移译、复述、诠释、传播的功夫，真正能够体现当代中国哲学创新主体性的原创性哲学成果少之又少，哲学研究从问题、概念、范畴、观念、命题、方法乃至话语基本上还是在原有的和他人的思想体系和学术框架里“打转”，哲学研究的“算盘珠子”总是被他人拨动，“古人化”“他者化”成了制造哲学学术成果的不二法门，哲学研究画地为牢、思想原创的匮乏导致了“失语症”。这种“他者化”“古人化”“失语症”的状况正是当代中国哲学创新主体性萎缩和弱化的表征。当前哲学研究还不能显现出一个古老文明大国在当代崛起的思想气象与格局，还无法用富有特色的原创性哲学思想和话语来阐释和表达当代中国社会变革和发展的本质特点和价值诉求。这与哲学作为时代精神的精华和文明活的灵魂极不相称，也与当代中国特色社会主义现代化实践要求不相适应。对于当代中国哲学创新来说，一方面，新时代中国特色社会主义现代化实践强有力地支撑了中国哲学创新主体性的重建；另一方面，中国社会在由传统社会向现代社会转型过程中以及在全球化时代所面临的各种问题和挑战，现代化的中国实践、中国问题、中国道路等“中国化”“中国性”的突显，迫切要求在哲学层面上对当代中国社会实践与人的生存发展的根本性问题进行理性的审视和反思，并通过这种自主、自为、自觉的理性审视和反思来重塑中国哲学创新的主体性，来建构当代中国的思想自我。

因此，当代中国哲学创新需要达至两个层面上的主体性自觉。一个是在国家和民族的哲学创新整体性层面上的主体性自觉。当年黑格尔在给 J. H. 沃斯的一封信中这样说过：“路德让圣经说德语，您让荷马说德语，这是对一个民族所作的最大贡献，因为，一个民族除非用自己的语言来习知那最优秀的东西，那么这东西就不会真正成为它的财富，它还将是野蛮的。”“我也在力求教给哲学说德语。如果哲学一旦学会了说德语，那么那些平庸的思想就永远也难于在语言上貌似深奥了。”① “让圣经说德语”“让荷马说德语”“教给哲学说德语”，黑格尔说出了德国哲学创新的主体性自觉，德国哲学成了欧洲乃至世界哲学的“第一提琴手”。当代中国的经济、政治、文化、社会和人的发展需要从整体上确立自己的思想形象来安顿自我，中国哲学研究应该对自身哲学的状况及其在世界哲学思想交流和发展中的状况有一个理性自觉的认知和审思，以哲学创新的主体性自觉让哲学说中国话，用中国话语来讲好一个有着绵远悠长文明历史的国家如何走向现代文明的中国叙事。这正如习近平所指出的：“我们的哲学社会科学有没有中国特色，归根到底要看有没有主体性、原创性。……只有以

① 苗力田主编《黑格尔通信百封》，上海人民出版社，1981，第202页。

我国实际为研究起点，提出具有主体性、原创性的理论观点，构建具有自身特质的学科体系、学术体系、话语体系，我国哲学社会科学才能形成自己的特色和优势。”① 近些年来，哲学界对思想“话语权”的提出与反思，正是当代中国哲学创新主体性自觉的一种伸张和表现。

另一个则是在个体的哲学创新层面上的主体性自觉。哲学创新的主体性自觉，如果离开一个个具有自身特点的个体主体性自觉，作为一个整体的国家和民族的主体性自觉就成了无具体主体的虚幻的“主体性自觉”，成了一个抽象空洞的整体；如果个人丧失了真实性、独特性、创造性的思想探索和表达，那么，作为整体的国家和民族也就丧失了属于本国和本民族的真实性、独特性、创造性的思想探索和表达，表现为一种思想僵化、千人一面、失去创新活力的虚假的“同一性”。作为欧洲哲学思想的“第一提琴手”的德国哲学，正是由像康德、黑格尔、马克思这些极富个性化的个体的哲学创新汇聚而成的。哲学创新是极具个人性的思想探索和实验，它深深地镌刻上这些思想探索者和思想实验者自身独特的学术背景、文化积淀、思维特点、价值偏好、心理结构、精神气质、提问方式、创造思路和语言表达的印记。强调哲学创新的这种个人性、个体主体性，并非在强调生存论意义上的“自我”或“单子式的个人”，更非价值观意义上的“个人主义”，而是强调哲学创新的主体是在特定时代作为思想者的现实社会中的真实的个人。这种真实个人独特性的哲学创造与国家和民族的思想“公共性表达”并不是二元对立的，而恰恰是用这种极具个体性、独特性、创造性的思想和话语的“个性表达”去表达国家和民族的思想和话语的“公共性表达”，如同当年老黑格尔以其独特的个性化哲学创新来表达德意志民族精神一样。我们不能用一种整齐划一的“集体表达”去囚禁这种思想的“个人表达”，或以群体性的“集体攻关”和“思想工程”的方式取代或湮没个体的个性化的哲学创新。哲学问题的真实性和对问题思考的创新性归根到底要落在真实的思想者个人身上，作为一个整体的中国哲学创新主体性自觉归根结底必须落实在、体现在个体主体性自觉之上。因此，中国哲学创新的主体性自觉，一方面，作为个体的哲学创新必须以自觉的主体意识、自由的心灵、开放的思维、理性的沉思、坚持真理的勇

---

① 习近平：《在哲学社会科学工作座谈会上的讲话》，人民出版社，2016，第19页。

气以及对生活的独特感受和深度理解，直面社会现实生活和实践中的真实的问题，在哲学思想和话语表达上进行个性化、独特性、原创性和创造性的哲学研究。而面对功利的、浮躁的、焦虑的，生存时空被机械化、碎片化和不断中断化的现代生活，具有独创性的哲学研究更需要以思想者的沉静从容、独立思考为前提，那种面对世俗生活驿动不已的急功近利的心态是难以孵化出独特而又深刻的哲学思想的。另一方面，因为哲学创新最初常常表现为一种少数人的思想的“深刻的片面”，这就要求社会必须为哲学创造主体性自觉提供一种体现科学精神、尊重个性、开放包容、学术自由的制度环境、思想氛围和公共空间。在这样的空间中孕育生成真正意义上具有高度主体性自觉的中国哲学创新主体，面对当代真实的生活和实践问题，让“哲学说汉语”。

沉思者直面脚下这片生气勃勃的真实的土地及其真实的问题，是当代中国哲学创新的“罗陀斯”！

（本文原载于《东南学术》2021 年第 6 期）

唯物史观作为历史哲学何以谓之“历史科学”?

在《德意志意识形态》这部唯物史观经典著作中，马克思和恩格斯将他们所创立的新哲学指认为“历史科学”并赋予其“实证科学”意谓，①且明确指出，正是德国唯心主义思辨历史哲学（意识形态）对人类历史的“曲解”，促使他们去深入研究“人类史”。这意味着在马克思和恩格斯研究“人类史”的历史叙事中，唯物史观是与德国思辨的“历史哲学”相对立的“历史科学”。问题在于，唯物史观毫无疑问是在哲学层面上来研究“人类史”的，是关于历史的哲学，那么，应该如何解决关于唯物史观是“历史哲学”还是“历史科学”的解释困境呢？问题的进一步分辨在于：唯物史观作为历史哲学在什么样的意义上是“历史科学”？

一　历史哲学与历史科学

在一般意义上，历史的哲学叙事是从某种哲学视角去理解和阐释人类历史以及人们对历史的认识，而并非像历史学或历史科学那样再现人类历史。历史哲学有两种意谓：关于历史本身的哲学即历史本体论和关于历史

① 在《德意志意识形态》中，马克思、恩格斯没有直接使用“历史唯物主义”“唯物史观”来指称他们所创立的新世界观。“历史唯物主义”“唯物史观”是恩格斯晚年在回顾他与马克思共同的思想历程时使用的概念。在《德意志意识形态》中，马克思、恩格斯用的是“历史科学”这一术语。

认识的哲学即历史认识论。本文所讨论的是关于历史本身的哲学，它泛指对人类历史在本质性、规律性、普遍性、总体性、价值性意义上的认识和反思。马克思的唯物史观基于欧洲社会历史来揭示历史的本质、规律和发展趋势，其性质无疑是历史本体论哲学，而不是以历史认识为对象的历史认识论，更不是历史学。不过，马克思并没有将唯物史观称为历史哲学，在他的批判语境中，历史哲学是指作为德意志意识形态的“从天国降到人间”的德国唯心主义思辨哲学。但不能据此来否定唯物史观的哲学性，就唯物史观性质而言，它无疑是“从人间升到天国”的具有历史真理性和科学性的历史哲学。

对历史的阐释从其发端处就不单纯是“为历史而历史”的纯粹的历史记录。虽然说以一种不偏不倚、客观公正的态度对过往人事如实记载、秉笔直书，从而写出确凿可靠的信史实录从来都是历史学的一个根本要求，但历史学一开始就蕴涵着一种超越历史本身之外的现实价值。作为西方历史学前身的上古时代的英雄史诗，如《荷马史诗》就已经蕴涵着古希腊先民对英雄的祖先的一种血缘乃至文化上的寻根与认同需要。被誉为西方“史学之父”的古希腊历史学家希罗多德在其开山之作《历史》中开宗明义地指出他研究希波战争史的目的是“要把他们之间发生战争的原因记载下来以永垂后世”①。古罗马历史学家塔西佗在《编年史》中认为“历史之最高职能就在赏善罚恶”②，即用善与恶为尺度对过往历史人事进行道德评判以垂训后人。无论是一种血缘和文化的寻根与认同，还是给现实与未来以历史鉴戒和道德垂训，都表明历史学的功能和价值不在于再现已成过往的历史本身，而在于通过对历史事件及其原因的研究来阐明历史之于今人和后人的意义，为今人和后人提供鉴戒和启示。这与中国古代史学的族群和家国的文化历史认同、道德教化、鉴古知今的功能是相通的。孔子修订《春秋》而赋予儒学“微言大义”以教化天下，司马迁的《史记》已明确地体现了中国古代撰述历史的哲学意识：要“究天人之际，通古今之变，成一家之言”。清代史家章学诚说：“史所贵者义也，而所具者事也，所凭者文也。”③ 历史学的这种最初的价值意蕴体现了某种“功夫在诗外”的哲学思绪。

---

① 转引自郭圣铭编著《西方史学史概要》，上海人民出版社，1985，第 17 页。
② 转引自郭圣铭编著《西方史学史概要》，上海人民出版社，1985，第 48 页。
③ （清）章学诚：《文史通义·史德》，中华书局，1985，第 219 页。

英国历史哲学家沃尔什在《历史哲学导论》中指出，历史学并不单单是有关过去事件的记录，而且还是“有意义的记录，——即把各种事件都联系起来的叙述”，这种联系“就蕴涵着有历史思想的性质”[①]。阐明历史的因果联系、历史之于现实和未来的意义，已透显出历史学的哲学意蕴，但真正的历史哲学自觉发生在欧洲启蒙时代：以人的理性去探讨历史的因果规律，给历史以合乎理性的解释，这种历史就是“用实例进行教育的哲学”[②]。启蒙就是用哲学的理性之光去照亮幽暗的历史，以引导人类历史走向光明和进步。据法国学者马克斯·诺多考证，历史哲学这个词是法国思想家让·博丹在1650年首先使用的，伏尔泰在1765年也使用了历史哲学这一概念。[③] 伏尔泰认为，写历史要有哲学家眼光，写出哲学意味，给人以哲理教益，历史学的任务是通过对历史研究来说明人类的时代精神。后人认为伏尔泰是第一个走上新的道路的人，把哲学明灯带进幽暗的历史档案库。康德在《从世界公民的立场来看普遍历史的观念》一文中，把历史看成一个可以理解的理性过程，其目标是作为目的的人类善的理念——道德理性的实现。赫尔德则被不少学者认为是历史哲学的真正创立者，他在《人类历史哲学要义》中把世界看作一个有规律地演进的有机整体，认为人类历史是一个不断趋向人道理想的进步过程，历史学家的任务就是从浩如烟海的历史现象中抽绎出统一的历史演进规律，人类历史经历诗的时代、散文时代和哲学时代三个阶段。黑格尔是欧洲历史哲学的集大成者，他把历史哲学看作“历史的思想考察”[④]，把历史解释为世界精神的自我体现和自我发展过程，“世界历史无非是‘自由’意识的进展，这一种进展是我们必须在它的必然性中加以认识的”[⑤]。这种“必然性”是“精神”——“狡黠的理性”——作用的结果，世界历史的进步亦即自由意识的发展经历了东方世界到希腊世界，再到罗马世界，最终在日耳曼世界得到真正的实现。他认为，只有哲学的思辨才能透过历史表层的喧嚣去领悟精神的历史，“‘哲学’所关心的只是‘观念’在‘世界历史’的明镜中

① 〔英〕沃尔什：《历史哲学导论》，何兆武、张文杰译，社会科学文献出版社，1991，第9页。

② 〔美〕鲁宾孙：《新史学》，齐思和等译，商务印书馆，1964，第28页。

③ 伏尔泰1765年写了一篇题为《历史哲学》的论文，他在1769年再版的《风俗论》一书，将该文收入书中。

④ 〔德〕黑格尔：《历史哲学》，王造时译，生活·读书·新知三联书店，1956，第5页。

⑤ 〔德〕黑格尔：《历史哲学》，王造时译，生活·读书·新知三联书店，1956，第57页。

照射出来的光辉”[1]。黑格尔的历史哲学不是从历史事实中去发现历史真实的内在联系及其普遍意义，而是用精神、自由意志等绝对哲学观念编排历史。如同中世纪史学是上帝意志的证人一样，黑格尔也力图使历史成为自己哲学观念的证人。

与黑格尔这种思辨历史哲学相反，孔德从实证主义立场出发，反对在社会历史领域研究中的形而上学思辨，主张向自然科学看齐，以价值无涉的科学立场和态度，运用观察、实验、比较等经验实证的方法，从经验事实出发来观察和研究社会历史。孔德实证主义的影响给19世纪的历史学打上鲜明的科学实证的印记。兰克被誉为“近代科学历史学之父”，以他为代表的实证主义史学，要把历史学从思辨历史哲学笼罩下解放出来，使之成为一门独立的实证的历史科学。兰克在其成名作《拉丁和条顿民族史》序言中把“如实地说明历史”作为实证主义史学的信条，认为研究历史不能像历史哲学那样以抽象的哲学观念来图解和演绎历史，而必须从具体历史事实出发，通过对可靠的历史资料的批评考证，以客观公正的态度和科学手段去再现历史真相。实证主义史学第一次提出将历史作为一门独立的科学来对待，反对历史学去为任何外在的哲学观念服务，强调历史价值即在于历史本身，主张在历史研究中要尽量排除一切主观因素，避免对历史事实进行动机、心态、价值等主观方面的设想和探讨，保持对史实做不在场的客观的零度描述。这正如英国历史学家伯瑞在1902年担任剑桥大学近代史钦定讲座教授的就职演说中所断言的：“历史是一门科学，不折不扣的科学。”[2] 这句话体现了实证主义史学的根本信念。以兰克为代表的19世纪实证主义史学反对思辨历史哲学，试图使历史学走上一条科学化道路。由于19世纪实证主义精神和方法的滥觞，历史学在对历史哲学的“矫枉”中走向实证的历史科学。

相对于历史哲学而言，首先，在学科性质上，历史科学是以历史事实为研究对象的具有经验性和实证性特点的历史学，而并不是以探讨历史的深层本质、一般规律和普遍意义为旨趣的具有超验性和反思性特点的历史哲学；其次，历史科学的目的和宗旨在于如实地说明历史，力图客观地再

① 〔德〕黑格尔：《历史哲学》，王造时译，生活·读书·新知三联书店，1956，第503页。
② 转引自刘昶《人心中的历史》，四川人民出版社，1987，第54页。

现历史真相，其价值和意义在于历史本身，而并非为论证历史本身之外的某种哲学思想和价值观念服务；最后，在原则和方法上，历史科学诉诸客观公正、不偏不倚、价值无涉的科学立场和态度，以及对具体的历史资料与事实进行经验观察、考据、实证和零度描述的方法，而并非以抽象的哲学思辨来规范、编排、客串和图解史实。当然，科学并非只呈现事实，更重要的是科学要通过观察和实验来发现蕴藏在事实中的本质联系即规律，并以概念、公理的方式呈现规律。实证主义历史科学并非对历史规律和价值毫不动心，兰克也认为史学的任务，不在于毫无生气地罗列材料，而在于求得对历史的理解以便使人们知道一个时代的意义和人类发展的趋向，历史书写本身具有一种崇高的理想目标，即写出体现在历史事件中的人类理性和统一性。这多少体现了启蒙时代以来理性主义历史哲学的余绪。不过，历史哲学注重的是以论带史，以史证论，以规范性为主；而历史科学更注重的是论从史出，以实证性为主，乃至矫枉过正，将事实与价值分立，只注重发现事实而无视揭示规律和意义，历史学成了“历史编纂学”，成了堆集史料的“档案馆”，历史学之于现实的价值与意义则在“故纸堆”中湮没不彰。

唯物史观“把历史看做人类的发展过程，而它的任务就在于发现这个过程的运动规律”①，这无疑是关于历史的哲学理论，是一门不折不扣的历史哲学。但在《德意志意识形态》中，马克思和恩格斯并没有将他们所创立的唯物史观称为历史哲学，而是称为历史科学。回到其历史语境中来理解其理论建构和称谓，可以看出这无疑与19世纪实证主义史学的风行流布，以及对思辨历史哲学的否定和批判这一“精神气候”② 的影响直接相关。

二　历史观的“科学”赋义与对思辨历史哲学的批判

英文“science”一词主要指自然科学，源于拉丁文“scientia”，后者泛指一般意义上的“知识”“学问”，德文“Wissenschaft”（科学）与其类

① 《马克思恩格斯选集》第3卷，人民出版社，2012，第795页。

② “精神气候”（mental climate）是年鉴学派历史学家常用的一个术语，指一个时代的思想氛围和精神状态。

似，指自然科学，也包括社会和人文学科。德国思想界对“科学”一词的使用比较宽泛，如黑格尔把哲学称为哲学科学，狄尔泰讲精神科学，李凯尔特讲文化科学，等等。当然，这种“科学”称谓不仅仅涉及词源学意义问题，还更加深层地、本质性地关联于古希腊以来西方理性主义思想传统，即通过人的理智来认识关于世界的真理和人生的意义的学问、知识和智慧。“爱智慧”的哲学与科学在希腊时代统一于理性精神母体，古希腊哲学是希腊时代追求学问、知识和智慧的自由理性传统的第一个样本，古希腊的自然哲学即是科学，近代自然科学正是在古希腊自然哲学母体中诞生的。“爱智慧”的哲学要求摆脱功利需求去探求宇宙和人生的“知识”，是“为了知而追求知识，并不以某种实用为目的”的科学，“唯有这种科学才是自由的，只有它才仅是为了自身而存在”①。亚里士多德把哲学看作这种最高级最理想的科学（知识）形态，是人类知识的总汇，它包括自然哲学（关于自然的知识）、伦理学（关于社会的知识）和逻辑学（关于思维的知识）。科学理性传统是古希腊文明传给欧洲的一份精神遗产，这种精神遗产在近代实证自然科学中得以光大风行，成为一个时代的精神光谱，一切学科，乃至人文社会学科都只有在科学理性的精神光谱照耀之下，才能获得其存在的理由和力量。黑格尔在《小逻辑》中直接把哲学称为哲学科学：“哲学这门科学已经转移到我们日耳曼人这里了。”② 黑格尔之所以称其哲学为科学，就是因为西方哲学本来就属于古希腊以来的以自由理性去追寻真理、知识、学问、智慧的科学理性传统。

同样地，马克思称其新哲学为历史科学、实证科学，也与这种科学传统在19世纪以实证主义的精神和方法风行流布直接相关。学界以往对唯物史观的研究更多的是在与黑格尔、费尔巴哈等哲学的比较中来论证其科学性和真理性，其实，马克思的“历史科学”之为“科学”的赋义还历史性地关联着一个更深层思想和精神传统：西方自古希腊以来以自由理性追求真理的精神和方法，以及这种精神和方法在19世纪所形成的知识的力量和科学的世纪。19世纪的思想家深受孔德的影响，认为神学、形而上学阶段行将终结，人类历史正迈入科学阶段，科学的巨大进步使19世纪的思想家

① 参见苗力田主编《亚里士多德全集》第7卷，中国人民大学出版社，1993，第31页。

② 〔德〕黑格尔：《小逻辑》，贺麟译，商务印书馆，2009，第33页。

们意识到人类社会与自然界的内在统一性，逐渐将自然科学的方法吸收并应用于哲学社会科学中。[①] 历史哲学面对自然科学，必须为自己的“合法性”寻找证明，马克思、恩格斯的学说也不例外。

在《1844 年经济学哲学手稿》中，马克思从自然史和人类史统一的角度对自然科学和人（历史）的科学赋予统一的科学意谓：“历史本身是自然史的一个现实部分，即自然界生成为人这一过程的一个现实部分。自然科学往后将包括关于人的科学，正像关于人的科学包括自然科学一样：这将是一门科学。”[②] 《德意志意识形态》更直接明示：“我们仅仅知道一门唯一的科学，即历史科学。历史可以从两方面来考察，可以把它划分为自然史和人类史。但这两方面是不可分割的；只要有人存在，自然史和人类史就彼此相互制约。自然史，即所谓自然科学，我们在这里不谈；我们需要深入研究的是人类史，因为几乎整个意识形态不是曲解人类史，就是完全撇开人类史。意识形态本身只不过是这一历史的一个方面。”[③] 这段话表明：第一，马克思和恩格斯把“历史科学”作为“唯一”的科学，包括“相互制约”的“自然史”（自然科学）和“人类史”；第二，他们研究的是“历史科学”中的“人类史”；第三，他们之所以研究“人类史”，是因为德国“意识形态”（主要指黑格尔以及青年黑格尔派的思辨哲学）对“人类史”的“曲解”和无视，“人类史”成了这种虚幻的意识形态“空话”的世袭领地；第四，这也就意味着他们研究的“人类史”是与“曲解”人类史的德国思辨历史哲学相对立的“科学”的人类史。在《哲学的贫困》中，马克思指认其学说是革命的科学：“这个由历史运动产生并且充分自觉地参与历史运动的科学就不再是空论，而是革命的科学了。”[④] 在《〈政治经济学批判〉序言》中，马克思指出，他与恩格斯 1845 年在布鲁塞尔时“共同阐明我们的见解与德国哲学的意识形态的见解的对立”，这一见解在《哲学的贫困》中“第一次作了科学的、虽然只是论战性的概述”[⑤]。在《路德维希·费尔巴哈和德国古典哲学的终结》中，恩格斯把唯

① 〔英〕W. C. 丹皮尔：《科学史》，李珩译，中国人民大学出版社，2010，第 214 页。

② 《马克思恩格斯文集》第 1 卷，人民出版社，2009，第 194 页。

③ 《马克思恩格斯文集》第 1 卷，人民出版社，2009，第 516 ~ 519 页。

④ 《马克思恩格斯文集》第 1 卷，人民出版社，2009，第 616 页。

⑤ 《马克思恩格斯文集》第 2 卷，人民出版社，2009，第 593 页。

物史观称作“现实的人及其历史发展的科学”[①]。

毫无疑问，在“科学”作为真理性知识与方法的巨大力量和话语威权从自然科学风行流布到哲学、历史等人文社会科学的历史语境中，马克思和恩格斯给予他们所创立的唯物史观以“科学”的修辞、赋义和称谓。

与此关联的另一个方面，马克思对新哲学的“科学”赋义和称谓，与其对德国思辨历史哲学的批判直接相关。批判德国哲学的唯心主义思辨性是马克思走向“历史科学”的第一步，即以“科学”反对“思辨”，用“历史科学”区别于思辨历史哲学，用真实的历史联系来取代德国唯心主义历史哲学的幻想、臆造的联系并以此来阐释历史。马克思把颠倒意识与存在、思想与现实之关系，以纯思想批判代替反对现存制度的实际斗争的思辨历史哲学，称为“德意志意识形态”。马克思和恩格斯的批判集中在三个方面。

第一，批判德国唯心主义历史哲学把历史看作抽象的绝对精神的历史，而不是以人为主体的现实的历史。马克思批判黑格尔的历史观“不过是关于精神和物质、上帝和世界相对立的基督教日耳曼教条的思辨表现”[②]，历史“不是作为既定的主体的人的现实历史”[③]，它“不过是抽象的、绝对的［XⅦ］（见第XⅢ页）思维的生产史，即逻辑的思辨的思维的生产史”[④]。历史在黑格尔那里不外乎是绝对精神的展开过程，同时也是绝对精神的确证过程，“人类只是这种精神的无意识或有意识的承担者，……人类的历史变成了抽象精神的历史，因而也就变成了同现实的人相脱离的人类彼岸精神的历史”[⑤]，而哲学是绝对精神创造的历史事后“自我意识”，因此，绝对精神“制造历史的行动也只是发生在哲学家的意识中、见解中、观念中，只是发生在思辨的想象中”[⑥]。

第二，批判德国唯心主义历史哲学用抽象的、臆造的、幻想的联系来代替历史的真实的联系，用概念的运动代替历史的现实运动，用虚幻的意识形态掩盖真实的历史。马克思和恩格斯批判黑格尔把“世界上过去发生

① 《马克思恩格斯文集》第4卷，人民出版社，2009，第295页。
② 《马克思恩格斯文集》第1卷，人民出版社，2009，第291页。
③ 《马克思恩格斯文集》第1卷，人民出版社，2009，第201页。
④ 《马克思恩格斯文集》第1卷，人民出版社，2009，第203页。
⑤ 《马克思恩格斯文集》第1卷，人民出版社，2009，第291～292页。
⑥ 《马克思恩格斯文集》第1卷，人民出版社，2009，第292页。

的一切和现在还在发生的一切"，看作"他自己的思维中发生的一切"，因此，"没有'与时间次序相一致的历史'，只有'观念在理性中的顺序'"，这种历史"只是根据绝对方法把所有人们头脑中的思想加以系统的改组和排列而已"①。"历史哲学、法哲学、宗教哲学等等也都是以哲学家头脑中臆造的联系来代替应当在事变中去证实的现实的联系。"② 这种抽象思辨的历史哲学把想象出来的抽象的、普遍的、必然性的范畴看作永恒的、凝固不变的公式和万能钥匙，以此来剪裁历史，其"最大长处就在于它是超历史的"③，而不是真实的历史。

第三，批判德国唯心主义历史哲学把历史看成实现某种既定目的的历史目的论思想。马克思指出，在黑格尔的历史哲学中"事情被思辨地扭曲成这样：好像后期历史是前期历史的目的，例如，好像美洲的发现的根本目的就是要促使法国大革命的爆发。于是历史便具有了自己特殊的目的"④，历史哲学"把全部历史及其各个部分都看做观念的逐渐实现，而且当然始终只是哲学家本人所喜爱的那些观念的逐渐实现。这样看来，历史是不自觉地，但必然是为了实现某种预定的理想目的而努力，例如在黑格尔那里，是为了实现他的绝对观念而努力，而力求达到这个绝对观念的坚定不移的意向就构成了历史事变中的内在联系。这样，人们就用一种新的——不自觉的或逐渐自觉的——神秘的天意来代替现实的、尚未知道的联系"⑤。这种把历史看成绝对观念的实现的思想，在方法论上与神学目的论并无二致，"黑格尔本人在《历史哲学》的结尾承认，他'所考察的仅仅是概念的前进运动'，他在历史方面描述了'真正的神正论'"⑥。总之，与科学比较，"唯心主义的出发点和不顾事实而任意编造体系"⑦ 是黑格尔哲学在面对科学时暴露出的两大根本缺陷。

与这种"历史哲学"完全相反，马克思"实证的历史科学"以现实的感性的实践活动为基础和前提去把握人类历史，"在思辨终止的地方，在

① 《马克思恩格斯文集》第 1 卷，人民出版社，2009，第 602 页。
② 《马克思恩格斯文集》第 4 卷，人民出版社，2009，第 301 页。
③ 《马克思恩格斯文集》第 3 卷，人民出版社，2009，第 467 页。
④ 《马克思恩格斯文集》第 1 卷，人民出版社，2009，第 540 页。
⑤ 《马克思恩格斯文集》第 4 卷，人民出版社，2009，第 301 页。
⑥ 《马克思恩格斯文集》第 1 卷，人民出版社，2009，第 553 页。
⑦ 《马克思恩格斯文集》第 9 卷，人民出版社，2009，第 440 页。

现实生活面前，正是描述人们实践活动和实际发展过程的真正的实证科学开始的地方。关于意识的空话将终止，它们一定会被真正的知识所代替”①。早在《〈黑格尔法哲学批判〉导言》中，马克思就通过对宗教的批判来阐明哲学的任务：“真理的彼岸世界消逝以后，历史的任务就是确立此岸世界的真理。人的自我异化的神圣形象被揭穿以后，揭露具有非神圣形象的自我异化，就成了为历史服务的哲学的迫切任务。”② 这种“要确立此岸世界的真理”的“为历史服务的哲学”，要“终结”在历史领域中的唯心主义思辨历史哲学的统治，以实证科学和辩证法的精神与方法，从现实的人的历史实践活动出发去描述和揭示真实的历史联系及其发展规律，使历史理论成为“科学”。

可见，唯物史观的科学性同时是在“批判叙事”中赋义的，对神学目的论的批判、对思辨哲学的批判、对费尔巴哈“自我意识”的批判，最后聚焦于对现实资本主义的政治经济学批判。唯物史观的科学性根本上正是从对现实资本主义“历史运动的批判的认识中，即对本身就产生了解放的物质条件的运动的批判的认识中得出”③ 的。

综上所述，唯物史观之为“历史科学”，与实证科学的影响和对德国思辨历史哲学的批判直接相关。以马克思和恩格斯批判德国思辨历史哲学并赋予唯物史观以“科学”的意涵为由，或以马克思和恩格斯没有直接指认他们所创立的哲学是历史哲学为据，认定唯物史观是历史科学而不是历史哲学，这只是对唯物史观的一种外在的、机械的理解，把历史哲学与思辨历史哲学等同起来，把马克思对思辨历史哲学的批判，看作对一切历史哲学的否定，而没有深入马克思创立新哲学的历史语境和它的本质内容中去把握唯物史观的学科性质。世界著名的历史学家巴勒克拉夫认为，“马克思主义是唯一的历史哲学，他对历史学家的思想产生了明显的影响”，“今天仍保留着生命力和内在潜力的唯一的‘历史哲学’，当然是马克思主义”④。不过，历史语境还只是外在的背景性因素，问题的根本还是内植于唯物史观

① 《马克思恩格斯文集》第 1 卷，人民出版社，2009，第 526 页。

② 《马克思恩格斯文集》第 1 卷，人民出版社，2009，第 4 页。

③ 《马克思恩格斯文集》第 3 卷，人民出版社，2009，第 20 页。

④ 〔英〕杰弗里·巴勒克拉夫：《当代史学主要趋势》，杨豫译，上海译文出版社，1987，第 261 页。

本身，即如何深入唯物史观的本质性内容和方法中来考量它作为历史哲学何以成为“历史科学”这一问题。

三　唯物史观的真理性与科学性

从唯物史观的学科性质和本质内容来看，唯物史观作为历史哲学的“历史科学”意谓，并非指认唯物史观具有历史哲学和历史科学的双重学科性质，也不是对唯物史观的一种外在的“科学”修辞和冠名，而是指唯物史观作为历史哲学具有科学属性，这种科学性内在地关联于唯物史观的内容和方法，与唯物史观的真理性是一致的，即在唯物史观真理性意义上来理解它的科学性。

（一）唯物史观是关于“人类史”的科学真理，具有历史客观性和真实性，它在科学地把握历史事实的基础上揭示了社会历史发展的规律

这种客观性和真实性具有“符合论”真理观的性质，即指向命题与事实之间的一种同构关系，历史陈述与历史事实、事件、事态的相符合、相一致。黑格尔在唯心主义思辨体系中来实现思维与存在的同一，认为思想不仅是我们的思想，同时还是事物自身，或对象性东西的本质。[①] 与之相反，马克思提出：“意识［das Bewußtsein］在任何时候都只能是被意识到了的存在［das bewußte Sein］，而人们的存在就是他们的现实生活过程。”[②] 坚持社会存在决定社会意识，人们的社会意识是社会存在的反映，“按照事物的真实面目及其产生情况来理解事物”[③]，这是唯物史观根本的科学立场。

这种客观性和真实性还必须是康德所说的认识达到的普遍性和必然性，而区别于感觉的偶然性、特殊性和主观的东西。英国学者莱蒙对唯物史观在什么意义上是科学给出解释：“马克思认为他的新方法即‘历史唯

---

① 〔德〕黑格尔：《小逻辑》，贺麟译，商务印书馆，1980，第120页。
② 《马克思恩格斯文集》第1卷，人民出版社，2009，第525页。
③ 《马克思恩格斯文集》第1卷，人民出版社，2009，第528页。

物主义’是科学的，因为对他来说，它源于实践的真实事实，而不是固定的或是先验的概念。说它是‘科学的’还因为它能够从这种‘真实的现实’中，提炼出解释事物间联系的一般‘概念’或主要原则框架——类似于‘科学规律’解释自然的作用。”① 历史研究要达到科学真理的高度，不能仅仅停留在与历史事实“符合”的水平上，而必须深入历史过程内在的真实联系中，即透过历史表面偶然的、个别的事变和现象达到对历史进程本质性、规律性、普遍性和必然性的把握，就是要“发现那些作为支配规律在人类社会的历史上起作用的一般运动规律”②。而唯物史观的“任务就在于发现这个过程的运动规律”③。“正像达尔文发现有机界的发展规律一样，马克思发现了人类历史的发展规律。……不仅如此。马克思还发现了现代资本主义生产方式和它所产生的资产阶级社会的特殊的运动规律。”④ 马克思正是通过对资本主义社会现实历史的深刻分析来探索历史发展规律，对“历史之谜”予以真正的解答。虽然在社会历史领域所发生的变革，可以用“自然科学的精确性”来指明其在一定条件下发生的必然趋势，但自然科学中的规律揭示的是自然现象之间对应的、确定的、必然的联系，而作为社会有机体运动过程的历史规律是由具体历史的、具有特定目的和动机的、有意识的人的活动相互作用而生成的历史“因果”联系，这使得它主要表现为一种统计学规律，揭示的是某种历史必然性和多种历史随机现象之间的可能性关系，是一种“似自然规律”，“按照雷蒙·阿隆的说法，这一规律‘允许有一种心理学上的解说：对动机与行动的研究构成了相当于自然科学中因果性解说的等值项’”⑤。恩格斯的“历史合力论”对此作出合理的诠释：“历史是这样创造的：最终的结果总是从许多单个的意志的相互冲突中产生出来的，而其中每一个意志，又是由于许多特殊的生活条件，才成为它所成为的那样。这样就有无数互相交错的力量，有无数个力的平行四边形，由此就产生出一个合力，即历史结果，而

① 〔英〕莱蒙：《历史哲学：思辨、分析及其当代走向》，毕芙蓉译，北京师范大学出版社，2009，第 398 页。

② 《马克思恩格斯文集》第 4 卷，人民出版社，2009，第 301 页。

③ 《马克思恩格斯文集》第 3 卷，人民出版社，2009，第 545 页。

④ 《马克思恩格斯文集》第 3 卷，人民出版社，2009，第 601 页。

⑤ 〔英〕汤因比等著，张文杰编《历史的话语——现代西方历史哲学译文集》，中国人民大学出版社，2012，第 86 页。

这个结果又可以看做一个作为整体的、不自觉地和不自主地起着作用的力量的产物。……所以到目前为止的历史总是像一种自然过程一样地进行，而且实质上也是服从于同一运动规律的。”①

（二）唯物史观具有科学实证的思维特点，即以历史真实为依据，通过对历史事实、事件、事态的描述和分析得出思想结论，在经验基础上通过科学抽象获得历史规律性的认识，它的科学性和真理性也必须经受实践检验

在《1844 年经济学哲学手稿》序言中，马克思指出他的研究结论“是通过完全经验的、以对国民经济学进行认真的批判研究为基础的分析得出的”②。《德意志意识形态》根据生产力发展和分工变化情况，历史地考察了部落所有制、古典古代的公社所有制和封建的或等级的所有制产生发展的状况，通过这种“经验的观察”来揭示“社会结构和政治结构同生产的联系”，而不带有“任何神秘和思辨的色彩”③，强调与“德国的哲学从天上降到人间”完全相反，新哲学“是从人间升到天国”④，即不是从所设想、想象的抽象的东西出发，而是从现实的、历史的、可以通过经验观察的、在一定社会历史条件下从事实际活动的人出发，去揭示在这种活动中生成发展起来的历史过程，人们的物质生活、精神生活和社会生活过程，以及社会结构和政治结构。著名的经济学家熊彼特指出，马克思“从未将实证科学引入形而上学的歧途”，他的主张“是建立在社会事实之上的”。⑤ 马克思为了能够对资本主义以及对人类解放的历史叙事作近似自然科学的实证研究，他选择了以英国作为例证，因为，“到现在为止，这种生产方式的典型地点是英国。因此，我在理论阐述上主要用英国作为例证”⑥。这种科学实证性在马克思后来的政治史、经济史、社会史的研究中得到突出体现。

---

① 《马克思恩格斯文集》第 10 卷，人民出版社，2009，第 592～593 页。

② 《马克思恩格斯文集》第 1 卷，人民出版社，2009，第 111 页。

③ 《马克思恩格斯文集》第 1 卷，人民出版社，2009，第 524 页。

④ 《马克思恩格斯文集》第 1 卷，人民出版社，2009，第 525 页。

⑤ 〔美〕J. A. 熊彼特：《从马克思到凯恩斯》，韩宏等译，江苏人民出版社，2003，第 7～8 页。

⑥ 《马克思恩格斯文集》第 5 卷，人民出版社，2009，第 8 页。

唯物史观的真理性也是由经验事实来验证的。恩格斯在为马克思的《路易·波拿巴的雾月十八日》写的第三版序言中指出，马克思最先发现历史运动规律，“在这部著作中，他用这段历史检验了他的这个规律”①。马克思后来集中于研究市民社会和政治经济学，也是因为市民社会是人类历史的发源地，资本主义市场经济是现代历史的基础，涵藏着历史之谜的答案。马克思通过政治经济学对资本主义市场经济的研究，进一步验证了唯物史观的真理性。恩格斯正是在这个意义上明确指出：“政治经济学本质上是一门历史的科学。”② 列宁也指出，自从《资本论》问世以来，唯物主义历史观已经不再是假设而是被科学地验证了。③

唯物史观从经验观察到的并由经验来验证的结论，是其作为历史哲学的科学真理性的一个表征。历史唯物主义的真实核心、历史唯物主义作为历史科学方法论的根本要义在于：充分而彻底地把握住客观的社会现实，并在此基础上来描述人类的历史运动，来理解各种各样的历史事变和历史现象。④

（三）唯物史观的概念、命题、原理之间形成了一个具有内在关联和逻辑自洽的理论体系，即其理论体系的科学性

这种“科学性”具有融贯论真理观的特点，即科学理论的概念、范畴、命题、原理、陈述之间的无矛盾性，内在关联和逻辑自洽，前提与结论的逻辑推演有效可靠，形成具有相互融贯性和内在一致性的知识体系。在近代德国哲学传统中，对一个学科作为科学的指认与该学科知识的体系化、系统化直接相关。康德认为科学就是以理念为先导的、系统化的知识体系。他根据人的认识能力区分了三类科学，即数学、经验科学和哲学，它们的共同之处在于它们均为确定的、系统的知识。黑格尔在《精神现象学》的序言中指出，该书的目的“就是要促使哲学接近于科学的形式”，哲学如果达到了这个目标，“就是真实的知识”⑤，“哲学若没有体系，就不

① 《马克思恩格斯文集》第2卷，人民出版社，2009，第469页。

② 《马克思恩格斯文集》第9卷，人民出版社，2009，第153页。

③ 《列宁选集》第1卷，人民出版社，1995，第7、10、13页。

④ 吴晓明：《论作为历史科学方法论的历史唯物主义》，《中国社会科学》2007年第5期。

⑤ 〔美〕黑格尔：《精神现象学》上卷，贺麟、王玖兴译，商务印书馆，1979，第3页。

能成为科学”[①]。作为理性在主观思想中的体现的概念，是活生生精神发展的形式，是各环节具有必然联系的整体，现实事物只有通过概念的形式表达出来才是真的。[②] 亨佩尔认为，历史学科同样需要“借助于适当的普遍假设或是由一组系统地相关假设所构成的理论才能获得科学的解释”，而这些理论、假设构成了具体研究的“解释纲要”[③]。唯物史观坚持社会存在决定社会意识这一根本原则，从直接生活的物质生产出发来考察现实的生产过程，并把同这种生产方式相联系的、它所产生的交往形式理解为整个历史的基础，由此来阐明意识的各种理论产物和形式，如宗教、哲学、道德等，并追溯它们的产生过程。构成唯物史观理论体系的最基本的范畴诸如物质生活资料的生产与再生产、生产力、生产关系、生产方式、经济基础、上层建筑、社会形态、社会存在、社会意识、阶级和阶级斗争、人的自由和全面发展等，以及这些基本范畴之间的内在关系构成的基本命题和原理，其逻辑关联性和内在一致性，逻辑推演的有效性和可靠性，构成了一个逻辑自洽的、确定的知识系统和历史解释范式，突出地体现了科学理论体系的真理融贯性特点，唯物史观理论体系的科学性在《德意志意识形态》中得以具体而又全面的展现，在《〈政治经济学批判〉序言》中得到集中的阐述。

（四）唯物史观作为哲学方法论，为历史研究提供了科学的研究原则、视角和方法

列宁曾经指出，正如达尔文的“种变说所企求的完全不是说明‘全部’物种形成史，而只是把这种说明的方法提到科学的高度。同样，历史唯物主义也从来没有企求说明一切，而只企求指出‘唯一科学的’（用马克思在《资本论》中的话来说）说明历史的方法”[④]。西方马克思主义者柯尔施也把唯物史观看作把握社会历史的科学方法：“马克思新的唯物主义把它的任务看做是制定历史社会研究的特别方法——工具论，它必定使

---

① 〔美〕黑格尔：《小逻辑》，贺麟译，商务印书馆，1980，第 56 页。

② 〔美〕黑格尔：《小逻辑》，贺麟译，商务印书馆，1980，第 331 页。

③ 〔美〕亨佩尔：《普遍规律在历史中的作用》，载何兆武主编《历史理论与史学理论》，商务印书馆，1999，第 859 页。

④ 《列宁全集》第 1 卷，人民出版社，2013，第 117 页。

得社会研究者在他们的领域里，在无成见地研究现实的道路上破除迷信，并且‘真实于自然科学地探明’在由‘思想’掩盖的无限紊乱下隐藏的现实真相。马克思的唯物主义的核心就在于此。”① 国内学者张一兵指出：“马克思哲学变革的实质，是以把作为一种方法论的历史唯物主义和历史辩证法置于史学、经济学和政治学研究的核心”，“这种哲学方法论的实质，在于要求从现实的、历史的、具体的视角来分析社会生活”。②

唯物史观为历史研究提供了基于经济分析的唯物而又辩证的历史分析方法。恩格斯在《论住宅问题》中，首次使用了“唯物史观”这一概念：“唯物史观是以一定历史时期的物质经济生活条件来说明一切历史事件和观念，一切政治、哲学和宗教的。”③ 唯物史观之为“唯物”，是因为它对历史作出唯物主义的解释：“物质生活的生产方式制约着整个社会生活、政治生活和精神生活的过程。不是人们的意识决定人们的存在，相反，是人们的社会存在决定人们的意识。”④ 而当“历史也得到唯物主义的解释以后，一条新的发展道路也在这里开辟出来了”⑤，这是与唯心主义历史哲学完全相反的道路：对历史的诠释从思辨的想象回到现实生活，确立“此岸世界的真理”⑥。唯物史观之为“辩证”，是因为它分析了社会存在与社会意识、生产力与生产关系、经济基础与上层建筑之间的相互作用的辩证关系及其矛盾运动，以及由这种矛盾运动推动人类社会历史的辩证发展过程，并以这种唯物而又辩证的历史分析方法具体地分析了现代资本主义，阐明了资本主义生产方式的内在矛盾，从而赋予历史辩证法以现实具体的辩证否定性质和批判的、革命的意义：“辩证法在对现存事物的肯定的理解中同时包含对现存事物的否定的理解，即对现存事物的必然灭亡的理解；辩证法对每一种既成的形式都是从不断的运动中，因而也是从它的暂时性方面去理解；辩证法不崇拜任何东西，按其本质来说，它是批判的和

---

① 〔德〕柯尔施：《卡尔·马克思——马克思主义的理论和阶级运动》，熊子云、翁廷真译，重庆出版社，1993，第179页。

② 张一兵主编《马克思哲学的历史原像》，人民出版社，2009，第361页。

③ 《马克思恩格斯文集》第3卷，人民出版社，2009，第320页。

④ 《马克思恩格斯文集》第2卷，人民出版社，2009，第591页。

⑤ 《马克思恩格斯文集》第4卷，人民出版社，2009，第281～282页。

⑥ 《马克思恩格斯文集》第1卷，人民出版社，2009，第4页。

革命的。”[①]

唯物史观为历史研究提供了实践的解释原则和历史性解释原则。唯物史观把实践活动看作人的社会历史性的生存方式，实践活动“正是整个现存的感性世界的基础”[②]，人通过实践活动建构生成人的“全部的社会生活”亦即人的全部社会历史。与思辨历史哲学不同，唯物史观“不是从观念出发来解释实践，而是从物质实践出发来解释各种观念形态”[③]，实践活动生成人与世界、社会存在与社会意识、历史主体与历史客体的双向建构的辩证关系和辩证过程。马克思把这种实践辩证法诠释原则具体历史地投射到对现存世界的批判和否定，强调对现存世界的革命性的变革和改造，从而使这种科学的实践诠释原则体现了“改造世界”的批判的、革命的辩证本性。

实践的诠释原则也同时体现在历史性解释原则上：既然历史是在人们的历史实践活动中生成展开的变化发展着的过程，因而，社会历史的一切事物都不是永恒不变的存在，而都是历史的产物，进而，任何用来把握历史事物、关系和现象的范畴、观念、原理也必然同它们所表现或表征的历史事物、关系和现象一样，“不是永恒的。它们是历史的、暂时的产物”[④]，不存在抽象的、绝对的、超时空而普遍适用的原理、观念、范畴或公式。“每一个时代的理论思维，包括我们这个时代的理论思维，都是一种历史的产物，它在不同的时代具有完全不同的形式，同时具有完全不同的内容。因此，关于思维的科学，也和其他各门科学一样，是一种历史的科学，是关于人的思维的历史发展的科学。”[⑤] 唯物史观本身就是从“对人类历史发展的考察中抽象出来的最一般的结果的概括”，“这些抽象本身离开了现实的历史就没有任何价值”。[⑥]

唯物史观蕴涵着历史与逻辑统一的解释原则。黑格尔最早提出逻辑的与历史的统一的思想，不过，他是以唯心主义的“头脚倒置”的方式把历史看作绝对观念的外部表现。马克思把历史与逻辑统一的原则从黑格尔

① 《马克思恩格斯文集》第5卷，人民出版社，2009，第22页。
② 《马克思恩格斯文集》第1卷，人民出版社，2009，第529页。
③ 《马克思恩格斯文集》第1卷，人民出版社，2009，第544页。
④ 《马克思恩格斯文集》第1卷，人民出版社，2009，第603页。
⑤ 《马克思恩格斯文集》第9卷，人民出版社，2009，第436页。
⑥ 《马克思恩格斯文集》第1卷，人民出版社，2009，第526页。

“唯心主义的外壳”中剥离出来，使历史与逻辑的东西在唯物主义的立场上统一起来。恩格斯对唯物史观的这种解释原则作出完整的表述：“逻辑的方式是唯一适用的方式。但是，实际上这种方式无非是历史的方式，不过摆脱了历史的形式以及起扰乱作用的偶然性而已。历史从哪里开始，思想进程也应当从哪里开始，而思想进程的进一步发展不过是历史过程在抽象的、理论上前后一贯的形式上的反映；这种反映是经过修正的，然而是按照现实的历史过程本身的规律修正的，这时，每一个要素可以在它完全成熟而具有典型性的发展点上加以考察。”① 这就是说，思想及其逻辑进程与人类历史进程和人类认识的历史发展是一致的，历史事实是思想逻辑的科学性和可靠性依据。但这种一致是包含着差别的统一，而不是机械的、一一对等的绝对等同。思想逻辑的东西要根据历史事实和经验材料，通过抽象概括和逻辑推衍，舍弃历史过程中的那些个别的、偶然的现象和因素，去把握隐藏在历史现象背后的本质性、规律性的东西，从而建立起概念、范畴和理论体系。如在《资本论》中，商品—货币—资本等“经济范畴出现的顺序同它们在逻辑发展中的顺序也是一样的”②，马克思根据现实历史来研究这些范畴之间的内在联系，撇开资本主义历史发展中的个别的、偶然的因素，揭示了资本主义生产方式的内在矛盾及其产生、发展和灭亡的一般规律。

唯物史观为历史研究提供了总体性的诠释视角。早期西方马克思主义对唯物史观的总体性诠释原则独具慧眼，如柯尔施就认为，马克思主义是一种“把社会发展作为活的整体来理解和把握的理论”③，卢卡奇把“总体性”看作马克思哲学主导原则和方法论特征：“总体范畴，整体对各个部分的全面的、决定性的统治地位，是马克思取自黑格尔并独创性地改造成为一门全新科学的基础的方法的本质。……总体范畴的统治地位，是科学中的革命原则的支柱。”④ 卢卡奇认为，马克思的历史辩证法揭示了历史过程辩证的整体，从而为把握历史提供科学的方法论。年鉴学派的布罗代尔

① 《马克思恩格斯文集》第 2 卷，人民出版社，2009，第 603 页。

② 《马克思恩格斯文集》第 2 卷，人民出版社，2009，第 603 页。

③ 〔德〕柯尔施：《马克思主义和哲学》，王南湜、荣新海译，重庆出版社，1989，第 22 ~ 23 页。

④ 〔匈〕卢卡奇：《历史与阶级意识》，杜章智、任立、燕宏远译，商务印书馆，1999，第 76 页。

看到了唯物史观的历史总体辩证法与其“长时段”历史分析框架的契合，指出：“马克思的天才，马克思的影响经久不衰的秘密，正是他首先从长时段出发，制造出真正的社会模式……马克思主义是上个世纪中最有影响力的社会分析；它只能在长时段中恢复和焕发青春……”① 国内学者张一兵也认为：“历史唯物主义是一种总体的哲学视域和新的历史话语。”② 唯物史观的总体性的历史诠释方法的根本要义在于：把社会看作在人的物质生活资料生产和再生产基础上建构生成的生产力与生产关系、经济基础与上层建筑相互作用矛盾运动所构成的动态的、有机的整体，在这种结构整体的构序和构境中来认识生产力、生产关系、经济基础、上层建筑在社会历史整体中的各自的地位和功能以及它们之间相互作用的辩证关系，进而在这种相互作用的辩证运动中把握社会形态变化发展的特点、规律和趋势，从而对社会历史发展作出总体性的把握。而这种哲学解释原则之于历史研究的方法论意义在于：对历史人物、事件、事变、事态的研究必须将其置于社会历史的总体结构和总体过程中来考察，从而深入历史的“本质性一度”（海德格尔语）中，把握这些历史事实、事件、事态的内在联系，达致对历史真实的本质性、真理性的科学认识。对这种在总体中把握历史真实的方法论，马克思所举的例子既深刻又形象：“黑人就是黑人。只有在一定的关系下，他才成为奴隶。纺纱机是纺棉花的机器。只有在一定的关系下，它才成为资本。脱离了这种关系，它也就不是资本了，就像黄金本身并不是货币，砂糖并不是砂糖的价格一样。”③

（五）唯物史观内蕴着事实和价值的解释张力，体现了历史解释的科学性与价值性的统一，即历史解释真实性和真理性

马克思从一开始就没有将价值因素从他创立的新哲学中排除出去，对唯物史观的“科学”赋义并非价值无涉。与实证主义史学执科学之名宣称价值无涉的立场相反，马克思公开申明新哲学的价值立场：“哲学把无产

---

① 〔法〕费尔南·布罗代尔：《资本主义论丛》，顾良、张慧君译，中央编译出版社，1997，第202～203页。

② 张一兵：《回到马克思——经济学语境中的哲学话语》，江苏人民出版社，1999，第444页。

③ 《马克思恩格斯文集》第1卷，人民出版社，2009，第723页。

阶级当做自己的物质武器，同样，无产阶级也把哲学当做自己的精神武器。”① 问题在于，唯物史观的价值立场在何种意义上与科学立场不相悖？

在西方哲学史上，休谟、康德开始把事实与价值二分，至19世纪实证主义史学强调对历史的客观再现，摈弃对历史的价值悬设，20世纪的逻辑实证主义更是强调科学命题的实证性，把价值语句当作不可证实的因而是不可说的伪命题从科学中清除出去，从而强化了事实与价值、实然与应然的二元对立。科学要达到对研究对象的真实性和真理性的把握，在对自然现象的科学研究中，其真实性、真理性要求尽量排除价值因素的参与和影响，但在对历史现象的科学研究中，“事实”蕴涵或负载着“价值”，其真实性、真理性则不能不蕴涵有价值因素的参与和影响，毋宁说历史真实性和真理性本身就已经把价值因素作为一个不可或缺的因素包含在自身之内，离开了价值因素反而是不真实的历史。历史真实包含着历史事实性因素和历史价值性因素，从社会历史事实的“是”中推出“应该”，不仅必要，而且可能。历史学作为人文学科，其“特点之一也许恰好就在于它有其不可离弃的价值观贯彻始终，而不可能做到像是自然科学那样纯客观的探讨”②。因为，历史是人的活动的历史，人作为历史的剧中人，在创造历史的过程中其价值诉求作为动因成为真实历史的内在因素；人作为历史的剧作者，他的价值取向真实地影响了他对历史的认知和写作。历史哲学——无论是历史本体论还是历史认识论都蕴涵着对历史的真实性和真理性把握的科学性要求。显而易见，这种科学性要求所把握的历史真实性和真理性已经内蕴着人的历史活动的动机、目的、意义、意志等在“价值”语义范围内的价值性因素。这也就是说，在历史研究领域，为达致科学性和真理性，将事实与价值对立起来从而把价值因素从中祛除，这本身就不符合历史真实，而且有悖于历史的真理性和科学性。离开事实的价值悬设，历史将空洞虚幻，价值也就成了空中楼阁而失去它对现实与未来的真理性启迪；离开价值的引领，历史将晦暗无光，事实也就成了个别的、偶然的事件堆集而失去历史的内在真实联系。

唯物史观内在地蕴涵着事实与价值统一的解释张力。首先，唯物史观

---

① 《马克思恩格斯文集》第1卷，人民出版社，2009，第17页。

② 何兆武：《历史学两重性片论》，《史学理论研究》1998年第1期。

从人的实践活动出发去把握历史，“在社会历史领域内进行活动的，是具有意识的、经过思虑或凭激情行动的、追求某种目的的人；任何事情的发生都不是没有自觉的意图，没有预期的目的的”[①]。而人的具体历史实践活动既体现了具体历史的客观对象和条件（历史客体）对具体历史的人（历史主体）的制约性，又体现了历史主体对历史客体的能动性；实践活动既是合规律性的活动，又是合目的性的活动，是客体外在的客观尺度和主体内在的价值尺度的辩证统一。人的社会历史实践活动正是历史事实与历史价值统一的基础和根源，实践是马克思把历史事实与历史价值融贯起来从而通往历史真实和真理的桥梁。

其次，唯物史观的事实性维度既体现为它对历史事实和规律的揭示，又体现为它对现实资本主义生产方式矛盾运动的科学分析；唯物史观的价值性维度既体现为对人的自由全面发展的价值创设，又体现在无产阶级解放和全人类解放的历史叙事中。而这种事实与价值的内在统一在于：价值的生成和实现建立在现实资本主义生产方式历史运动过程中，“只有在现实的世界中并使用现实的手段才能实现真正的解放；没有蒸汽机和珍妮走锭精纺机就不能消灭奴隶制；没有改良的农业就不能消灭农奴制；当人们还不能使自己的吃喝住穿在质和量方面得到充分保证的时候，人们就根本不能获得解放。‘解放’是一种历史活动，不是思想活动，‘解放’是由历史的关系，是由工业状况、商业状况、农业状况、交往状况促成的”[②]。

最后，唯物史观的这种事实与价值的解释张力还体现在实证性和规范性两种阐释路径的交互上，是实证性的历史科学描述与规范性的历史哲学建构的“合题”。马克思不仅立足于对现实社会历史事实和现象的科学阐释，而且致力于对现实社会历史的存在论追问和价值论批判，他通过对现实资本主义的分析和批判，引出“人的解放”的价值叙事，从而在“是”与“应该”、事实与价值之间搭建起融贯的桥梁。唯物史观正是在对现实历史的描述（实证）和价值建构（规范）的交互性研究基础上拥有其真理性和科学性的。而且，在马克思那里，“为历史服务的哲学”[③] 科学地解释世界是为有效地改造世界服务的，对唯物史观的“科学”修辞和指认，从

① 《马克思恩格斯文集》第 4 卷，人民出版社，2009，第 302 页。

② 《马克思恩格斯文集》第 1 卷，人民出版社，2009，第 527 页。

③ 《马克思恩格斯文集》第 1 卷，人民出版社，2009，第 4 页。

根本上也是为其价值性作科学证明和辩护的。

（六）唯物史观的科学性还体现在它对历史科学研究的基础性、指导性的地位上，为历史研究提供了一个具有普遍性意义的研究范式或分析框架

恩格斯把唯物史观对历史研究的意义，比作能量转化定律在自然科学中的基础性、指导性的地位，认为马克思的唯物史观所发现的历史运动的基本规律对于历史“同能量转化定律对于自然科学具有同样的意义”①。唯物史观对于一切历史科学“都是一个具有革命意义的发现”②。这种基础性、指导性意义在于：第一，唯物史观把唯心主义从历史观领域这个“最后的避难所”中驱逐出去，把历史从“天国”拉回到现实的人的生活，使历史研究奠定在以客观现实为依据的科学的基础上；第二，唯物史观使我们能够透过历史表层的现象去把握历史的深层本质和真实联系，使历史现象和过程不再被认为是个别的和偶然的联系、事件或事变的堆集而杂乱无章，而是一个具有内在联系的有规律可循的过程，这使得历史研究被赋予同自然科学一样的科学属性；第三，唯物史观为历史研究提供了一个通往历史真理性的诠释路径和具有普适性意义的研究范式。世界著名的历史学家英国牛津大学教授杰弗里·巴勒克拉夫认为，第一次世界大战后马克思主义历史观对世界史学界发生深刻的、日益增长的影响，原因在于它“提供了合理地排列人类历史复杂事件的使人满意的唯一基础”③。英国历史哲学家沃尔什认为，马克思的历史理论“向历史学家提供了一种处理经验局势的程序”④。当然，唯物史观不能代替对历史的具体研究，不能把它当作历史公式来剪裁历史，当作套语和标签贴到具体的历史事件和过程中去，“我们的历史观首先是进行研究工作的指南，并不是按照黑格尔学派的方式构造体系的杠杆”⑤。

---

① 《马克思恩格斯文集》第 2 卷，人民出版社，2009，第 469 页。

② 《马克思恩格斯文集》第 2 卷，人民出版社，2009，第 597 页。

③ 〔英〕杰弗里·巴勒克拉夫：《当代史学主要趋势》，杨豫译，上海译文出版社，1986，第 26 页。

④ 〔英〕沃尔什：《历史哲学导论》，何兆武、张文杰译，广西师范大学出版社，2001，第 171 页。

⑤ 《马克思恩格斯文集》第 10 卷，人民出版社，2009，第 587 页。

结 语

在马克思主义哲学阐释史上，西方马克思主义给唯物史观设置了实证科学与哲学的两种解释范式对立的议题，如卢卡奇以及法兰克福学派的霍克海默、阿多诺等人，强调唯物史观作为社会历史哲学的实践的、人本的、辩证的、总体的性质和特点，反对从实证科学的角度来诠释唯物史观。而新实证主义的马克思主义者如德拉－沃尔佩、卢西奥·科莱蒂等人，则力图阐明马克思主义与自然科学的内在关联，强调马克思主义的实证性和科学性以及与黑格尔、费尔巴哈之间的断裂性，执科学之名进而否定马克思主义的哲学性。我国学者对唯物史观的诠释也存在着是历史科学还是历史哲学的两种歧见。对唯物史观的这种科学与哲学、事实与价值、实证性与规范性的两种解释维度的分立，造成对唯物史观理解的内在分裂和理解困境，模糊了唯物史观的学科性质，也影响了人们对唯物史观真理性和科学性的认识。出现这种理解困境，与人们对马克思和恩格斯在《德意志意识形态》中将他们创立的新哲学指认为“历史科学”的理解直接相关，人们据此否定唯物史观的哲学性质，把唯物史观看作实证的“历史科学”。对唯物史观的这种定性，只是从字面上对经典作家关于唯物史观的“科学”修辞作机械的、刻板的理解，而没有从19世纪的“精神气候”中去考量经典作家对唯物史观作“科学”指认的历史语境，也没有从唯物史观的本质性意义上来理解它所具有的历史哲学的性质。因此，必须在历史语境和理论逻辑上阐明唯物史观作为历史哲学的科学性意谓，揭示唯物史观所蕴涵的科学与哲学、事实与价值、实证性与规范性的内在统一关系，来回应这种解释困境。本文的意旨在于：从历史哲学与历史科学的学科性质分辨入手，从“科学”赋义的历史构境、对思辨历史哲学的批判，以及唯物史观本身作为历史哲学的科学性和真理性意谓，来考量唯物史观作为历史哲学在什么样的意义上被称为“历史科学”，从而为回答这一仍然在学术公案上的未解之论，且直接关系到唯物史观的学科性质及其真理性的论题，提供一种可能的阐释方案。

[本文原载于《福建论坛》(人文社会科学版) 2022年第9期]

“现实的个人”的历史与逻辑

如果说《关于费尔巴哈的提纲》是“包含着新世界观的天才萌芽的第一个文献”①（恩格斯语），那么《德意志意识形态》则标志着这种“新世界观”理论体系的形成。在《德意志意识形态》中，马克思和恩格斯清算了青年黑格尔派和费尔巴哈的唯心主义思想，运用历史和逻辑相统一的方法，以“现实的个人”作为其理论构架的逻辑起点，通过对“现实的个人”的现实的历史活动及其生存与发展的社会历史条件的分析探讨，揭示了人类社会历史过程的内在结构和演进规律，形成了唯物史观的基本理论和范畴体系，创立了唯物史观的理论大厦。

一　“现实的个人”：唯物史观的逻辑起点

“现实的个人”作为《德意志意识形态》中唯物史观理论构架的逻辑起点，其所蕴涵的实践性、具体性、丰富性、现实社会历史性推衍出唯物史观的逻辑进路：一方面，通过对“现实的个人”在生产活动基础上形成的现实历史的生存条件和方式以及所体现的人与自然的关系、人与社会的关系的分析，剖析了社会总体的内在结构及其相互作用。另一方面，通过对“现实的个人”的生产、实践活动所形成的社会结构运动及其过程的考

① 《马克思恩格斯选集》第4卷，人民出版社，2012，第219页。

察，揭示了社会历史过程的矛盾运动和发展规律。在这种结构与过程相关联的分析中，贯穿着生产力和生产关系、经济基础和上层建筑的矛盾运动，彰显着社会存在决定社会意识的唯物史观的基本原理。

要突破和超越旧的历史观，创立新的历史观，首先要确立一个理论前提和出发点，这个前提和出发点，第一，必须与旧的历史观的前提和出发点相区别；第二，必须与理论所把握的历史进程本身的前提和出发点相一致；第三，从它所内蕴的具体丰富的规定中可以推衍出新理论的逻辑构架和逻辑进程。马克思和恩格斯在创立唯物史观理论时，要把德国哲学的观念论以及青年黑格尔派的“自我意识”的幻觉拉回到现实世界，就必须为自己的新理论确立一个现实的前提和出发点。在《德意志意识形态》中，马克思和恩格斯指出，德国的哲学是从天国降到人间，即从“设想出来的、想象出来的人出发，去理解有血有肉的人”①，与此相反，他们所要创立的新历史观的出发点则是“从事实际活动的人，而且从他们的现实生活过程中还可以描绘出这一生活过程在意识形态上的反射和反响的发展”②。马克思恩格斯特别并且反复强调他们考察方法的这个前提：“这种考察方法不是没有前提的。它从现实的前提出发，它一刻也不离开这种前提。它的前提是人，但不是处在某种虚幻的离群索居和固定不变状态中的人，而是处在现实的、可以通过经验观察到的、在一定条件下进行的发展过程中的人。”③“我们开始要谈的前提不是任意提出的，不是教条，而是一些只有在想象中才能撇开的现实前提。这是一些现实的个人”④，“这里所说的个人不是他们自己或别人想象中的那种个人，而是现实中的个人”⑤。对要创立的新历史观的“前提”的反复强调表明了马克思和恩格斯要创立的新理论从一开始就与青年黑格尔派和费尔巴哈唯心主义区别开来。

但是，如果一般地讲从“人”出发，“人”是前提，那还是不能与唯心主义区别开来。因为，既可以像青年黑格尔那样，将人归结为“自我意识”，也可以像费尔巴哈那样，把人理解为永恒抽象的“类本性”。而且，

---

① 《马克思恩格斯选集》第1卷，人民出版社，2012，第152页。
② 《马克思恩格斯选集》第1卷，人民出版社，2012，第152页。
③ 《马克思恩格斯选集》第1卷，人民出版社，2012，第153页。
④ 《马克思恩格斯选集》第1卷，人民出版社，2012，第146页。
⑤ 《马克思恩格斯选集》第1卷，人民出版社，2012，第151页。

“全部人类历史的第一个前提无疑是有生命的个人的存在”①，没有人，也就没有什么人类历史，这也是一个无须置辩的事实。问题的关键在于对这个作为人类历史前提的“人”的理解和规定。因此，问题就转向对“现实的个人”的阐释和规定，即“现实的个人”如何为“现实”？是怎样的“现实”？

“这是一些现实的个人，是他们的活动和他们的物质生活条件，包括他们已有的和由他们自己的活动创造出来的物质生活条件。”② 这些“现实的个人”，是“从事活动的，进行物质生产的，因而是在一定的物质的、不受他们任意支配的界限、前提和条件下活动着的”③ 人。可见，“现实的个人”之为“现实”，其存在和发展的内容、根据及其规定在于“他们的活动”和“他们的物质生活条件”（归根结底是由他们的活动所创造出来的）。离开人，就不存在“他们的活动”和“他们的物质生活条件”，这种“活动”和“条件”就成了无主体的“活动”和“条件”，因而也就不成其为现实的“活动”和“条件”，而历史也就成了没有人的无主体的历史，也就不成其为人类历史。过去我们对唯物史观的理解和运用在很长的时期内正是持这种机械的僵固的“见物不见人”的思考方式，仿佛历史一旦搭上“人”这个主体就不成其为“物质的历史”，而变成“抽象的”历史，历史观也就不是“唯物”的而成了“唯心”的历史观。正是这样，存在主义者萨特等人把唯物史观看作人的“空场”，认为唯物史观患了人学的“贫血症”。其实，马克思的历史观把人作为社会历史的主体，认为人既是历史的“剧作者”又是历史的“剧中人”，从人的现实的具体的历史活动中揭开了人类历史的奥秘。另外，如果仅仅停留在“现实的个人”，而不进一步把“现实的个人”理解为是他们的现实的“活动”和他们的“物质生活条件”，那么，“现实的个人”也就不成其为“现实”，而只能是观念、意识中的“自我”和抽象的作为“类本质”的人。

这样，《德意志意识形态》就从历史（“全部人类历史的第一个前提无疑是有生命的个人的存在”④）与逻辑（作为历史哲学的理论逻辑的前提

---

① 《马克思恩格斯选集》第1卷，人民出版社，2012，第146页。
② 《马克思恩格斯选集》第1卷，人民出版社，2012，第146页。
③ 《马克思恩格斯选集》第1卷，人民出版社，2012，第151页。
④ 《马克思恩格斯选集》第1卷，人民出版社，2012，第146页。

“现实的个人”）统一的角度，把“现实的个人”作为新世界观的逻辑起点，并从“现实的个人”的“活动”和“他们的物质生活条件”出发，建构起唯物史观的理论大厦。

二 社会结构的辩证关系及其发展过程

在《关于费尔巴哈的提纲》中，马克思把实践活动看作社会生活的本质。在《德意志意识形态》中，马克思和恩格斯批评费尔巴哈“他从来没有把感性世界理解为构成这一世界的个人的全部活生生的感性活动”①，并进而指出，“现实的个人”的生存与发展的社会历史实践活动，首先也是最根本的“活动”，是物质生产活动，即物质生活资料的生产和再生产。《德意志意识形态》中提到，人类生存和发展的自然物质基础和条件，是有生命的个人的存在以及他与自然的关系、地质、地理、气候等条件，还提到人口的增长，认为这些都是影响人类生活及其历史发展的基本因素，科学的历史观对此不应该忽视。但作为“现实的个人”的本质规定不在于人的自然属性以及外在的自然条件，而在于他的生存活动——最根本的是物质资料的生产和再生产活动，以及由这种活动所创造的“物质生活条件”。“现实的个人”的“物质生活条件”主要是指人们所得到“现成的”（由前人的活动所创造出来的）和由他们自己的活动所创造出来的物质生活资料，这些物质生活条件都是社会生产和再生产的产物和结果，是人的“活劳动”的凝聚，归根结底，物质生活资料的生产和再生产才是人类社会存在和发展的最根本的“物质生活条件”。“这种活动、这种连续不断的感性劳动和创造、这种生产，正是整个现存的感性世界的基础。”② 在《1844年经济学哲学手稿》和《神圣家族》中，马克思就已指出，人的本性是由物质生产的发展所决定的，即由那些不是由外部提供给人的，也不是人生来就有的自然条件所决定的。《德意志意识形态》则进一步发展了这一思想：“一当人开始生产自己的生活资料……的时候，人本身就开始

① 《马克思恩格斯选集》第1卷，人民出版社，2012，第157～158页。

② 《马克思恩格斯选集》第1卷，人民出版社，2012，第157页。

把自己和动物区别开来。人们生产自己的生活资料，同时间接地生产着自己的物质生活本身。”① “个人怎样表现自己的生命，他们自己就是怎样。因此，他们是什么样的，这同他们的生产是一致的——既和他们生产什么一致，又和他们怎样生产一致。因而，个人是什么样的，这取决于他们进行生产的物质条件。”② “现实的个人”的活动以及由这种活动所创造的物质生活条件正是人类生存的第一个前提，也是人类历史的第一个前提，亦即是新历史观的逻辑前提：“我们首先应当确定一切人类生存的第一个前提，也就是一切历史的第一个前提，这个前提是：人们为了能够‘创造历史’，必须能够生活。但是为了生活，首先就需要吃喝住穿以及其他一些东西。因此第一个历史活动就是生产满足这些需要的资料，即生产物质生活本身，而且，这是人们从几千年前直到今天单是为了维持生活就必须每日每时从事的历史活动，是一切历史的基本条件。……因此任何历史观的第一件事情就是必须注意上述基本事实的全部意义和全部范围，并给予应有的重视。”③ 正是这种在日常生活中不断被人们所践行着的最简单的历史事实，构成了唯物史观的理论基石。物质生活资料的生产和再生产不仅是“现实的个人”最基本的历史活动，而且是他们生存和发展最根本的条件。生产劳动不仅使人从自然界中提升超越出来并建构起人与自然的生存实践关系，而且建立起自然史与人类史的联系。“现实的个人”正是在物质生活资料的生产和再生产中实现自身的社会历史的辩证过程，亦即在生产和再生产基础上不断超越自身，向自由自觉的活动和全面发展的人的历史演进的过程。

《德意志意识形态》进而具体深入考察了物质生活资料生产和再生产活动建构生成起来的关系结构、矛盾运动，从而阐明了物质生活的生产和再生产活动是怎样决定社会历史的发展。“生命的生产，无论是通过劳动而生产自己的生命，还是通过生育而生产他人的生命，就立即表现为双重关系：一方面是自然关系，另一方面是社会关系；社会关系的含义在这里是指许多个人的共同活动。”④ 同自然发生的关系是生产过程，形成了人们

---

① 《马克思恩格斯选集》第1卷，人民出版社，2012，第147页。

② 《马克思恩格斯选集》第1卷，人民出版社，2012，第147页。

③ 《马克思恩格斯选集》第1卷，人民出版社，2012，第158~159页。

④ 《马克思恩格斯选集》第1卷，人民出版社，2012，第160页。

的社会生产力，同社会发生的关系是人们彼此的交往过程，形成了人们的社会关系，其中最根本的是人们在社会生产中所形成的生产关系，它是一切社会关系的基础。而人们总是在一定的社会关系中与自然发生关系的。“以一定的方式进行生产活动的一定的个人，发生一定的社会关系和政治关系。经验的观察在任何情况下都应当根据经验来揭示社会结构和政治结构同生产的联系，而不应当带有任何神秘和思辨的色彩。社会结构和国家总是从一定的个人的生活过程中产生的。”① 《德意志意识形态》分析了在由生产所决定的社会分工发展的不同历史阶段，人口的生产（繁殖）和物质生活资料的生产所起的作用是不同的。在生产力水平低下的原始社会，人口的生产以及由此决定的家庭关系起决定的作用。而随着生产的发展，人口和需要的增长，动产和不动产的私有制逐渐发展起来，人口生产和家庭关系才逐渐变成从属的东西，物质生活资料生产以及在生产中形成的社会关系日益起着决定性的作用。“一定的生产方式或一定的工业阶段始终是与一定的共同活动方式或一定的社会阶段联系着的，而这种共同活动方式本身就是‘生产力’；由此可见，人们所达到的生产力的总和决定着社会状况，因而，始终必须把‘人类的历史’同工业和交换的历史联系起来研究和探讨。”② 每一时代的生产总是一定的生产者采用一定的生产工具手段和方式进行的，这就表现为这一时代的生产力。而人们在生产过程的分工合作就形成了交往关系即生产关系。生产关系这一概念在《德意志意识形态》中已有直接表述，但《德意志意识形态》中出现的更多的是“市民社会”“交往方式”“交往形式”“所有制形式”等术语。马克思和恩格斯对生产关系的考察是从生产和再生产入手，以生产力为基础，联系社会分工进行的。生产关系有时指生产活动中人与人之间的关系，有时指劳动产品的分配关系，有时指人们对生产资料的占有关系，或者三个方面兼而有之。《德意志意识形态》明确地把生产关系从整个社会关系中给突出出来，指出交往形式或市民社会是指各个个人在生产力发展一定阶段上的物质交往，包括该历史阶段的整个商业生活和工业生活，标志着从生产和交往中发展起来的社会组织。

---

① 《马克思恩格斯选集》第1卷，人民出版社，2012，第151页。

② 《马克思恩格斯选集》第1卷，人民出版社，2012，第160页。

"而生产本身又是以个人彼此之间的交往［Verkehr］为前提的。这种交往的形式又是由生产决定的。"① 生产力决定交往方式，交往方式又制约着生产力的发展。历史地产生的交往方式，随着生产力的发展，由适应生产力发展的条件和方式变成生产力发展的桎梏，"已成为桎梏的旧交往形式被适应于比较发达的生产力，因而也适应于进步的个人自主活动方式的新交往形式所代替；新的交往形式又会成为桎梏，然后又为另一种交往形式所代替。由于这些条件在历史发展的每一阶段都是与同一时期的生产力的发展相适应的，所以它们的历史同时也是发展着的、由每一个新的一代承受下来的生产力的历史，从而也是个人本身力量发展的历史"②。随着生产力的变化发展，生产关系、交往形式也不断地改变自己的历史形式。一切对于后来时代来说是陈旧过时的交往形式，在其产生之初也曾是与生产力发展的一定水平相适应的进步的、合理的东西，但随着生产力的进一步发展，它会变成束缚生产的"自主活动"的桎梏，即成为人们的"自主活动的否定形式"。这时，采取历史行动来打破这种陈旧过时的交往形式的社会革命就来临了，随着旧的交往形式被打破，新的与生产力发展相适应的交往形式产生，人类历史也由此获得进一步的发展。至此，人类历史发展的客观规律便第一次被明确揭示和表述出来。由于这一规律的发现，人类历史不再是一些思想家脑中倒立的幻象，不再是杂乱无章的历史事件和现象的堆集，而是在"现实的个人"的物质生活条件的生产和再生产活动中生发展开的有规律的现实历史过程。所有制的演进，人类社会各个历史形态的更替，人类历史的嬗递，"一切历史冲突都根源于生产力和交往形式之间的矛盾"③。

马克思在1843年的《黑格尔法哲学批判》中，针对资本主义国家对资产阶级利益的维护，提出不是国家决定市民社会，而是市民社会决定国家的著名论断。在《1844年经济学哲学手稿》中，马克思提出了物质生产决定宗教、家庭、国家、法、道德、科学、艺术的思想，进一步阐述了经济基础决定上层建筑的基本原理。在《神圣家族》中，马克思不仅认识到市民社会决定国家和法，而且认识到国家和法也反作用于市民社会，从而对经济基础和上层建筑的辩证关系作了初步的概括和表述。而在《德意志

① 《马克思恩格斯选集》第1卷，人民出版社，2012，第147页。

② 《马克思恩格斯选集》第1卷，人民出版社，2012，第204页。

③ 《马克思恩格斯选集》第1卷，人民出版社，2012，第196页。

意识形态》中，马克思和恩格斯不仅阐述了生产力和生产关系的辩证关系，而且进一步论证了经济基础和上层建筑的辩证关系。《德意志意识形态》通过对历史的考察，揭示了生产力和交往形式的辩证矛盾运动决定历史的发展，是通过交往关系即“市民社会”的变化而实现的。生产力和分工的发展，使人们在生产和交往中的物质关系及其经济组织也相应发生变化，从而引起国家及其观念上层建筑发生变化。马克思在《德意志意识形态》中，多次阐述了“市民社会”及其在社会历史结构中的功能，“市民社会包括各个人在生产力发展的一定阶段上的一切物质交往”①。“受到迄今为止一切历史阶段的生产力制约同时又反过来制约生产力的交往形式，就是市民社会。”②“市民社会”这一用语产生于18世纪，欧洲社会的财产关系已经摆脱了古典古代的和中世纪的共同体，而真正的市民社会只是随同资产阶级发展起来的。“但是市民社会这一名称始终标志着直接从生产和交往中发展起来的社会组织，这种社会组织在一切时代都构成国家的基础以及任何其他的观念的上层建筑的基础。”③（这里虽然仍沿用“市民社会”这一术语，但其实际蕴涵与马克思后来在《〈政治经济学批判〉序言》中所阐明的“经济基础”这一概念是一致的。）

《德意志意识形态》进而分析了国家与法产生的物质根源，指出作为上层建筑主要成分的国家是维护统治阶级利益的工具，它表面上采取一种和实际利益相脱离的独立形式——“虚幻共同体”的形式，而在实际上是“统治阶级的各个人借以实现其共同利益的形式，是该时代的整个市民社会获得集中表现的形式”④。在经济上占统治地位的阶级除了必须以国家的形式组织自己的力量外，还必须给予由这个特定关系所决定的意志以国家意志即法律的一般表现形式。这种表现形式的内容总是取决于这个阶级的关系。而观念上层建筑则是这种关系的思想表现。因此，必须“从市民社会出发阐明意识的所有各种不同的理论产物和形式，如宗教、哲学、道德等等，而且追溯它们产生的过程”⑤。可见，市民社会“是全部历史的真正

① 《马克思恩格斯选集》第1卷，人民出版社，2012，第211页。
② 《马克思恩格斯选集》第1卷，人民出版社，2012，第167页。
③ 《马克思恩格斯选集》第1卷，人民出版社，2012，第211页。
④ 《马克思恩格斯选集》第1卷，人民出版社，2012，第212页。
⑤ 《马克思恩格斯选集》第1卷，人民出版社，2012，第171页。

发源地和舞台"[①]，是政治国家和任何其他观念上层建筑的基础。

至此，《德意志意识形态》通过对"现实的个人"的"活动"和"物质生活条件"的历史考察和逻辑推衍，揭示了由生产力和生产关系、经济基础和上层建筑的辩证关系所构成的社会结构。"以一定的方式进行生产活动的一定的个人，发生一定的社会关系和政治关系。经验的观察在任何情况下都应当根据经验来揭示社会结构和政治结构同生产的联系，而不应当带有任何神秘和思辨的色彩。社会结构和国家总是从一定的个人的生活过程中产生的。"[②] 正是这种社会结构的辩证运动推动了人类历史呈现为一个有规律的发展过程。《德意志意识形态》从生产力、分工和内部交往的发展程度入手，分析了人类社会历史所历经的"部落所有制"、"古典古代的公社所有制和国家所有制"、"封建的或等级的所有制"、"现代的所有制"和未来的"联合起来的个人对全部生产力的占有"的共产主义的"真正的共同体"。唯物史观的这样一种由结构分析到过程分析的理论框架，在后来的《〈政治经济学批判〉序言》中得到经典的表述。唯物史观正是在历史与逻辑统一的意义上来把握人类社会历史辩证关系和发展过程。"这种历史观就在于：从直接生活的物质生产出发阐述现实的生产过程，把同这种生产方式相联系的、它所产生的交往形式即各个不同阶段上的市民社会理解为整个历史的基础，从市民社会作为国家的活动描述市民社会，同时从市民社会出发阐明意识的所有各种不同的理论产物和形式，如宗教、哲学、道德等等，而且追溯它们产生的过程。"[③] 唯物史观正是从物质生活资料的生产和再生产中"找到了理解全部社会史的锁钥"[④]。吉登斯在谈到他的结构化理论时指出："'历史唯物主义'就可以指这样一种观念：人类的社会生活是在实践（在进行日常生活时完成的实践活动）中反复形塑的，这种观念体现在广为引用的'人类创造历史'这句话中。"[⑤]

在历史与逻辑统一意义上揭示"现实的个人"的活动及其社会结构、历史过程的物质成因和条件后，就能据此进一步分析社会意识和社会存在

① 《马克思恩格斯选集》第1卷，人民出版社，2012，第167页。
② 《马克思恩格斯选集》第1卷，人民出版社，2012，第151页。
③ 《马克思恩格斯选集》第1卷，人民出版社，2012，第171页。
④ 《马克思恩格斯选集》第4卷，人民出版社，2012，第265页。
⑤ 〔英〕吉登斯：《社会的构成：结构化理论大纲》，李康、李猛译，生活·读书·新知三联书店，1998，第359页。

的关系，从而把唯心主义从其“最后的避难所”中驱逐出去，在社会历史领域建立起彻底的唯物主义原则。《德意志意识形态》考察了意识的产生及其本质，指出社会意识是人们实际生活和社会关系的反映。“意识［das Bewußtsein］在任何时候都只能是被意识到了的存在［das bewußte Sein］，而人们的存在就是他们的现实生活过程。”[①] 这种“存在”和“现实生活过程”蕴涵着人们在生活实践中形成的全部社会关系，其中，经济关系即生产关系是决定其他一切关系的最基本的关系。一切社会历史现象在本质上植根于这种现实的物质生活关系和过程，而不是从意识、观念、精神领域获得其根据的。任何一种试图用某种普遍的、永恒的、神圣的范畴或观念来规定社会历史领域中作为基础和本质的东西的思想，都不能不从属于特定的意识形态幻觉。唯心主义忽视了历史的现实基础，把人类历史看成观念的历史、哲学的历史。而新的、科学的历史观与唯心史观不同，“它不是在每个时代中寻找某种范畴，而是始终站在现实历史的基础上，不是从观念出发来解释实践，而是从物质实践出发来解释各种观念形态”[②]。“不是意识决定生活，而是生活决定意识”[③]，物质生活资料的生产方式决定着整个社会生活、政治生活和精神生活的过程。新历史观的这种“唯物”的阐释原则，其科学的方法论要义在于：从“现实的个人”的社会历史性的物质生活资料的生产和再生产活动中所建构的社会关系（其最根本的是经济关系）的基础上来把握各种历史现象和历史过程（包括意识现象和意识过程），从而把社会历史理解为可以通过科学来把握的有规律的客观进程。

三　由“现实的个人”到人的自由和全面发展

《德意志意识形态》并没有停留在唯物史观的上述基本原理和结论上，而是把这些原理贯彻到“对每个时代的个人的现实生活过程和活动的研究

① 《马克思恩格斯选集》第1卷，人民出版社，2012，第152页。
② 《马克思恩格斯选集》第1卷，人民出版社，2012，第172页。
③ 《马克思恩格斯选集》第1卷，人民出版社，2012，第152页。

中"①，贯彻到对具体的历史的社会形态的分析考察中，论证了社会经济形态发展的历史过程及其内在原因，预见并分析了共产主义产生的社会历史条件及其必然性，指出随着生产力的巨大发展，为消灭私有制、异化和分工创造物质前提，人们之间的世界历史性的普遍交往才能建立，"现实的个人"才能在这种物质前提和普遍交往中自由自觉活动并实现自身全面自由发展的个性。

在《1844年经济学哲学手稿》中，马克思指出："共产主义是对私有财产即人的自我异化的积极的扬弃，因而是通过人并且为了人而对人的本质的真正占有；因此，它是人向自身、也就是向社会的即合乎人性的人的复归。"② 在马克思看来，这是对历史之谜的真正解答。在《德意志意识形态》中，从消除旧式分工、人的能力全面发展的角度，描绘了共产主义社会的自由自觉的活动和自由个性："任何人都没有特殊的活动范围，而是都可以在任何部门内发展，社会调节着整个生产，因而使我有可能随自己的兴趣今天干这事，明天干那事，上午打猎，下午捕鱼，傍晚从事畜牧，晚饭后从事批判，这样就不会使我老是一个猎人、渔夫、牧人或批判者。"③ 而这一理想的历史前提是"联合起来的个人对全部生产力的占有"④。因而，"共产主义对我们来说不是应当确立的状况，不是现实应当与之相适应的理想。我们所称为共产主义的是那种消灭现存状况的现实的运动。这个运动的条件是由现有的前提产生的"⑤。在《共产党宣言》中，马克思和恩格斯指出："代替那存在着阶级和阶级对立的资产阶级旧社会的，将是这样一个联合体，在那里，每个人的自由发展是一切人的自由发展的条件。"⑥ 在《政治经济学批判（1857—1858年手稿）》中，马克思以人的发展为轴心，指出共产主义社会的"个人"是"建立在个人全面发展和他们共同的、社会的生产能力成为从属于他们的社会财富这一基础上的自由个性"⑦。以上的经典表述所蕴涵的人的

① 《马克思恩格斯选集》第1卷，人民出版社，2012，第153页。
② 《马克思恩格斯文集》第1卷，人民出版社，2009，第185页。
③ 《马克思恩格斯选集》第1卷，人民出版社，2012，第165页。
④ 《马克思恩格斯选集》第1卷，人民出版社，2012，第210页。
⑤ 《马克思恩格斯选集》第1卷，人民出版社，2012，第166页。
⑥ 《马克思恩格斯选集》第1卷，人民出版社，2012，第422页。
⑦ 《马克思恩格斯文集》第8卷，人民出版社，2009，第52页。

自由和全面发展的历史逻辑在于：第一，人的自由和全面发展是“每个人”和“一切人”的自由个性和能力的全面发展，是个人与共同体、个体和类的统一意义上的自由和全面发展；第二，这种自由和全面发展的实现建立在生产力高度发展的基础上，是“在以往发展的全部财富的范围内实现的复归”①；第三，通过对资本主义私有财产的积极扬弃，这种“社会的生产力”和“以往发展的全部财富”被“联合起来的个人”所共同占有而成为从属于他们的社会财富；第四，随着生产力的普遍发展，人们的普遍交往关系建立起来，使“地域性的个人为世界历史性的、经验上普遍的个人所代替”②；第五，要扬弃资本主义私有制的生产关系，“使人的世界即各种关系回归于人自身”③，从而真正实现这种个人的全面性，马克思和恩格斯把这一历史任务赋予无产阶级改变世界实现人的解放的革命实践。人的解放“只有在现实的世界中并使用现实的手段才能实现真正的解放；……‘解放’是一种历史活动，不是思想活动，‘解放’是由历史的关系，是由工业状况、商业状况、农业状况、交往状况促成的”④。可见，马克思和恩格斯关于人的自由和全面发展并不是抽象的超历史的人道主义价值诉求，马克思和恩格斯把它置于现实的、历史的、具体的生产力的发展和生产关系的变革乃至整个社会在革命性的实践中的变革发展过程来考量其条件和根据，从而把人的发展和人的解放建立在坚实的基础上。

总之，《德意志意识形态》从“现实的个人”出发，通过对“现实的个人”的物质生活资料的生产和再生产的剖析，阐明了“现实的个人”在生产劳动基础上形成的社会关系、社会结构及其相互作用，进而揭示了由生产力和生产关系、经济基础和上层建筑的矛盾运动所推动的人类社会历史演进过程及其客观规律，最后归结为“现实的个人”在共产主义社会中的自由自觉的活动和全面发展的自由个性，从而建构起唯物史观的理论架构。这种新历史观，以现实的个人的物质资料生产和再生产活动为出发点，以人的自由和全面发展为落脚点，既体现了唯物史

① 《马克思恩格斯文集》第1卷，人民出版社，2009，第185页。
② 《马克思恩格斯选集》第1卷，人民出版社，2012，第166页。
③ 《马克思恩格斯文集》第1卷，人民出版社，2009，第46页。
④ 《马克思恩格斯选集》第1卷，人民出版社，2012，第154页。

观的历史与逻辑统一的原则，也体现了唯物史观的真理性与价值性的内在统一，为破解"历史之谜"提供了一个唯物而又辩证的总体性分析框架。

（本文原载于《理论学习月刊》1998年第9期）

历史的经纬：马克思历史哲学的四重分析维度

本文在历史哲学的意义上来考量：唯物史观为解答“历史之谜”提供了一种总体的分析框架，而且这种框架在真理与价值、历史与逻辑统一的意义上具有其历史解释的穿透力和生命力。

对马克思历史哲学的诠释有多重的视角，如实践的视角、人本学的视角、唯物主义决定论的视角等。这些诠释都有其文本根据和逻辑自洽性。问题在于，哪一个维度都不足以涵盖其全部蕴涵，我们为什么不能设想一种多维度的综合，从而获得一种整全的理解？如果说“实践”是马克思历史哲学的一个基本“视点”，那么，结构分析与过程分析、唯物而又辩证的分析、价值分析等维度，构成马克思历史哲学的“视点融合”，从而实现对历史总体的把握。本文对马克思历史哲学的诠释是一种多维度合取，这种合取并不是多种视角机械的罗列或叠加，而是有其内在逻辑关联性的“视点融合”，具有自足的解释空间和逻辑构架：人的社会历史性的生存实践活动→建构人之生存的社会历史结构（历史空间）→展开人之生存与发展的唯物而又辩证的社会历史过程（历史时间）→蕴涵社会历史的本真价值：人的自由与发展。

一　社会历史的实践生成

《关于费尔巴哈的提纲》被恩格斯誉为“包含着新世界观的天才萌芽

的第一个文献”[①]，这种“新世界观”从人的现实的、感性的实践活动出发去把握由此生成的人与世界的现实关系，以“人的感性活动”的解释原则反思“现实的人及其历史发展”。“不是所谓物质这抽象体，而是社会实践的具体性才是马克思唯物主义理论的真正对象和出发点。”[②]“人的现实的、感性的活动”是马克思透视人之历史性生存的“棱镜”，破解“历史之谜”的视点和钥匙。马克思在哲学史上第一次确立了从实践出发来把握社会历史的理论向度，历史本质上是作为历史主体的人的实践活动展开的过程，人是以实践作为其生存方式展开其历史过程的全部丰富性和可能性。其逻辑运思推衍如下。

人既是历史的剧作者，又是历史的剧中人，人是社会历史的主体。这是马克思历史哲学考察社会历史的逻辑前提。“这种考察方法不是没有前提的。它从现实的前提出发，它一刻也不离开这种前提。它的前提是人。”[③]“全部人类历史的第一个前提无疑是有生命的个人的存在。”[④]但问题并不在于承认或肯定人的“存在”，这种类似于重言式的命题也并没有就历史说出什么实质性的内容，马克思当然不会停留在这里。

问题在于人是怎样“存在”的？是如何“在世”的？是如何“去存在”的？是如何去获得自己的现实历史性存在的规定性？“这里所说的个人不是他们自己或别人想象中的那种个人，而是现实中的个人，也就是说，这些个人是从事活动的，进行物质生产的，因而是在一定的物质的、不受他们任意支配的界限、前提和条件下活动着的。”[⑤]“我们的出发点是从事实际活动的人。”[⑥]在这里，“有生命的个人”的“存在”转换为“现实的个人”的“活动”，“现实的个人”从他的现实的、感性的“活动”中获得其内在规定性。现实的人的存在是现实的活动，那么，对现实的人的把握就必须以活动原则来建构，这一建构原则即是人的历史性生成建构原则：作为历史前提的“现实的人”是以现实的、感性的活动作为自己的

---

① 《马克思恩格斯选集》等4卷，人民出版社，2012，第219页。

② 〔联邦德国〕施密特：《马克思的自然概念》，欧力同、吴仲昉译，商务印书馆，1989，第31页。

③ 《马克思恩格斯选集》第1卷，人民出版社，2012，第153页。

④ 《马克思恩格斯选集》第1卷，人民出版社，2012，第146页。

⑤ 《马克思恩格斯选集》第1卷，人民出版社，2012，第151页。

⑥ 《马克思恩格斯选集》第1卷，人民出版社，2012，第152页。

存在方式而“在世”、“去存在”、去创造自己存在的历史过程，并从中获得自己存在的具体的现实的社会历史规定性：“个人怎样表现自己的生命，他们自己就是怎样。因此，他们是什么样的，这同他们的生产是一致的——既和他们生产什么一致，又和他们怎样生产一致。”①

现实的感性的世界是“构成这一世界的个人的全部活生生的感性活动”②，即实践活动。实践是人类生存活动的总体，它生成人的生活世界，“全部社会生活在本质上是实践的”③。实践开启并建构了人的现实的社会历史性存在，通过实践活动，建构人与自然、人与社会的关系，自然界的存在和人的存在成为人的现实社会生活本身，自然史与人类史相互作用、相互制约而成为统一的人类社会历史过程。

实践概念并非马克思所独创，问题在于马克思赋予实践以什么样新的意涵。亚里士多德的“实践”主要指与生产劳动即“创制”活动相区别的道德行为和政治行为。康德实践观的旨趣也主要在于自由意志的自律行为的道德实践，“所谓实践自由，就是指意志除了道德法则外，不再依靠任何别的东西”④。黑格尔赋予实践以辩证的、普遍的、现实性的品格，认为实践是精神对外在世界的否定性活动，体现了主体与客体、真理与自由的统一，但他的实践是绝对观念自己实现自己的抽象的精神劳动，具有浓重的唯心主义和神秘主义的色彩。马克思超越亚里士多德和康德把实践仅仅理解为伦理和政治领域中的活动的观点，把经济领域和其他一切领域中的实际活动都理解为实践活动，同时，他又扬弃了黑格尔的实践观，把劳动生产即物质生活资料的生产和再生产活动理解为人类历史的基础性、根本性的实践活动。这是一种在社会生活的总体、本质、基础、生成论意义上的实践概念。

实践最集中、最典型的形式是生产劳动。劳动是物质生活资料的生产和再生产活动，劳动创造人也创造人的生活世界，它“是整个人类生活的第一个基本条件……劳动创造了人本身”⑤。毫无疑问，自然存在之于人的存在、自然史之于人类史具有本体论意义的先在性，但这并不是需要历史

---

① 《马克思恩格斯选集》第1卷，人民出版社，2012，第147页。
② 《马克思恩格斯选集》第1卷，人民出版社，2012，第157～158页。
③ 《马克思恩格斯选集》第1卷，人民出版社，2012，第135页。
④ 郑保华主编《康德文集》，改革出版社，1997，第239页。
⑤ 《马克思恩格斯选集》第3卷，人民出版社，2012，第988页。

哲学去证明的一个问题，毋宁说是人类历史的给定的自明性前提。真正的问题在于：自然和环境何以成为人的历史性生存的自然和环境？自然史何以成为人类史？是人的对象性的劳动活动实现了这种变换，“一当人开始生产自己的生活资料……的时候，人本身就开始把自己和动物区别开来。人们生产自己的生活资料，同时间接地生产着自己的物质生活本身”①。生产劳动不仅是人作为主体的本质力量的自我确证，也是自然界作为属人的自然、自然史向人类史的生成过程，“整个所谓世界历史不外是人通过人的劳动而诞生的过程，是自然界对人来说的生成过程”②。

“生产”在马克思那里有着多重意涵。“动物的生产是片面的，而人的生产是全面的。”③“全面的”生产不仅包括物质生活资料的生产，也包括人的生产即生育，还包括精神生产和社会关系的生产。“社会生产过程既是人类生活的物质生存条件的生产过程，又是一个在特殊的、历史的和经济的生产关系中进行的过程，是生产和再生产着这些生产关系本身，因而生产和再生产着这个过程的承担者、他们的物质生存条件和他们的互相关系即他们的一定的经济的社会形式的过程。”④ 可见，这种“全面的”生产，是整个人类社会生活的生产和再生产。在“全面的”生产中，马克思所聚焦的是作为整个人类社会生活的基础和决定性力量的物质生活资料的生产和再生产，它是人及其社会历史的前提和基础。“这种活动、这种连续不断的感性劳动和创造、这种生产，正是整个现存的感性世界的基础。”⑤“根据唯物主义观点，历史中的决定性因素，归根结底是直接生活的生产和再生产。”⑥

在《德意志意识形态》中，马克思和恩格斯指出：“我们首先应当确定一切人类生存的第一个前提，也就是一切历史的第一个前提，这个前提是：人们为了能够‘创造历史’，必须能够生活。但是为了生活，首先就需要吃喝住穿以及其他一些东西。因此第一个历史活动就是生产满足这些需要的资料，即生产物质生活本身，……任何历史观的第一件事情就是必须注

---

① 《马克思恩格斯选集》第 1 卷，人民出版社，2012，第 147 页。
② 《马克思恩格斯文集》第 1 卷，人民出版社，2009，第 196 页。
③ 《马克思恩格斯文集》第 1 卷，人民出版社，2009，第 162 页。
④ 《马克思恩格斯文集》第 7 卷，人民出版社，2009，第 927 页。
⑤ 《马克思恩格斯选集》第 1 卷，人民出版社，2012，第 157 页。
⑥ 《马克思恩格斯选集》第 4 卷，人民出版社，2012，第 13 页。

意上述基本事实的全部意义和全部范围，并给予应有的重视。”① 这一段看似简单的关于唯物史观的经典表述，其一，它蕴涵着马克思历史哲学建构原则：历史从哪里开始，逻辑进程也必须从哪里开始——历史与逻辑统一的原则。“我们首先必须确定”，“任何历史观的第一件事情”（哲学逻辑）就是要对“第一个历史活动”即“生产物质生活本身”（历史）的“全部意义和全部范围”予以“应有的重视”。其二，它蕴涵着马克思历史哲学的逻辑推衍的“始基”：物质生活资料的生产和再生产是历史的发源地。历史地平线在这里展开，这是马克思历史哲学的“支点”和“视点”，马克思的历史哲学的“大厦”正是建基于对这“第一个历史活动”的“全部意义和全部范围”的分析，从中展开其理论逻辑的“地平线”：历史是人的生存和生活的历史，人们为了生存和生活，必须进行物质生活资料的生产和再生产，实现人与自然之间的物质变换；而为了实现人与自然之间的物质变换，人和人之间必须互相交换其活动，并必然结成一定的生产关系和社会关系，即是说人的生存和生活的实践活动自始至终蕴涵并生成着人与自然的关系和人与人的关系，或者说，蕴涵并生成着人与自然的矛盾和人与人的矛盾。人类历史就是在人的实践活动中不断解决人与自然、人与人的关系和矛盾中生成。唯物史观正是在物质生活资料的劳动生产中“找到了理解全部社会史的锁钥”②。

二　社会历史的结构与过程

“现实的人”—“感性的活动”—“实践”—“劳动”—“物质生活资料的生产与再生产”的推衍运思，形成马克思关于社会历史实践生成思想的逻辑构式。历史就是在人的实践活动中建构生成并以人的生存与发展为轴心的社会历史结构（空间）和社会历史过程（时间）的统一。实践活动的空间展开和时间延续，构造生成“总体性的历史”：结构的总体性和过程的总体性。

---

① 《马克思恩格斯选集》第 1 卷，人民出版社，2012，第 158～159 页。

② 《马克思恩格斯选集》第 4 卷，人民出版社，2012，第 265 页。

（一）物质资料生产和再生产活动建构生成社会历史的动态结构

吉登斯在谈到他的结构化理论时指出："'历史唯物主义'就可以指这样一种观念：人类的社会生活是在实践（在进行日常生活时完成的实践活动）中反复形塑的，这种观念体现在广为引用的'人类创造历史'这句话中。"[①] 历史结构是在物质生产和再生产的实践活动中"反复形塑"而成的。

马克思把社会看成以物质实践为基础的各种社会因素和社会关系相互制约、有机联系的整体，即"一切关系在其中同时存在而又互相依存的社会机体"[②]。伽达默尔曾这样指认：对于黑格尔来说，问题在于"个人如何同世界精神发生关系"；对于马克思来说，问题在于"个人在何处发现自己处于作为人类社会基本结构的生产关系之中"[③]。社会有机体是在人的实践活动中建构起来的人与自然、人与人关系动态结构的历史性生成："以一定的方式进行生产活动的一定的个人，发生一定的社会关系和政治关系。经验的观察在任何情况下都应当根据经验来揭示社会结构和政治结构同生产的联系，而不应当带有任何神秘和思辨的色彩。社会结构和国家总是从一定的个人的生活过程中产生的。"[④] 马克思把物质生产活动所引起的人与自然的物质变换作为现存世界的基础，认为在物质生产活动中生成社会历史深层结构，社会的、政治的、意识的关系和结构都是建立在这一深层结构之上。其要义如下。

（1）物质生产活动一开始就表现为双重关系：一是人与自然的关系，即人以自身的活动来引起和调控人与自然之间的物质变换过程，在这一过程中形成人的生产能力即生产力；二是人与人之间的社会关系，即人们在生产中以一定方式结合起来的共同活动和互相交换其活动的生产关系。"为了进行生产，人们相互之间便发生一定的联系和关系；只有在这些社会联系和社会关系的范围内，才会有他们对自然界的影响，才会有生产。"[⑤] 一

① 〔英〕吉登斯：《社会的构成：结构化理论大纲》，李康、李猛译，生活·读书·新知三联书店，1998，第359页。

② 《马克思恩格斯选集》第1卷，人民出版社，2012，第223页。

③ 〔德〕伽达默尔：《哲学解释学》，夏镇平、宋建平译，上海译文出版社，1994，第114页。

④ 《马克思恩格斯选集》第1卷，人民出版社，2012，第151页。

⑤ 《马克思恩格斯选集》第1卷，人民出版社，2012，第340页。

定的生产力和生产关系的有机结合，构成一定的生产方式。物质资料的生产方式是社会赖以存在和发展的现实基础，“物质生活的生产方式制约着整个社会生活、政治生活和精神生活的过程”①。生产力和生产关系相互作用构成二者之间的矛盾运动；这一矛盾运动始终遵循着生产关系一定要适合生产力状况的规律，它揭示了社会历史发展的根本动因，表明了生产方式特别是生产力是整个社会存在和发展的最终的决定力量。

（2）“生产关系的总和构成社会的经济结构，即有法律的和政治的上层建筑竖立其上并有一定的社会意识形式与之相适应的现实基础。”② 经济基础决定上层建筑，上层建筑对经济基础具有能动的反作用。这种相互作用构成经济基础与上层建筑的矛盾运动。

（3）生产力的发展引起生产关系变革进而推动上层建筑变革，从而导致社会形态的更替演进。“社会的物质生产力发展到一定阶段，便同它们一直在其中运动的现存生产关系或财产关系（这只是生产关系的法律用语）发生矛盾。于是这些关系便由生产力的发展形式变成生产力的桎梏。那时社会革命的时代就到来了。随着经济基础的变更，全部庞大的上层建筑也或慢或快地发生变革。”③

马克思对社会有机体的这种宏观总体的结构分析，对于社会历史的哲学方法论意义在于：把社会作为一个有机的动态整体，去把握构成整体的各个部分或要素在整体中的地位和功能，在结构整体的构序和构境中来理解部分，把握各个部分或要素之间相互作用的辩证关系，在这种相互作用的辩证运动中去把握社会结构的动态的演变发展的特点、规律和趋势，从而对社会历史发展进行整体的把握。

（二）由结构分析到过程分析

社会结构是在具体历史性生成演变过程中的动态结构，历史是社会结构展开的过程。“整个伟大的发展过程是在相互作用的形式中进行的”④，生产力与生产关系、经济基础与上层建筑的矛盾运动（结构运动），推动

① 《马克思恩格斯选集》第 2 卷，人民出版社，2012，第 2 页。
② 《马克思恩格斯选集》第 2 卷，人民出版社，2012，第 2 页。
③ 《马克思恩格斯选集》第 2 卷，人民出版社，2012，第 2 ~ 3 页。
④ 《马克思恩格斯选集》第 4 卷，人民出版社，2012，第 614 页。

了社会历史形态的变化发展（辩证过程）。针对这一过程，马克思在《〈政治经济学批判〉序言》中提出“五形态”说，即人类社会的演进依次经历原始社会、奴隶社会、封建社会、资本主义社会和共产主义社会；在《政治经济学批判（1857—1858年手稿）》中提出“三形态”（又称“三形式”）说，即“人的依赖关系”、“以物的依赖性为基础的人的独立性”以及“建立在个人全面发展和他们共同的、社会的生产能力成为从属于他们的社会财富这一基础上的自由个性”；[①] 在给维·伊·查苏利奇的复信中把“历史的形态”的变迁分为古代公社所有制的“原生类型”到以私有制为基础的“次生类型”，再到仿佛回归“古代”类型的以公有制为基础的“再次生类型”[②]。对于这种社会形态依次递进思想，必须辩证地予以理解。

（1）马克思从不同视角来划分社会历史形态，“五形态”说从生产方式角度来划分；“三形态”说从历史活动主体——人的发展的角度来划分；在给维·伊·查苏利奇的复信中从所有制角度来划分。“五形态”与“三形态”说并不矛盾，可以融摄、互释。“三形态”中的“最初的社会形式”可涵摄“五形态”中的原始社会、奴隶社会、封建社会，“第二大形式”可与资本主义社会互释，“第三个阶段”则指未来的共产主义社会。无论是“五形态”还是“三形态”，生产力是其依次递进的决定性力量：“无论哪一个社会形态，在它所能容纳的全部生产力发挥出来以前，是决不会灭亡的；而新的更高的生产关系，在它的物质存在条件在旧社会的胎胞里成熟以前，是决不会出现的。”[③]

（2）马克思从历史进步意义上来理解社会形态的依次递进，这当然与欧洲资本主义现代性建构的理性主义历史进化观的文化历史语境有关联。但与理性主义历史进化观的不同之处在于：历史发展的根本动力不再是“历史理性”，而是人的实践活动所建构生成的社会结构内部生产力和生产关系、经济基础和上层建筑相互作用所构成的矛盾运动。

（3）马克思的社会形态依次更替思想是在一般意义上对历史进程宏观总体的分析，并不否认不同民族、国家、地域具体发展过程的特殊性和“跨越性”。“五形态”是对欧洲社会历史考察和概括的结果，并非各地域、

① 《马克思恩格斯文集》第8卷，人民出版社，2009，第52页。
② 《马克思恩格斯选集》第3卷，人民出版社，2012，第831页。
③ 《马克思恩格斯选集》第2卷，人民出版社，2012，第3页。

民族或国家都严格按照这种顺序依次递进。如北美洲在欧洲移民到来之前还处在原始社会，欧洲移民到来后建立起资本主义制度。这种跨越与交往的扩大直接相关，也与几种社会形态在空间上同时存在相关。马克思在《给〈祖国纪事〉杂志编辑部的信》中指出："他一定要把我关于西欧资本主义起源的历史概述彻底变成一般发展道路的历史哲学理论，一切民族，不管它们所处的历史环境如何，都注定要走这条道路，——以便最后都达到在保证社会劳动生产力极高度发展的同时又保证每个生产者个人最全面的发展的这样一种经济形态。但是我要请他原谅。他这样做，会给我过多的荣誉，同时也会给我过多的侮辱。"① 马克思认为不能把他对西欧历史考察的概述作为"一把万能钥匙"或教义来机械地套用于不同的地域、民族和国家的历史变迁。人类历史并非只是一种单线的、一元的道路和模式，由于不同地域、民族、国家的历史发展除了受生产方式的决定性影响外，还受各自的地理环境、文化传统、民族精神等因素的影响，而呈现出一种蕴涵着普遍性的具体的、特殊的、多元的、非线性的历史发展道路和模式。

（4）马克思以人的社会历史性实践活动把握人与世界的社会历史性关系，把握人的社会历史性存在，把握人的生存与发展的社会历史性结构和过程。历史不是抽象的时间隧道，而是呈现为具体的社会现实，马克思历史哲学的"历史"是现实意义上的历史，或者说是历史视野中的"现实"。"具体的总体是真正的现实范畴。"② 现实的历史正是具体的总体所呈现出来的历史现象。唯物史观不是一种"超历史"的历史哲学，马克思的分析有着深刻的现实历史向度，社会结构与过程的具体历史性是马克思历史哲学的一条基本原则。这种具体历史性既指马克思唯物史观是以西欧资本主义的具体历史性社会——市民社会作为研究对象，也意味着马克思从历史特殊性和历史暂时性去把握市民社会的一切关系和制度。这种具体历史性原则体现了马克思历史哲学辩证的、批判的、革命的本质特征。

实践是人类生存的总体性活动，总体性活动生成属人的总体性生活世界。人的生活世界从横向看，呈现为社会结构；从纵向看，呈现为历史过

① 《马克思恩格斯选集》第3卷，人民出版社，2012，第730页。

② 〔匈〕卢卡奇：《历史与阶级意识》，杜章智、任立、燕宏远译，商务印书馆，1999，第58页。

程。生活世界即是这种结构与过程、生活空间与生活时间的内在的、具体的、历史的统一。结构和过程的总体性分析框架构成马克思历史哲学把握社会历史的“经纬线”“纵横轴”“坐标系”。其作为方法论原则的核心在于：对于历史人物、事件、现象，必须将其置于社会历史的总体结构和过程中来把握，纳入这种由历史的经纬线所定位的历史坐标系中来考察。而只有当一切孤立的历史事实、历史现象或历史人物从属于这一总体之时，它才可能作为真正的社会历史现实而被理解和把握。

社会历史结构与过程的总体性分析视域对20世纪史学有着深刻影响，如年鉴学派就把社会历史作为一个整体来把握，从构成整体各部分相互作用形成的结构和功能关系来研究处于动态过程中的历史总体，总体的历史在空间（历史整体的层次性）和时间（历史时间的多元性）两个维度上展现出丰富的立体的全貌。年鉴学派的代表人物费尔南·布罗代尔就把他的“历史的长时段”分析框架与马克思历史哲学关联起来：“马克思的天才，马克思的影响经久不衰的秘密，正是他首先从历史的长时段出发，制造出真正的社会模式……马克思主义是上个世纪中最有影响力的社会分析；它只能在长时段中恢复和焕发青春。”① 早期西方马克思主义者深谙这种总体性分析的要义，柯尔施强调马克思主义是一种“把社会发展作为活的整体来理解和把握的理论”②。卢卡奇把“总体性”作为马克思哲学主导原则和方法论特征：“总体范畴，整体对各个部分的全面的、决定性的统治地位，是马克思取自黑格尔并独创性地改造成为一门全新科学的基础的方法的本质。”③ 他把历史、辩证法和总体性内在地关联起来，认为辩证法的中心问题就在于把握历史过程辩证的整体，总体既表现为结构的总体性——社会历史共时性结构中相对于部分的有机整体，又表现为过程的总体性——社会历史历时性中相对于某一时段存在的总体过程。而总体并不是“无人身”的总体，总体是人的社会历史性存在的总体，是由人的对象性活动建构生成的，人是历史主体与客体的辩证统一。卢卡奇用这种总体性辩证法

① 〔法〕费尔南·布罗代尔：《资本主义论丛》，顾良、张慧君译，中央编译出版社，1997，第202～203页。

② 〔德〕柯尔施：《马克思主义和哲学》，王南湜、荣新海译，重庆出版社，1989，第22～23页。

③ 〔匈〕卢卡奇：《历史与阶级意识》，杜章智、任立、燕宏远译，商务印书馆，1999，第76页。

反对第二国际理论家以一种自然主义决定论的方式来强调经济决定论，又用以批判由工具理性所主导的现代性导致人之生存的原子化、片面化、机械化的“物化”生存状态。这使得他一方面继承了马克思的社会历史总体分析的方法，另一方面又直面了20世纪以来人类所面临的现代性困境。不过，他把现代人生存的碎片化——总体性的丧失看成是由技术理性、工业发展所引致的分工造成的，这又使他远离了马克思。因为，在马克思那里，消除异化现象，“把人的关系还给人本身”，人占有自己的全面性和丰富性，正是以生产力、工业、技术发展为前提的。

三　社会历史之“物”与社会历史之“辩证”

社会历史的结构和过程既是客观的又是辩证的，唯物而又辩证的历史分析，是马克思历史哲学的一个基本的分析维度。

历史之“物”及其历史的“唯物主义”阐释原则。

顾名思义，唯物史观之“唯物”就是以历史之“物”来说明历史，作为阐释历史的基本原则，以此与唯心史观区别开来。这种历史之“物”，不是某种实体性的物相，唯物史观超越旧唯物主义的地方在于“以历史性的实践穿透了实体性的物相”[①]，去把握人的现实的具体历史性存在的基础和条件，即人们的社会物质生活过程、关系和条件亦即人们的社会存在。“意识［das Bewußtsein］在任何时候都只能是被意识到了的存在［das bewußte Sein］，而人们的存在就是他们的现实生活过程。”[②] 这种“存在”“现实的生活过程”蕴涵着人们在生活实践中形成的全部社会关系，其中，经济关系即生产关系是决定其他一切关系的最基本的关系。在《德意志意识形态》中，马克思和恩格斯明确地阐明了这种与唯心主义历史观根本对立的历史的“唯物主义”阐释原则：“这种历史观和唯心主义历史观不同，它不是在每个时代中寻找某种范畴，而是始终站在现实历史的基础上，不

① 张一兵、蒙木桂：《神会马克思——马克思哲学原生态的当代阐释》，中国人民大学出版社，2004，第54页。

② 《马克思恩格斯选集》第1卷，人民出版社，2012，第152页。

是从观念出发来解释实践，而是从物质实践出发来解释各种观念形态。”[①]这一阐释原则，可以从以下几个方面来把握。

（1）把社会历史过程的本质、基础、决定性力量，从唯心史观所聚焦的普遍理性、观念、意识领域，转向现实的人的社会物质生活领域——物质生产与生活以及由这种生产与生活建构生成的社会关系，即社会存在；一切社会历史现象在本质上植根于这种现实的物质生活过程，是从这一过程获得其本质规定的，而不是从意识、观念、精神领域中获得本质规定。历史从“人们之间一开始就有一种物质的联系。这种联系是由需要和生产方式决定的，它和人本身有同样长久的历史；这种联系不断采取新的形式，因而就表现为‘历史’”[②]。任何一种试图用某种普遍的、永恒的、神圣的范畴或观念来规定社会历史领域中作为基础的和本质的东西，都不能不从属于特定的意识形态幻觉。（2）思想、观念等社会意识是从人们的现实生活过程中产生的，是这一生活过程在观念形态上的表现，是由这一过程现实的社会关系来决定的。《德意志意识形态》第一次提出“意识”与“存在”的关系问题：“不是意识决定生活，而是生活决定意识。”[③]物质生活资料的生产方式决定着整个社会生活、政治生活和精神生活的过程，“人们按照自己的物质生产率（1885 年德文版改为‘生产方式’）建立相应的社会关系，正是这些人又按照自己的社会关系创造了相应的原理、观念和范畴”[④]。（3）历史之“唯物”的阐释原则的科学的方法论要义在于：从人的社会历史性的生产和生活所建构生成的人的社会历史性生存关系的基础上来理解、阐释各种历史现象和历史过程，从而把社会历史理解为可以通过历史科学来把握的有规律的客观进程。“在思辨终止的地方，在现实生活面前，正是描述人们实践活动和实际发展过程的真正的实证科学开始的地方。”[⑤]

历史不仅是“唯物”的，而且是“辩证”的。马克思的辩证法不是黑格尔的自我意识的反思性思辨，而是变革现实、改造环境的人的历史实践

① 《马克思恩格斯选集》第 1 卷，人民出版社，2012，第 172 页。
② 《马克思恩格斯选集》第 1 卷，人民出版社，2012，第 161 页。
③ 《马克思恩格斯选集》第 1 卷，人民出版社，2012，第 152 页。
④ 《马克思恩格斯选集》第 1 卷，人民出版社，2012，第 222 页。
⑤ 《马克思恩格斯选集》第 1 卷，人民出版社，2012，第 153 页。

活动的辩证法。它体现为如下几个思想要点。

(1) 社会历史实践活动建构生成的历史主体与客体的辩证统一。历史辩证法首先是人作为社会历史主体实践活动的辩证法，是在人的现实的历史的实践活动中实现人（主体）对世界（对象、客体）的辩证否定的过程。在这一过程中，蕴涵并展现了人与世界的对立统一关系，体现了人的尺度与物的尺度、合目的性与合规律性、自由与必然、环境的改变与人的改变的辩证统一。在改造对象、变革现实的实践活动中，人既扬弃了客体的自在性和给定性，也扬弃了主体的纯粹主观性，从而实现了主客体的辩证统一。

(2) 社会历史实践活动建构生成的人与自然、人类史与自然史的辩证统一。实践是人以自身的活动来引起、调整和控制人与自然之间物质变换的过程，这一过程既体现了自然的本原作用，又体现着人的能动作用，使人与自然结合为一种动态的辩证否定的统一关系，实现着自然的人化过程。人类历史“是自然界对人来说的生成过程”①。“在人类历史中即在人类社会的形成过程中生成的自然界，是人的现实的自然界；因此，通过工业——尽管以异化的形式——形成的自然界，是真正的、人本学的自然界。”② 人与自然的辩证统一通过人们之间的社会历史性的“共在”才能实现，马克思从人与人的社会关系中来考量人与自然的物质变换，在人与自然的物质变换中，人与人形成一定的关系（如劳动资料的占有和使用关系，劳动的分工和协作的关系等），“只有在这些社会联系和社会关系的范围内，才会有他们对自然界的影响，才会有生产”③。“只有在社会中，自然界对人来说才是人与人联系的纽带，才是他为别人的存在和别人为他的存在，只有在社会中，自然界才是人自己的合乎人性的存在的基础，才是人的现实的生活要素。只有在社会中，人的自然的存在对他来说才是人的合乎人性的存在，并且自然界对他来说才成为人。”④ 在这个意义上，“历史”是自然史与人类史的辩证统一：“我们仅仅知道一门唯一的科学，即历史科学。历史可以从两方面来考察，可以把它划分为自然史和人类史。

① 《马克思恩格斯文集》第1卷，人民出版社，2009，第196页。
② 《马克思恩格斯文集》第1卷，人民出版社，2009，第193页。
③ 《马克思恩格斯选集》第1卷，人民出版社，2012，第340页。
④ 《马克思恩格斯文集》第1卷，人民出版社，2009，第187页。

但这两方面是不可分割的；只要有人存在，自然史和人类史就彼此相互制约。”① 其实，传统的唯物主义说“自然界的优先地位”“物质在先”并没有道出什么历史的本真或真理，而在马克思的历史实践辩证法中，我们看到的是自然史与人类史的辩证统一生成为人类社会历史过程。对费尔巴哈的那种离开了人的实践和人的历史的“自然之物”，马克思这样说道：“先于人类历史而存在的那个自然界，不是费尔巴哈生活于其中的自然界；这是除去在澳洲新出现的一些珊瑚岛以外今天在任何地方都不再存在的、因而对于费尔巴哈来说也是不存在的自然界。”②

（3）社会历史实践活动中建构生成的社会存在与社会意识的辩证统一。如果说黑格尔要让历史用“头”（精神、意识）来站立，意识与现实的统一性是在意识结构中实现的，那么，马克思则让历史用“脚”（物质生活、经济基础）站立。但这并不是非此即彼的，马克思既要让历史用双脚行走，又要让历史用头脑来思考、用思想来引导。社会物质生活（社会存在）对于社会精神生活（社会意识）起着基础性的决定性作用，而社会意识对社会存在具有能动的反作用。这种辩证关系蕴涵于人们的社会历史实践活动中：一方面，在人们自己创造自己历史的活动中，意识、精神作为人们历史活动的创造性、能动性的因素，指导、影响着人们的社会实践活动及其历史进程；另一方面，物质生活资料的生产方式作为不可超越的既定的物质性基础、条件和前提，规定了人们社会意识的历史状况和视域，作为“历史语境”规约着人的历史活动的目的和意志、意识和观念。当然，在历史哲学层面上强调社会存在的决定性作用，是针对把历史看成由精神、意识、观念等“意识形态幻觉”决定的历史观而言才有意义，这正如恩格斯所言：“我们在反驳我们的论敌时，常常不得不强调被他们否认的主要原则，并且不是始终都有时间、地点和机会来给其他参与相互作用的因素以应有的重视。但是，只要问题一关系到描述某个历史时期，即关系到实际的应用，那情况就不同了。”③ 而就实际社会历史而言，不能设想一个没有人的意识参与的历史实践和历史过程，而毋宁说社会意识本身就是人的社会历史性存在的一个不可或缺的内在因素、一个“观念的”组

① 《马克思恩格斯选集》第1卷，人民出版社，2012，第146页。
② 《马克思恩格斯选集》第1卷，人民出版社，2012，第157页。
③ 《马克思恩格斯选集》第4卷，人民出版社，2012，第606页。

成部分而内在于客观的现实的历史过程。你也无法把历史过程的精神因素和物质因素的作用作量化的精确计算和分辨，而毋宁说这是一个相互作用的辩证统一过程。马克思主义对现实资本主义社会的理论批判和现实改造就是同一的历史实践过程。“理论上的批判和实践的推翻在这里是不可分离的活动，这不是在任何抽象意义上说的，而是具体地和现实地改变资产阶级社会的具体和现实的世界。这就是马克思和恩格斯的科学社会主义的新唯物主义原则的最精确的表达。”①

（4）社会历史实践活动中建构生成的历史之动态结构的矛盾运动。首先，历史动态结构运动表现为作为推动社会历史过程的深层动力结构的生产力与生产关系、经济基础与上层建筑的社会基本矛盾运动；其次，社会基本矛盾运动决定了历史必然性，这种必然性是通过历史表层的具体人物的具体活动、具体的历史事件和现象等历史过程的偶然性表现出来，通过历史偶然性为其开辟道路；最后，社会历史基本矛盾运动在不同地域、民族及其不同时期作为历史发展的普遍规律对该地域、民族的历史发展起决定性的作用，但表现形式则有其具体历史的特殊性，这体现了历史辩证运动的普遍性与特殊性、共性与个性的具体的历史的统一。

（5）社会历史实践活动建构生成的历史之否定性辩证法。黑格尔从劳动的否定性特征中分析出作为推动原则和创造原则的否定性辩证法。劳动的否定性首先表现为人的本质力量的对象化，这种对象化的客体反过来与人相异在，这是人的异化；同时，劳动的否定性还表现为对这种外化、异化的扬弃：人在自己劳动产品中直观到自身，使外化的对象客体回到人自身，达到主体与客体的统一，从而使人——主体得到自我实现，这是一个否定之否定的过程。黑格尔把这种否定之否定看作生命运动的源泉和动力，看作辩证法的灵魂：“这个否定性是自身的否定关系的单纯之点，是一切活动——生命的和精神的自身运动——最内在的源泉，是辩证法的灵魂，一切真的东西本身都具有它，并且唯有通过它才是真的。”② 不过，“黑格尔唯一知道并承认的劳动是抽象的精神的劳动”③，他的否定辩证法

① 〔德〕柯尔施：《马克思主义和哲学》王南湜、荣新海译，重庆出版社，1989，第52～53页。

② 〔德〕黑格尔：《精神现象学》下卷，贺麟、王玖兴译，商务印书馆，1979，第543页。

③ 《马克思恩格斯文集》第1卷，人民出版社，2009，第205页。

“只是为历史的运动找到抽象的、逻辑的、思辨的表达”①。而在马克思那里，人的异化和对异化的扬弃不是自我意识的矛盾运动过程，而是在物质实践活动基础上的现实的、客观的、辩证的否定之否定过程——否定性的历史辩证法。“马克思的辩证法的历史特征包含着普遍的否定性，也包含着自身的否定。特定的关系状态就意味着否定，否定之否定伴随着事物新秩序的建立。”② 更为重要的是，马克思并非要把否定辩证法作为一般历史公式去“解释世界”，而是在“改变世界”的意义上把否定辩证法运用于对资本主义社会这一特殊历史形态的分析，批判资本逻辑所导致的人的劳动，人的社会关系和人的世界全面异化，揭示克服和扬弃这种异化的历史条件和道路：“从资本主义生产方式产生的资本主义占有方式，从而资本主义的私有制，是对个人的、以自己劳动为基础的私有制的第一个否定。但资本主义生产由于自然过程的必然性，造成了对自身的否定。这是否定的否定。这种否定不是重新建立私有制，而是在资本主义时代的成就的基础上，也就是说，在协作和对土地及靠劳动本身生产的生产资料的共同占有的基础上，重新建立个人所有制。”③ 马克思的否定辩证法体现了一种对现实资本主义社会批判、否定的精神特质：“辩证法在对现存事物的肯定的理解中同时包含对现存事物的否定的理解，即对现存事物的必然灭亡的理解；辩证法对每一种既成的形式都是从不断的运动中，因而也是从它的暂时性方面去理解；辩证法不崇拜任何东西，按其本质来说，它是批判的和革命的。”④

四 社会历史的价值分析：人的自由和全面发展

马克思历史哲学，无论是实践生成论分析、结构与过程分析，还是“唯物”与“辩证”的历史分析，都蕴涵并辐辏于历史的价值分析：贯穿

① 《马克思恩格斯文集》第1卷，人民出版社，2009，第201页。

② 〔美〕马尔库塞：《理性和革命——黑格尔和社会理论的兴起》，程志民等译，重庆出版社，1993，第285页。

③ 《马克思恩格斯选集》第2卷，人民出版社，2012，第299~300页。

④ 《马克思恩格斯选集》第2卷，人民出版社，2012，第94页。

马克思历史哲学总体性分析框架的价值轴心是作为社会历史主体的人的自由与人的发展。马克思历史观蕴涵着价值观，我们不能把价值观从历史观中分离出来，把社会历史看成离开人这一价值轴心的纯客观的自然历史进程。唯物史观是“关于现实的人及其历史发展的科学”①，它把人作为社会历史的主体，把人的发展作为社会历史发展的价值目标。其逻辑进程是：以人的物质资料生产活动为出发点，以人的自由解放和全面发展作为落脚点。

（一）人是社会历史实践主体同时是社会历史价值主体

实践活动是人的一种源发性、历史性生存方式，人是社会历史实践主体，从而也是由这种实践所建构的人与自然关系的主体，人与社会关系的主体。“社会本身，即处于社会关系中的人本身……而作为它的主体出现的只是个人，不过是处于相互关系中的个人。”② 人作为历史主体是“他们本身历史的剧中人物和剧作者”③，人创造环境，环境也创造人，“作为人类历史的经常前提，也是人类历史的经常的产物和结果，而人只有作为自己本身的产物和结果才成为前提”④。人在改变世界的同时也改变了人本身，这意味着人是社会历史实践主体，同时是社会历史的价值主体。人改造环境、改造世界的活动是创造价值的活动，而价值只是相对于人本身即满足人的生存与发展需要来说的。人既是价值的创造者，又是价值的承受者，人才是人的实践活动亦即是历史的价值轴心和价值目标。在这个意义上，如同康德所言“人是目的”，历史不过是追求着自身目的的人的活动而已。人的实践活动建构生成人的历史，创造并实现人的生存价值和意义，并由此赋予历史以价值和意义，离开人的实践活动的价值创造和价值赋义，历史就只能是人作为自然界的一个物种的自然史，而不是作为人类文明之链的社会历史。

人作为历史实践主体和历史价值主体赋予社会历史结构（历史空间）和社会历史过程（历史时间）以人本学的意义。结构主义者阿尔都塞把历史结构看作无主体的结构，人是被历史结构所决定的在一定历史结构中的

① 《马克思恩格斯选集》第4卷，人民出版社，2012，第247页。
② 《马克思恩格斯文集》第8卷，人民出版社，2009，第204页。
③ 《马克思恩格斯选集》第1卷，人民出版社，2012，第227页。
④ 《马克思恩格斯全集》第35卷，人民出版社，2013，第350~351页。

一定职能的承担者。结构支配人，而不是人支配结构。而在马克思那里，作为历史主体的“现实的人”，在实践活动中把人、自然、他人辩证地联结起来建构生成人之“在世”的生存结构（空间）和生存过程（时间）。纯粹的自然空间和自然时间是无限的、非历史的、没有意义的虚无，历史空间和时间以人的生命活动为内容和尺度，人的历史性生存活动赋予历史时空以属于人的现实的、历史性的价值和意义。

同样，人是历史之“物”和历史之辩证运动的主体。唯物史观之“唯物”也并不是能够超脱现实的人的一种抽象的普遍的“物相”或纯客观的过程，而是作为社会历史主体的人们的“现实的生活过程”，是“他们的活动和他们的物质生活条件”①，是由他们创造的，也是为了他们而历史性地生成的现实。历史之“辩证”也并非无主体的某种抽象精神的自我运动过程，而是在历史主体向度上历史主客体辩证统一的否定辩证过程，是作为主体改造世界同时改造人自身而实现人的自由全面发展的辩证否定过程。

（二）人的自由全面发展是历史发展的最高价值目标

在《哲学的贫困》中，马克思指出：“整个历史也无非是人类本性的不断改变而已。”②“人类本性的不断改变”被赋予一种价值向度：人的解放和自由全面发展。这是马克思历史哲学的主题。马克思的宗教批判、哲学批判、政治批判、经济批判，都是围绕着人如何从异化状态下解放出来实现人的解放和发展而展开的。

人的自由和全面发展是马克思为历史悬设的价值目标。在《1844年经济学哲学手稿》中，马克思通过对资本主义生产条件下劳动异化的揭示，指出：“共产主义是对私有财产即人的自我异化的积极的扬弃，因而是通过人并且为了人而对人的本质的真正占有；因此，它是人向自身、也就是向社会的即合乎人性的人的复归。”③ 共产主义使“人以一种全面的方式，就是说，作为一个完整的人，占有自己的全面的本质”④。在马克思看来，

① 《马克思恩格斯选集》第1卷，人民出版社，2012，第146页。
② 《马克思恩格斯选集》第1卷，人民出版社，2012，第252页。
③ 《马克思恩格斯文集》第1卷，人民出版社，2009，第185页。
④ 《马克思恩格斯文集》第1卷，人民出版社，2009，第189页。

这是对历史之谜的真正解答。在《德意志意识形态》中，马克思、恩格斯从消除旧式分工、人的能力全面发展的角度描绘了共产主义社会的自由自觉的活动和自由个性，指出其在历史目的论意义上具有最高的价值圆满性。而这一理想的历史前提是“联合起来的个人对全部生产力的占有”①。《共产党宣言》指出：“代替那存在着阶级和阶级对立的资产阶级旧社会的，将是这样一个联合体，在那里，每个人的自由发展是一切人的自由发展的条件。”② 在《政治经济学批判（1857—1858 年手稿）》中，马克思以人的发展为价值轴心，把共产主义社会理解为：“建立在个人全面发展和他们共同的、社会的生产能力成为从属于他们的社会财富这一基础上的自由个性。”③ 以上经典表述所蕴涵的人的自由全面发展的历史逻辑在于：第一，是“每个人”和“一切人”的自由个性和能力的全面发展，因而，是个体和类的统一；第二，这种最高价值的实现是建立在生产力高度发展的基础上，是“在以往发展的全部财富的范围内生成的”；第三，对资本主义私有财产的积极扬弃，使这种“社会的生产能力”“以往发展的全部财富”被“联合起来的个人”所共同占有而“成为从属于他们的社会财富”。

可见，马克思关于人的自由与发展并不是抽象的超历史的人道主义伦理价值诉求，而是把人的自由发展置于生产力和生产关系矛盾运动的现实的、具体的历史构境和条件中来予以观照。在《资本论》及其手稿中，马克思提出了生产力的普遍发展和交往的普遍性“是个人全面发展的可能性”④ 的基础，“全面发展的个人……要使这种个性成为可能，能力的发展就要达到一定的程度和全面性，这正是以建立在交换价值基础上的生产为前提的，这种生产才在产生出个人同自己和同别人相异化的普遍性的同时，也产生出个人关系和个人能力的普遍性和全面性”⑤。要达到这种“个人的全面性”，“首先必须使生产力的充分发展成为生产条件”⑥。而资本主义生产方式“才形成普遍的社会物质变换、全面的关系、多方面的需要以及全面的能力的体系”，为共产主义社会人的自由全面发展创造历史条件。

① 《马克思恩格斯选集》第 1 卷，人民出版社，2012，第 210 页。
② 《马克思恩格斯选集》第 1 卷，人民出版社，2012，第 422 页。
③ 《马克思恩格斯文集》第 8 卷，人民出版社，2009，第 52 页。
④ 《马克思恩格斯文集》第 8 卷，人民出版社，2009，第 171 页。
⑤ 《马克思恩格斯文集》第 8 卷，人民出版社，2009，第 56 页。
⑥ 《马克思恩格斯文集》第 8 卷，人民出版社，2009，第 172 页。

同时，还要积极扬弃资本主义私有制的生产关系，“把人的世界和人的关系还给人自己”，从而真正实现这种“个人的全面性”。马克思把这一历史任务赋予无产阶级改变世界、实现人的解放的革命实践。

人的解放和人的自由全面发展是马克思历史哲学在同一意义上来把握的价值主题。马克思关于人的本质有双重维度：一是从人的自由的、有意识活动的类特性角度，认为“自由的有意识的活动恰恰就是人的类特性”①，人的本质就是自由自觉的活动；二是从人的社会性角度，认为人的本质在其现实性上是“一切社会关系的总和”，是一定历史情境下现实的个人。与此相应，人的解放和自由全面发展也就蕴涵着相互关联的双重叙事：一是实现人的自由自觉的活动，二是把人的全面的丰富的关系还给人本身。相应地，人的解放意味着既要从外在的现实关系的世界中解放出来（改变世界、改变环境），也要从人自身的内在、主观世界中解放出来（改变人），人的解放是内外两个世界的解放。“宗教的异化本身只是发生在意识领域、人的内心领域，而经济的异化是现实生活的异化，——因此对异化的扬弃包括两个方面。”②扬弃“发生在人内心深处的意识领域”的异化，人获得的是内心世界、精神思想的解放；扬弃“现实生活的异化”，人获得的是现实世界、人的关系的解放。人不仅要超越外在的束缚和限制，而且要超越自身的束缚和限制；不仅要从物质贫困中解放出来，更要从精神贫困中解放出来，从观念的束缚、思想的奴役、精神的钳制、心灵的锁链中解放出来。

马克思并不是在一般意义上谈论人的解放，而是历史地、现实地、具体地揭示扬弃资本主义私有财产、实现人的解放的历史条件、主体力量、现实途径和现实运动，人的解放只能在人的具体历史实践中具体地历史地实现。“只有在现实的世界中并使用现实的手段才能实现真正的解放；没有蒸汽机和珍妮走锭精纺机就不能消灭奴隶制；没有改良的农业就不能消灭农奴制；当人们还不能使自己的吃喝住穿在质和量方面得到充分保证的时候，人们就根本不能获得解放。‘解放’是一种历史活动，不是思想活动，‘解放’是由历史的关系，是由工业状况、商业状况、农业状况、交

① 《马克思恩格斯文集》第1卷，人民出版社，2009，第162页。

② 《马克思恩格斯文集》第1卷，人民出版社，2009，第186页。

往状况促成的。”[1] 如果还没有具备这些实行全面变革的“物质因素”和主体力量的“革命群众”，那么，“尽管这种变革的观念已经表述过千百次，但这对于实际发展没有任何意义”[2]。马克思把扬弃资本主义私有财产和人的异化的解放运动诉诸无产阶级“改变世界”的现实的实践活动：“对实践的唯物主义者即共产主义者来说，全部问题都在于使现存世界革命化，实际地反对并改变现存的事物。”[3] 一方面是实际地反对“使人成为被侮辱、被奴役、被遗弃和被蔑视的东西的一切关系”[4]，另一方面则是实际地反对头脑中的各种抽象、虚幻的观念或“没有任何思维和任何人的尊严”的思想现状。

给历史悬设的最高价值目标，就不能不具有某种理想的性质，尽管马克思将这种价值悬设置于对现实的资本批判的逻辑上和无产阶级改变世界和改变人的实践过程中。不过，确立理想是形塑未来的一种手段，被价值理想所投射的未来是在历史推进过程中蕴涵着实现的潜能。假如不给历史赋予某种人的解放、人的自由、人的全面发展的价值圆满性的意义，那么，历史岂非没有了奔头？历史不就成了芸芸众生周而复始的生灭循环的自然历史一样的新陈代谢过程？何况这种价值悬设和价值叙事既不给予自然也不给予上帝，而是给予人本身历史发展。长期以来，对唯物史观的阐释，高扬了它对历史客观规律把握的“历史科学”的维度，而其规范性的价值向度则湮没不彰。事实上，产生于西方现代性历史语境中的马克思历史哲学，不能不受西方自文艺复兴以来的人道主义思想的影响。不过，西方的人道主义要把人从宗教神权和封建专制的社会关系中解放出来，而马克思不仅要批判地继承这种解放的传统叙事，更为重要的是，“真理的彼岸世界消逝以后，历史的任务就是确立此岸世界的真理。人的自我异化的神圣形象被揭穿以后，揭露具有非神圣形象的自我异化，就成了为历史服务的哲学的迫切任务”[5]。马克思历史哲学的任务就是要揭示现实的资本主义社会人的“自我异化”，为把人从现存的资本逻辑的统治下解放出来指

---

① 《马克思恩格斯选集》第1卷，人民出版社，2012，第154页。
② 《马克思恩格斯选集》第1卷，人民出版社，2012，第173页。
③ 《马克思恩格斯选集》第1卷，人民出版社，2012，第155页。
④ 《马克思恩格斯选集》第1卷，人民出版社，2012，第10页。
⑤ 《马克思恩格斯选集》第1卷，人民出版社，2012，第2页。

明方向和道路。在《1844年经济学哲学手稿》中，马克思写道：“无神论是以扬弃宗教作为自己的中介的人道主义，共产主义则是以扬弃私有财产作为自己的中介的人道主义。”① 马克思历史哲学并不是“人学的空场”，人的解放和自由全面发展是马克思历史哲学的价值轴心。

五　社会历史的总体性分析框架

历史是人的生存之境，同时也是人的生存过程本身——这是哲学反思历久而又弥新的主题。西方马克思主义者把马克思哲学理解为一种社会历史理论，认为马克思在哲学上的创新和贡献主要在历史领域。卢卡奇认为：“对于马克思主义来说，归根到底……只有一门唯一的、统一的——历史的和辩证的——关于社会（作为总体）发展的科学。”② 柯尔施把唯物史观看作把握社会历史的一种科学分析方法：“马克思新的唯物主义把它的任务看做是制定历史社会研究的特别方法，……马克思的唯物主义的核心就在于此。”③ 阿尔都塞说：“马克思建立了一种新的科学：‘社会构成’的历史科学。……马克思为科学知识‘开启了’一个新‘大陆’，即历史的大陆。”④ 福柯认为，现时代研究历史要想超越由马克思所定义和描写的思想地平线是不可能的。海德格尔针对马克思的历史解释原则这样说道：“因为马克思在体会到异化的时候深入到历史的本质性的一度中去了，所以马克思关于历史的观点比其余的历史学优越。但因为胡塞尔没有，据我看来萨特也没有在存在中认识到历史事物的本质性，所以现象学没有，存在主义也没有达到这样的一度中，在此一度中才有可能有资格和马克思主义交谈。”⑤ 马克思历史哲学所把握的“历史的本质性的一度”可以这样理解：社会历史在本质上是由人的生存实践活动所建构生成的人的生存关系

---

① 《马克思恩格斯文集》第2卷，人民出版社，2009，第216页。

② 〔匈〕卢卡奇：《历史与阶级意识》，杜章智、任立、燕宏远译，商务印书馆，1999，第78页。

③ 〔德〕柯尔施：《卡尔·马克思——马克思主义的理论和阶级运动》，熊子云、翁廷真译，重庆出版社，1993，第179页。

④ 〔法〕路易·阿尔都塞：《保卫马克思》，顾良译，商务印书馆，2006，第252~253页。

⑤ 孙周兴选编《海德格尔选集》上，上海三联书店，1996，第383页。

展开的唯物而又辩证的过程，这一过程在现实的生存关系中表现为人的生存异化以及扬弃异化的辩证过程。

马克思历史哲学的“历史”是表征实践建构生成自然、社会和人自身辩证统一关系和过程的总体性范畴，实践生成论的维度、结构与过程分析、唯物而又辩证的历史分析、历史过程的价值分析——马克思历史哲学这四重分析维度，以历史与逻辑统一的阐释原则为社会历史提供了一个总体性的分析框架。实践观与人的自由全面发展像两条相互交织的红线贯穿在这种总体性的分析框架中，体现了马克思历史哲学的真理与价值的统一。这种总体性的分析框架，蕴涵着历史存在论、历史价值论与历史认识论的统一，它揭示了社会历史规律，建构了社会历史的价值图景，指导社会历史主体的实践活动，为破解“历史之谜”提供了一个宏观总体的视界，为历史哲学建构了一个蕴涵历史科学性与价值规范性张力的问题域。直到今天，它仍然具有其历史解释的穿透力和生命力，仍然代表着我们这个时代关于人及其历史发展的真理和良心。

［本文原载于《福建论坛》（人文社会科学版）

2020 年第 9 期］

马克思主义中国化释义

——一种解释学的视界

当我们在谈论什么是马克思主义中国化时，实际上是在谈论我们对马克思主义中国化的一种认识和理解。但我们通常只注意“马克思主义中国化”本身，而忘记了是自己在理解，这就是解释学所说的“理解的自我遗忘”。提出这一点在于表明本文所谈的是对马克思主义中国化的一种释义：在哲学解释学的视界里讨论马克思主义与中国实际的关系。

一　马克思主义中国化的解释学意境

马克思主义中国化是一个具有解释学意境的文化历史现象。从解释学的角度看，马克思主义文本产生之后，就被纳入理解和实践的历史进程。“中国化”就是这样的一个历史进程，马克思主义被纳入“中国化”的诠释语境中，是中国的先进分子在自己的文化历史传统、社会实践等构成的中国实际这样一个“成见”“界域”中来理解、选择、运用马克思主义，对马克思主义进行文化的诠释和实践的诠释。

解释学发端于对《圣经》的诠释。古典解释学强调客观性原则，要求克服理解者在特定环境和语境中的偏见等主观性因素，克服理解者与文本之间的历史时间间距，按文本的本来面目、条件去解释它。但这实际上是不可能的，因为任何一个解释者都无法满足这种纯客观的条件。理解者所处的文化历史情境和条件、与文本之间的历史时间间距是客观存在的，也是不可克服的。问题在于这种情境与条件、历史的间距是否必然是理解过程中消极的、障碍性的因素？是否必然会造成对文本错误的理解和偏见？现代哲学解释学突破了古典解释学这种“对偏见的偏见”，这种对理解乌托邦式的追求。当代解释学大师伽达默尔在海德格尔把理解的“前结构”“前理解”“前见”看作理解的出发点、基本条件的基础上提出了“成见”这一概念，在积极的意义上肯定了“成见”的客观存在和它的合法性。首先，成见构成了理解的“前结构”，它是我们进行理解和解释的先决条件。其次，成见是历史的、传统的客观存在，它构成了我们存在的情境和基础，理解必须通过成见才能使我们深深地植根于历史与传统中。“其实历史并不属于我们，而是我们隶属于历史。早在我们通过自我反思理解我们之前，我们就以某种明显的方式在我们所生活的家庭、社会和国家中理解了我们自己。”① 最后，合法的成见可以产生积极的、创造性的、富有成果的理解。成见并非就是错误的、是理解的障碍，不一定就歪曲真理。相反，成见作为理解的条件乃是真理产生的条件。

从解释学的这种观点来看，马克思主义中国化首先意味着是在中国的历史情境、场域、条件等构成的“成见”中对马克思主义的诠释和运用。承认这种“成见”存在的客观性、合法性，也就必须承认“中国化”是一个客观的、必然的历史过程和现象。“中国化”不在于你愿意不愿意、应该不应该，只要是在中国选择和接受马克思主义、理解和运用马克思主义，其背景条件、文化传统、语言特点、实践基础、成果形态等都不可避免地打上“中国化”的烙印。也就是说，马克思主义在中国的“中国化”是客观的、必然的，是一个客观的历史现象、活着的实践过程。而试图保持一种“原汁原味”的“非中国化”的马克思主义，既无可能，也无意义。事实上，解释学所强调、肯定的理解的“成见”，还含置着这样一个客观性的指认：我们的理解在客观上不能撇开理解的“成见”而纯客观地与文本、对象完全一致。那种纯客观的追求是传统反映论和古典解释学的命意，反而是不客观的认识上的乌托邦，会引致一种形而上学的、绝对真

① 〔德〕伽达默尔：《真理与方法：哲学诠释学的基本特征》上卷，洪汉鼎译，上海译文出版社，1999，第355页。

理式的主观专断。这种主观专断在马克思主义发展史上，在马克思主义中国化过程中经常以某种“正统的”“真正的”马克思主义，以马克思主义的“绝对的权威”“发展的顶峰”自居，以机械、僵化的教条主义的形式表现出来，并给中国革命和建设的实践带来严重的挫折。

当然，对“成见”做客观性、合法性的指认，并不是说我们对马克思主义文本的理解、解释、运用可以主观随意地进行。我们不能唯心主义地看待解释学或“过度”诠释而走向相对主义和主观随意性，这是我们在运用解释学方法时所必须注意加以克服的。因为，任何理解、解释都是以理解对象的存在为前提，也就是说，一个认识论、解释学的问题总是以一个本体论的问题为前置的。科学的认识、解释总是以追求真实性、真理性为指向的。解释学固然是在积极的意义上肯定理解的历史传统、时间间距、语言等构成的“成见”之于理解的主体性和创造性，但也并没有否认解释、理解对真实性、真理性的追求。它只不过是要我们正视“此在”在历史传统中、在语言中存在的事实，我们并不能由此推断解释学是对真理性追求的否定，也不能对解释学做相对主义的诠释和运用。同时，“成见”也并不全然就是正确合理的，也并非不可改变克服的。在马克思主义文本产生之后的诠释和应用中，“成见”既在积极的、创造性意义上对马克思主义进行诠释和运用，也在消极的、错误的意义上对马克思主义进行误读误用。尤其是在马克思主义中国化过程中，我们既有对马克思主义的创造性的、富有成效的诠释、运用，并产生了毛泽东思想、邓小平理论等中国化马克思主义理论成果和实践成果；也有对马克思主义的机械的、僵化的、教条主义的以及狭隘的小农封建意识的误读误用而造成挫折和失误。因此，学界有“回到马克思”的学术意向，有一种古典解释学意境的对马克思主义原典进行还原式的学术回溯以追求马克思主义的真义，以克服我们的“成见”中消极落后的因素导致对马克思主义的误读误用，这是完全必要的、富有意义的。不过，正如伽达默尔晚年把解释学的视野投向实践，将理解、解释和应用联在一起，强调解释学作为哲学是“实践哲学”一样，“成见”并不仅仅只有文化历史传统的成分，还包含现实的实践活动这一活着的“成见”。因此，对马克思主义的诠释就不仅是文化历史传统的，而且是实践的。这种实践的诠释更为重要，更富有积极的创造意义，也更为符合马克思主义的实践本性。在这个意义上说，对马克思主义中国化的认识，不仅要看到马克思主义中国化是客观的，而且要看到马克思主义中国化之于中国社会变革与发展实践的价值和意义。在当代中国对马克思主义的诠释和研究，不仅要追求马克思主义原典的“精义”，还要析解“中国化”的“成见”，同时更重要的还在于从实践诠释的视界，着眼于马克思主义在中国实践中的运用、创新和发展，从而把学术理趣转接为蕴涵实践和价值诉求的理论创新和实践创新。

“成见”是否就意味着我们对文本的理解和应用必然会走向“一千个读者就有一千个哈姆雷特”的相对主义呢？伽达默尔用“视界融合”来解决这个问题。“前理解结构”“成见”作为理解的基础、条件、出发点构成了理解的界限，这种界限叫作“界域”或“视界”。首先，视界的基础是传统的历史的，而并不是主观任意的。伽达默尔指出，传统是不管我们愿意不愿意就先于我们，并且是我们不得不接受的东西，它是我们存在和理解的基本条件。我们如果不把自身置于这种历史性的视界中，就无法去理解文本。其次，更为重要的是视界并不是静止不变、封闭孤立的，而是开放、运动的。“人类此在的历史运动在于：它不具有任何绝对的立足点限制，因而它也不会具有一种真正封闭的视界。视界其实就是我们活动于其中并且与我们一起活动的东西。视界对于活动的人来说总是变化的。所以，一切人类生命由之生存的以及传统形式而存在那里的过去的视界，总是已经处于运动之中了。”① 视界是一个不断形成的过程，理解一开始，理解者的视界就进入了他要理解的那个文本的视界，在我们的视界和传统的视界、文本的视界相遇、接触、交融中，形成了新的理解、新的意义、新的真理、新的视界，这就是“视界融合”。视界融合后产生的新的视界，既包括理解者的视界，又包括文本的视界，是你中有我，我中有你，主体与客体，主观与客观，历史、传统与现实融为一体，成为我们置身于其中的新的传统了。新的视界超越了原来的视界，体现了理解的开放性、创造性、过程性和超越性。

这种“视界融合”的视界，引之于对马克思主义中国化的诠释，比起“相结合”三个字来说，中国实际与马克思主义之间的“视界融合”更为

① 〔德〕伽达默尔：《真理与方法：哲学诠释学的基本特征》上卷，洪汉鼎译，上海译文出版社，1999，第390页。

恰当有效，更富有创造性地体现了马克思主义中国化所蕴涵的本质关系和丰富内容。一方面，是中国实际的“成见”“视界”中传统的视界与现实的实践的视界之间的积淀和流转、承继和扬弃的“视界融合”；另一方面，是这种动态的、开放的、传统与现实嬗递的视界与马克思主义文本的视界的“视界融合”。前一种“视界融合”表明了中国实际的视界的历史性、开放性，这使得我们对马克思主义的理解、运用在历史与现实的交互作用中不断深入发展而表现为一个与时俱进的过程；后一种“视界融合”是在前一种基础上表明了马克思主义与中国实际之间的交互作用、融为一体，从而融合创新为一种新的理解、新的真理——中国化的马克思主义：毛泽东思想、邓小平理论等。

二　马克思主义与中国实际关系的诠释

尽管马克思主义中国化在马克思主义流入中国时就开始了它的历史进程，但“马克思主义中国化”这一命题是毛泽东同志在1939年党的六届六中全会上所做的报告中第一次自觉提出的。他说：“离开中国特点来谈马克思主义，只是抽象的空洞的马克思主义。因此，使马克思主义在中国具体化，使之在其每一表现中带着必须有的中国的特性，即是说，按照中国的特点去应用它，成为全党亟待了解并亟须解决的问题。”[①] 在这里，毛泽东同志不仅第一次提出“马克思主义在中国具体化”，而且还揭示出这种“具体化”的实质和内涵：“带着必须有的中国的特性”，“按照中国的特点去应用它”，“马克思主义必须和我国的具体特点相结合并通过一定的民族形式才能实现”，使马克思主义具有“新鲜活泼的、为中国老百姓所喜闻乐见的中国作风和中国气派”[②]。马克思主义中国化的本质内容正是这种“相结合”的关系和具有民族特色的表现形式，即马克思主义与中国实际之间互动的、视界融合的关系。

中国实际有相互关联的两个方面，一是中国文化历史传统的积淀和表

① 《毛泽东选集》第2卷，人民出版社，1991，第534页。

② 《毛泽东选集》第2卷，人民出版社，1991，第534页。

现，二是中国现实的社会实践。因此，马克思主义与中国实际的关系就表现为马克思主义与中国文化历史传统的关系和马克思主义与中国现实的社会实践的关系，马克思主义中国化就是在这两个关系维度所构成的“界域”中实现的。

（一）马克思主义与中国文化历史传统的关系

马克思主义能在中国“生根、开花、结果”，一个重要的原因是它取得了中国文化传统中优秀因子的认同，马克思主义的理论价值和方法与中国文化传统的价值、心理和方法之间存在相契合的因子，二者在中国社会现实基础上发生了现代性的融合，在中国社会救亡与革命实践基础上打开了通道，发生了视界融合。

在社会理想的文化价值心理方面，中国传统文化的基本特性是入世而不是出世，是世俗而不是超俗的。它没有像西方文化那样设置一个终极的价值体系——上帝、天国作为精神家园，但问题在于一种文化价值体系又不能没有形而上的终极追求，否则，就会像是无根的浮萍。如黑格尔所说，一个有文化的民族没有形而上学，就像是一座庙宇，外表装饰得富丽堂皇，却没有至圣的神那样。中国传统文化虽然不是宗教型的，却也并不缺乏终极追求，只不过这种终极追求不是指向天国，而是指向世俗的人间，是世俗的社会理想，是人间“大同”“太平”的社会理想。《礼记·礼运》中记载的“大道之行也，天下为公”的“大同”理想，经几千年历史阐释流转积淀为中华民族的一种恒久的文化价值心理。近世太平天国的《天朝田亩制》，康有为的《大同书》，孙中山的“三民主义”“天下为公”思想便来源于这种传统的理想价值心理。马克思主义虽然诞生于西方，但与西方基督教文化不同，追求的是人类在现实的历史过程中的社会理想。因此，它与中国文化传统的社会价值理想之间具有更为切近的因素，这也就不难理解二者为何在中国追求理想社会的革命与建设实践的基础上发生了“视界融合”。

在文化传统价值结构的取向上，中国传统的社会价值结构模式是以“共同体”——家、国为本位，强调个人生活在家国群体中，对群体价值的认同和无条件的服从（当然，这种家国本位深深地烙上了东方式的宗法血缘关系和皇权专制的印记）。马克思主义虽然来自西方，但其价值取向与西方以个人为本位的价值取向不同，它强调的是人的社会性，提出人的本质是“社会关系的总和”，强调的是“全世界无产者联合起来”，追求全人类的解放，强调的是无产阶级的阶级意识、集体意识。这种集体意识与中国的家国群体本位虽有根本的区别，但在强调个人归属于社会共同体及其群体意识方面，具有内在相通之处。

在哲学思想与方法上，中国传统哲学的“实学”思潮，使中国形成一种重“实事求是”、通经致用、躬行践履的思想、学术的价值取向。在清朝晚期重新兴起的“公羊学派”，把对实际事物的考察分析看得比宋明理学的“理”“心性”的教化修养更为重要。从戊戌变法、辛亥革命到新文化运动，大多数进步思想家都以“实事求是”、实践、务实为基点，以现实社会问题与实践为研究对象。同时，“实学”思潮高举古代传统的“变易”旗帜，强调“生生不息”“自强不息”“破旧立新”，正是这种近代本土的“实学”思潮与“变易”精神，使得马克思主义的唯物主义世界观、历史观和辩证的方法论在中国传统的哲学思想与方法中找到生长的土壤。

可见，马克思主义与中国文化传统之间具有某种切近的、相通的因素，这是二者之间能够相互结合、发生视界融合的一个条件和根据。但问题并没有这么简单，二者的结合不是一种简单的嫁接、凑合和叠加。问题在于，在马克思主义进入中国的同时，西方的具有大同社会理想的各种空想社会主义也都流入中国，为什么这些思想没能在中国“生根、开花、结果”呢？问题的更进一步还在于，如果说中国传统的大同社会理想、群体本位的价值结构、实学和变易思想与马克思主义毫无二致，那么我们为什么还要选择引进马克思主义呢？《天朝田亩制》、《大同书》、“三民主义”所阐述的理想为什么不能实现反而被现实的历史过程击得粉碎呢？因此，一种可能的解释在于：一方面，中国文化历史传统中的一些思想因子本身带有模糊、猜测、玄想等非科学的成分，而且又与文化传统中宗法血缘的、封闭狭隘的小农意识等因素混杂在一起，如果不是在外来的先进文化的改造和烛引下，它本身无法从文化传统中剥离出来，自觉地转换为科学的、理性的、现代化的因子以推动、改造和引导中国社会由传统向现代的变革和跃迁；另一方面，马克思主义以科学的、历史与逻辑统一的理性力量揭示和论证了实现人类解放进步的价值理想的客观历史必然性，以及实现这种价值理想的主体力量、途径、手段和方法，它对资本主义生产方式的批判和超越等所体现的科学性、革命性、实践性的本质特点，使得它比中国文化传统中的思想因子更具优越性、先进性和现实性。这使得马克思主义在与中国文化传统相结合的视界融合中，由于“相契合”而得到文化认同，在文化传统的语境、“成见”的诠释中获得了“新鲜活泼的、为中国老百姓所喜闻乐见的中国作风和中国气派”、民族风格和民族形式。又由于其“不同”，而表现为马克思主义对中国文化传统的改造和提升，使传统的大同社会理想和“变易”精神在一种新的、现代的、科学的思想体系的烛炬下投射出一幅新的社会图景，在一个新的历史环境和实践需求中发挥了它前所未有的激活力和创造力。

一方面是文化传统对马克思主义的认同，另一方面是马克思主义对文化传统的改造和提升，这就使马克思主义与中国文化传统之间形成相结合的、互动的视界融合的关系。这种关系在毛泽东思想中得到生动的体现。如毛泽东同志在1939年4月29日做的关于国民精神总动员的号召讲话中说，对国家尽忠，对民族尽孝，我们赞成，这是古代封建道德，我们要改变它，发扬它。为国家尽忠、为民族尽孝就是要忠于大多数人民，孝于大多数人民，而不是忠孝于少数人。对大多数人有益处的，叫作仁；对大多数人利益有关的事情，处理得当，叫义。对农民土地问题、工人吃饭问题处理得当，就是真正的行义者。① 传统道德观就是这样被植入马克思主义的价值内容从而获得新的内涵。正如陈晋在《毛泽东的文化性格》一书中对马克思主义中国化在毛泽东思想中的表现所做的分析：“通过民族形式来实现马克思主义，赋予其普遍原理一种新鲜活泼的并为中国老百姓喜闻乐见的中国作风和中国气派；把中国历史和现实中的一些特殊规律上升到马克思主义普遍原理的高度来说明和发挥；在这两种文化的交合作用下，总结出一套关于中国问题的过去、现实与未来及其改造途径的理论体系和实践形态。它既非原封不动的马克思主义，更不是文化传统的简单复归。”②

（二）马克思主义与中国社会实践的关系

理解一个文本包含将它应用于解释者的处境。马克思主义中国化涉及

① 转引自陈晋《毛泽东的文化性格》，中国青年出版社，1991，第158页。

② 转引自陈晋《毛泽东的文化性格》，中国青年出版社，1991，第169页。

的不仅仅是两种文化之间的诠释认同的视界融合问题，更为重要的是实践的诠释，是马克思主义与中国社会实践相互结合、视界融合的问题。这既体现了马克思主义的实践本性，又切合中国社会实践的根本要求。

实践性是马克思主义的本质特征，这不仅在于实践范畴在马克思主义理论中的基础性地位，还在于马克思主义的实践功能。马克思主义从社会实践出发来把握人类社会及其历史发展，揭示了“全部社会生活在本质上是实践的”①，“整个所谓世界历史不外是人通过人的劳动而诞生的过程”②，强调“环境的改变和人的活动或自我改变的一致，只能被看作是并合理地理解为革命的实践”③，指出“从前的一切唯物主义（包括费尔巴哈的唯物主义）的主要缺点是：对对象、现实、感性，只是从客体的或者直观的形式去理解，而不是把它们当做感性的人的活动，当做实践去理解，不是从主体方面去理解”④，“哲学家们只是用不同的方式解释世界，而问题在于改变世界”⑤。对自身理论的功能，马克思主义经典作家一再强调他们的学说不是教条，而是行动的指南。

从中国社会实践的主题和要求来看，一个社会在历史过程的不同阶段中的社会实践主题、任务的产生，归根结底是由它在这一阶段的经济、政治、文化等因素在历史与现实的交汇、内在环境和外在环境的交互作用中形成的错综复杂的客观情势所决定的。但是，能否、如何从这种复杂的关系和情势中并根据时代发展的要求来把握这一主题、任务，提出解决的方向、方法和手段，则取决于这一社会理性力量的自觉、成熟的程度。中国社会救亡和革命实践主题的形成，源于近代开始的内外交困的客观情势。但是，能够站在时代的高度上科学地分析认识中国社会，自觉地把握这一主题、任务并提出解决的方向、方法、手段从而达到理性的自觉，是中国的先进分子对马克思主义的选择和应用，产生了马克思主义与这一实践相结合的理论成果——毛泽东思想。同样，中国社会改革与发展实践主题、任务的产生，源于“文革”后的客观情势和时代发展的要求。但科学地把

① 《马克思恩格斯选集》第1卷，人民出版社，2012，第135页。
② 《马克思恩格斯文集》第1卷，人民出版社，2009，第196页。
③ 《马克思恩格斯选集》第1卷，人民出版社，2012，第134页。
④ 《马克思恩格斯选集》第1卷，人民出版社，2012，第133页。
⑤ 《马克思恩格斯选集》第1卷，人民出版社，2012，第140页。

握这种客观情势和要求，自觉地把握这一主题、任务并为完成这一任务提供正确的方向、方法、手段的是马克思主义在当代中国的理论成果——邓小平理论。可见，马克思主义与中国社会实践之间内在含置着这样的关系：一方面，中国社会实践的主题、任务和要求是马克思主义能够与之相结合发生视界融合的前提和基础。诚然，马克思主义具有实践的本性，是无产阶级认识世界和改造世界的思想武器，这是它之所以能够与中国社会实践相结合的理论自身的条件。但理论本身并不具有直接现实性的品格，批判的武器不能代替武器的批判，思想力量的实现必须找到实现这种思想力量的历史主体和历史实践。马克思主义作为一种理论形态必然要在与现实的实践形态结合过程中才能实现自身。诚如马克思所说的，理论在一个国家实现的程度，取决于理论满足这个国家的程度。① 离开了中国社会实践主题和任务的需要，离开了这一前提和基础，就无从说明马克思主义何以中国化，中国化既无可能，也无必要。历史实践的主题和任务的需要决定了中国人为什么选择马克思主义，以及从什么角度、在什么层面内容上来理解、选择和应用马克思主义。另一方面，马克思主义所内蕴的价值理想、科学力量、批判精神和实践本性又切合这种需要。这种“切合”表现在以下几个方面。第一，马克思主义的世界观、历史观、价值观为中国社会实践提供了一个正确的方向和价值理想，它解决了近代开始的中国先进分子在黑暗和苦难中苦苦寻觅、彷徨迷茫而又无法解决的“中国往何处去”这一根本问题，此后的中国共产党所代表的中国人民就是沿着马克思主义指引的方向前进的。第二，马克思主义的唯物史观、剩余价值学说、科学社会主义理论的科学力量和批判精神，既使中国先进分子和中国人民获得批判和超越资本主义、救国救民、改造中国社会、建立理想社会的理论力量，又使他们掌握了实现这一历史实践任务的现实手段和革命途径，同时也使他们自觉地意识到历史创造者的使命感和责任感。所有的这一切，都大大地改变了中国社会实践主体的“精神面貌”。

如上所述，一方面，中国社会实践的需要是马克思主义中国化的前提和基础，另一方面，马克思主义为中国社会实践提供了目的、方向和道路、方法的理论指导，这两个方面的统一，使马克思主义的实践本性与中

① 《马克思恩格斯选集》第1卷，人民出版社，2012，第11页。

国社会实践之间打开了通道，马克思主义对中国社会实践的理论诠释和中国社会实践对马克思主义的实践诠释之间发生了视界融合，构成了马克思主义与中国社会实践之间相结合的互动关系。

马克思主义中国化的历史与这一逻辑是一致的。马克思主义中国化所关注的不是在中国构建某种学术理论体系，而是马克思主义在中国革命和建设实践中的运用。这正如李泽厚所分析的："马克思主义在中国，一开始便是作为指导当前行动的直接指南而被接受、理解和运用的。马克思主义在中国的第一天所展现的便是这种革命实践性格。"① 对中国早期的马克思主义者来说，接受、传播、运用马克思主义不是一种学术上的兴趣，不存在学理上的分辨与争论，而是基于救国救民的"急务"，注重于马克思主义的价值理性、工具理性、实践理性的功能。而"马克思列宁主义的实践性格非常符合中国人民救国救民的需要"②，并且马克思主义这种实践的功能通过俄国十月革命给中国人提供了最为现实的蓝本和佐证。因此，正是马克思主义这种实践本性与中国社会实践急切需要的契合，决定了马克思主义与中国社会实践的"视界融合"主要发生在马克思主义的唯物史观与中国社会两个历史时期的实践主题——救亡与革命和改革与发展主题之间。因为唯物史观关于社会历史发展规律，社会形态由低级到高级的发展，社会历史发展的动力、主体、道路以及建立其上的阶级斗争理论等最具实践本性，也最适合中国社会实践的需要。这就不难理解中国早期的马克思主义者选择、引进、介绍、传播和运用马克思主义的主要内容是马克思主义的唯物史观和阶级斗争理论，如李大钊、陈独秀等人接受、宣传的马克思主义主要是唯物史观尤其是其中的阶级斗争理论。此后，用唯物史观来改造中国社会便成为中国共产党人在革命和建设实践中最基本的理论基础和指导思想。如在中国革命的实践中，毛泽东对马克思主义阶级斗争理论的实践诠释、运用，在改革、发展的实践中，邓小平对唯物史观的生产力和生产关系、经济基础和上层建筑矛盾运动理论的当代实践的创造性诠释、运用和发展。

① 李泽厚：《中国现代思想史论》，安徽文艺出版社，1994，第147页。
② 李泽厚：《中国现代思想史论》，安徽文艺出版社，1994，第153页。

（三）马克思主义与中国文化传统和马克思主义与中国社会实践这两种关系之间的内在关系

马克思主义中国化的本质内容是马克思主义与中国实际之间的关系，这种关系在马克思主义与中国文化传统和马克思主义与中国社会实践这两个维度上展开。马克思主义既深入中国文化传统（包括民族文化心态）层面，与文化传统的"成见"发生"视界融合"，一方面得到了文化传统的认同，获得中国化的民族形式和风格，另一方面改造提升了传统文化，促使其向新民主主义文化→社会主义文化的方向发展；又深入中国社会实践（包括救亡与革命和改革与发展这两个不同时期的实践）层面，与实践的主题、任务、特点、条件、要求等"成见"发生"视界融合"，一方面赋予中国社会实践以社会主义、共产主义的价值理想的性质、内容，为这种实践提供目标、方向和道路、方法而成为实践的指南，另一方面也在这种现实的、历史的、变化发展的实践选择、诠释中得到检验、修正、补充、丰富和发展。这两个层面的关系就决定了马克思主义中国化具有传统与现实、表层与深层、文化心态与价值理性等多重、多因素复合的复杂性的特点，同时，这两个层面的关系涵藏着马克思主义中国化过程的成功与失误的发生学密码。

中国实际的这两个维度并不是互不相关的，中国文化传统是历史的积淀和流转，是"历史的实际"。中国社会实践是当下的、活动着的"现实的实际"。现实的实际是历史的实际的递嬗、演变、流转、积淀的结果，它蕴涵着历史的实际过程的丰富性，它们之间是同一个历史过程的传递与超越、承继与发展的关系。不了解历史的传统的实际，就不可能真正懂得当下的、现实的实际；不对现实的实际进行全面深入的了解，也同样不能真正懂得历史的实际以及它对现实的作用和影响。因此，我们既必须分辨中国实际的两个维度，具体分析马克思主义与它们的关系，进而把握马克思主义中国化成功与失误的问题所在，以防止对中国实际的简单的、笼统的理解。同时，又必须看到中国实际这两个维度的内在关联，历史的、传统的视界与现实的实践的视界之间的"视界融合"，构成中国实际的基本的"视界"或"基本平台"，与马克思主义发生"视界融合"，马克思主义中国化过程的理论和实践成果正是在这样的"视界融合"中形成和实现的。而且，如上所述，中国实际的视界是一个历史与现实之间对立统一、相互连接转换的、开放的、运动着的视界，我们正是在历史传统与现实实践的开放的、运动发展的视界中来选择、理解、运用马克思主义和接受马克思主义的改造与指导的，这也就使得马克思主义中国化呈现为一个不断发展的、与时俱进的过程。

当然，在中国实际视界中，现实的实践决定着对历史传统的东西的取舍与态度，文化历史传统的长河如果不注入时代的新鲜活水，就会变成一条死河。因此，在马克思主义与中国实际关系的统一的二维构架中，马克思主义与中国社会实践的关系是决定性、主导性、能动性的一维，由此决定了马克思主义中国化的创新性和与时俱进的生机活力。如毛泽东思想内在地蕴涵马克思主义与中国文化传统、中国革命实践之间的视界融合的关系，它的内容和形式无不打上中国文化传统深深的烙印，但毛泽东思想最本质的关系和内容是马克思主义与中国革命实践的关系，针对的是中国社会救亡与革命这一“中国往何处去”的实践主题。一切历史的、传统的东西只能在服务于这一主题的“古为今用”的意义上来理解、来取舍。

结　语

马克思主义中国化既是人类文明史上两种不同文化的融合而产生的思想理论成果，又是影响并决定着 20 世纪和 21 世纪中国社会变革与发展历史进程和走向的社会历史实践活动。从文化哲学的意义上说，它从根本上突破、解构了近代开始的“中体西用”和“全盘西化”的文化模式，在马克思主义与中国实际的视界融合中，在体用统一、即体即用的意义上实现了由传统的“体用”二分的文化模式向马克思主义中国化的文化—价值模式的转换和跃迁。

从解释学的角度看，这意味着“体用”二分的解释框架已被解构，传统的儒家宗法伦理的解释和评价的文化价值体系被马克思主义的世界观、历史观、价值观所代替，即“用唯物主义历史观来认识和改造中国社会”。然如严复所言，这种文化模式的转换，也并非“尽去吾国之旧，以谋西人之新”，而是“必将阔视远想，统新故而视其通，苞中外而计其全，而后得之”，是“择其所善者而存之”[1]。但不再是在“体”的意义上“存之”，而是在中国革命与建设实践基础上，在与马克思主义的视界融合中而“择之”“存之”，进而成为中国化马克思主义的有机因子。行文至此，对马克思主义与中国实际的视界融合所实现的马克思主义中国化的文化价值模式试做如下诠释：它是一个以马克思主义的世界观、历史观、价值观为指导的，以中国社会变革与发展的实践为基础的，以中国传统文化价值心理认同为条件和民族语言风格为形式的，马克思主义与中国社会实践、与中国文化传统中优秀因子之间视界融合、综合创新而形成的开放的、不断发展的文化价值体系。

（本文原载于《东南学术》2003 年第 1 期）

① 严复：《与外交报主人书》，载王栻主编《严复集》第一册，中华书局，1986，第 123 页。

马克思主义中国化研究的方法论与问题域

本文试图寻找一个马克思主义中国化研究的新的切入点，以跳出正在不断复制的马克思主义中国化研究套路，拓展出新的可能的研究路向。这种新的切入点就是把马克思主义中国化研究的方法论和问题域结合起来，以问题为中心，以方法论为视界，从这些视界中引出相关的问题构成马克思主义中国化研究的问题域。这种研究思路就主要不是重构式地注目于历史与经验，而是建构性地聚焦于问题与方法。

从方法论上看，有如下几组相对应的关系，构成马克思主义中国化研究的视界和分析框架，可以从中引出相关的研究问题。

（1）关系、过程和形态。马克思主义中国化蕴涵着中国社会20世纪以来变革与发展历程的丰富而又深刻的实践与文化历史内涵。这一内涵的实质是马克思主义与中国实际（包括中国国情特点、中国社会实践及其要求、中国社会的文化历史传统等）之间的双向建构的互动关系，关系的生成和展开表现为一个与时俱进的历史过程，过程在不同的历史阶段又凝结、生成为具体的理论和实践的成果形态。“关系”体现了马克思主义中国化实质性的内容，“过程”是这一内容的展开和显现，“形态”则是这一内容展开过程的结晶并赋予内容以具体的形式。可见，马克思主义中国化所体现的“关系”、“过程”和“形态”这三重维度是相互关联、内在统一的。对此进行分辨的目的在于厘清它们之间的这种内在关系，在此基础上获得一种总体性的分析框架。在这种总体性的分析框架中引出的主要问题是：如何把对“关系”的分析、对“过程”的描述和对“形态”的建构结合起来，贯之以创造性的诠释，从而对马克思主义中国化做一种总体性的研究，以观照马克思主义在中国的历史、现实与未来？

（2）历史与逻辑。恩格斯指出："历史从哪里开始，思想进程也应当从哪里开始，而思想进程的进一步发展不过是历史过程在抽象的、理论上前后一贯的形式上的反映。这种反映是经过修正的，然而是按照现实的历史过程本身的规律修正的。"① 对马克思主义中国化所蕴涵的关系、过程和形态做总体性的研究，必须遵循"历史从哪里开始，逻辑也应该从哪里开始"的历史与逻辑统一的原则。马克思主义中国化，是贯穿中国20世纪思想史的一条主线，而思想史是现实的历史过程在人们意识、观念中的反映。马克思主义中国化的思想逻辑进程和20世纪中国社会变革与发展的历史进程是一个相互交融、互动的统一过程。大致来说，民族的独立与解放、社会的改造和进步、改革开放与中国特色社会主义现代化建设可以被理解为近代以降中国社会历史变革与发展依次递进的三重历史主题。中国化的马克思主义既以思想的巨大力量启引和烛照着这三重主题的历史变奏，又在这种历史主题变奏所形成、所提出的实践和理论的问题域中得到运用、补充、修正、丰富、发展，呈现出一个与时俱进的历史过程。这种思想史逻辑与现实历史逻辑氤氲化育的互动进程所引出的相关问题及其解决的思路是：我们必须在20世纪以来宏大的时代历史背景中来把握马克思主义中国化的形成和发展，把马克思主义中国化置于"历史向世界史转变"、中国社会变革和发展的历史主题的切换和社会实践的需要的历史过程中来考察它的逻辑进程，来把握这一进程在不同历史阶段的不同特点和表现形态，来把握这一进程的历史必然性、历史特殊性和发展的规律性。

（3）部分与整体。中国化的马克思主义是作为整体的马克思主义理论出现的。这个"整体"有两重含义：一是整体的内容，包括马克思主义哲学、政治经济学、科学社会主义，是作为一个内在统一的整体与中国实际相结合；二是整体的系列，包括马克思、恩格斯、列宁、斯大林等的思想，作为一个内在统一的整体与中国实际相结合。从整体的内容来看，如何具体地分析马克思主义哲学、政治经济学、科学社会主义等各部分的"中国化"及其在"中国化"中的特点和作用，以及它们在"中国化"中

① 《马克思恩格斯选集》第2卷，人民出版社，2012，第14页。

的内在关联，并在这种分析的基础上进一步在整体上来把握马克思主义的中国化？从整体的发展系列来看，虽然马克思、恩格斯、列宁、斯大林的思想是作为整体的马克思主义发展的系列，但不能否认他们的具体思想还是有着不同的特点和内容。应该如何具体地分析中国化的马克思主义主要吸取和运用了马克思、恩格斯、列宁、斯大林等人的哪些思想，以及这些思想在中国社会实践中的作用？在前一个整体中，马克思主义哲学作为世界观和方法论，是整个马克思主义的理论基础和思维逻辑，只有掌握了马克思主义的世界观和方法论，才能在革命和建设实践中熟练并成功地运用马克思主义的立场、观点和方法来解决中国的实际问题。“马克思的整个世界观不是教义，而是方法。它提供的不是现成的教条，而是进一步研究的出发点和供这种研究使用的方法。”① 马克思主义中国化以马克思主义哲学中国化为理论基础、为核心内容、为思维方法，这可以从李大钊、陈独秀、瞿秋白、毛泽东、邓小平等的思想中得到印证。近些年马克思主义哲学中国化成为马克思主义中国化研究的重点，也正说明了这一点。与马克思主义理论各个组成部分的内在关联相一致，马克思主义哲学与马克思主义政治经济学理论、科学社会主义理论在中国的运用，是在内在关联、相互促进的整体意义上发挥和体现其功能和价值的，它们都要与中国的具体实践相结合，并发生带有中国特点的变化，“化”出在内容上、形式上具有中国特色的中国化的马克思主义。因此，必须在马克思主义中国化这一整体的框架和视界中来理解和阐释马克思主义的哲学、政治经济学、科学社会主义等学说的中国化，它们之间是内在同一的理论逻辑蕴涵关系，在其理论立场、原则、方法、功能、特点、价值等方面具有内在的一致性，是可以公度、互释的。但目前在马克思主义中国化研究中，把整体和部分、部分和部分之间的关系通过具体的分析并在这种分析的基础上综合起来进行整体性的研究还少有人做。在后一个整体中，经苏联传入的马克思主义即列宁、斯大林思想是马克思主义中国化中的“马克思主义”最主要的来源，在这里有成功的经验也有历史教训。在马克思主义中国化的研究中，应当进一步深入分析马克思主义的“原生形态”“次生形态”“再生形态”的内在关联及其不同特点，通过对马克思主义中国化经验和教训的

① 《马克思恩格斯选集》第4卷，人民出版社，2012，第664页。

检讨和反思，既要分析俄国的马克思主义在马克思主义整体发展过程中的特点、地位和作用，以及之于马克思主义中国化的特点和作用，又要从马克思主义发展的整体过程中去研究马克思主义真理与价值的真切之处和它适合于当代中国社会发展的要义，尤其是研究分析马克思本人的思想要义之于当代社会发展与人的发展的价值和意义，如马克思的人学思想，马克思关于人与自然关系的思想之于当代中国坚持科学发展观和构建社会主义和谐社会的价值和意义。

（4）主观性与客观性。从方法论上看，对马克思主义中国化的研究，解释学提供了一个有效的分析框架。现代解释学不再囿于古典解释学对文本解释的纯客观性追求，认为解释者的“成见”，解释者与文本之间的历史、时间间距并不像古典释义学认为的那样，是一个为达到正确的理解所必须加以克服的障碍，而是在积极的意义上肯定了“成见”的客观存在和它的合法性。首先，成见构成了理解的“前结构”，它是我们进行理解和解释的先决条件。其次，成见是历史的、传统的客观存在，它构成了我们存在的情境和基础。“其实历史并不属于我们，而是我们隶属于历史，早在我们通过自我反思理解我们之前，我们就以某种明显的方式在我们所生活的家庭、社会和国家中理解了我们自己。”[①] 复次，成见不是封闭的、僵固不变的，而是开放的、变化生成的。最后，合理的成见可以产生积极的、创造性的、富有成果的理解。马克思主义中国化意味着是在中国的历史传统、情境、条件等构成的“成见”中对马克思主义的诠释和运用，在诠释和运用中作为理解的主观性条件的“成见”具有客观性和合法性，也正是这种客观存在的理解的主观性条件使马克思主义具有“中国化”的特点并表现为一个“中国化”的过程和“中国化”的形态。在客观逻辑意义上，“中国化”涉及的不是你愿意不愿意、应该不应该的问题，只要是在中国选择和接受马克思主义，其背景条件、文化传统、语言形式、实践基础、成果形态都不可避免地被打上“中国化”的印记。也就是说，马克思主义在中国的“中国化”是客观的、必然的，是一个客观的文化历史现象、活着的实践过程。而试图保持一种“原汁原味”的“非中国化”的马

① 〔德〕伽达默尔：《真理与方法：哲学诠释学的基本特征》上卷，洪汉鼎译，人民出版社，1999，第355页。

克思主义，既无可能，也无意义。当然，对“成见”做客观性、合法性的论证，并非说我们对马克思主义文本的理解、诠释、应用可以主观随意地进行。因为任何解释都是以解释对象的存在为前提的，也就是说，一个认识论、解释学的问题总是以一个本体论的问题为前置的，而且解释也总是以追求解释的真实性、真理性为指向，我们不能唯心主义地理解解释学的命意，必须防止对文本的过度诠释而走向相对主义和主观随意性。对马克思主义的诠释和运用，在承认“成见”的主观性视界的同时，也必然要求解释必须有忠实于马克思主义原典的客观性的解释维度，以防止对马克思主义做“我注六经”式的滥用和误用。可见，马克思主义中国化蕴涵着主观性和客观性之间的解释张力，它一方面要求对马克思主义的理解和运用要达至马克思主义文本的客观真切之处，即要全面、准确、科学地理解把握马克思主义要义和精神实质；另一方面，它又离不开中国实际这样一个解释和运用的主体性视界，必须根据中国社会的文化传统、国情特点和实践要求来理解和运用马克思主义、来丰富发展马克思主义。这种主观性和客观性之间的解释张力，也表现在当前中国学术界对马克思主义研究的理论学术领域的两种倾向上：强调客观性解释维度的表现为“回到马克思”或“走进马克思”的理论学术意向；强调主观性解释维度的则表现为在“中国化”的语境中“走近马克思”、创造性地“丰富发展马克思”的理论学术意向。事实上，在马克思主义文本产生之后的诠释应用中，“成见”既有在积极的、创造性意义上对马克思主义进行诠释和成功的运用，也有在消极的、错误的意义上对马克思主义进行误读误用。我们既有对马克思主义的创造性的富有成效的诠释、运用，并产生了中国化马克思主义的理论成果和实践成果；也有对马克思主义的机械的、僵化的、教条主义的以及以狭隘的传统意识的误读误用而造成的失误和挫折，其教训是应当记取的。在马克思主义思想发展史上，每当把马克思主义当作教条而不能适应实践的变化时，就会有根据实践的变化和要求来重新解读马克思主义的要求，如早期的西方马克思主义代表人物卢卡奇在《历史与阶级意识》中就根据当时西欧国家无产阶级革命特点和形势提出马克思主义的正统是什么的问题，表现出“回到马克思”“重读马克思”的理论意向。不过，问题在于，无论是“回到马克思”还是“重读马克思”，目的都不在于在实证史学或古典解释学意义上“重现马克思”，或者是“我注六经”式地曲解马克思，其主要的价值指向是要回到在历史演进中被遮蔽的马克思主义真精神上，并以此作为马克思主义理论与现实实践相结合的新的起点和接榫处，还应该关注马克思主义的当代性，即马克思主义对当代问题的关注和把握的解释力与话语权，从而使马克思主义在当代焕发出它的生命力。在当代对马克思主义中国化的诠释和研究中，我们不仅要追求马克思主义原典的“精义”，还要析解中国化的“成见”，同时更重要的还在于在当代中国社会实践的基础上，着眼于马克思主义在中国实践中的运用、创新和发展，从而把学术旨趣转换为蕴涵实践和价值诉求在内的理论创新和实践创新。

（5）真理与价值。马克思主义在对“旧世界”批判中发现“新世界”，它的任务不仅在于科学地解释世界，而且在于现实地改变世界，它在对人类社会历史过程客观规律的科学描述和逻辑推演中建构了科学的历史分析模式，在这一模式中描绘了未来社会的理想蓝图，贯穿着人的解放和全面自由发展的价值意蕴，从而实现了真理与价值的内在统一。马克思主义从来不隐瞒自己的阶级属性和价值取向，而是公然申明自己是为无产阶级和人民大众批判旧世界、创造新世界的人类自由解放事业服务的。“实际上，而且对实践的唯物主义者即共产主义者来说，全部问题都在于使现存世界革命化，实际地反对并改变现存的事物。”① 中国的先进分子对马克思主义的理解和应用，使这种真理与价值的统一在中国革命和建设的实践要求中得到了进一步的强化。马克思主义之所以对中国革命和建设的实践有价值，是因为它是真理，而且这种真理已被实践所证实；而马克思主义对于中国人来说之所以是真理，是因为它对中国革命和建设实践有价值，并且这种价值已被实践所证实，真理与价值在这里是一而二、二而一的东西。不过，真理性和价值性毕竟不是两个完全相同的属性，在马克思主义中国化过程中，对马克思主义的价值性诉求和阐释常常替代了对马克思主义真理性的诉求和阐释，也就是说把马克思主义功利化、实用化，从而弱化了对马克思主义真理性的阐释。诸如把马克思主义哲学当作“斗争哲学”，把辩证法庸俗化为社会生活和政治活动中某种投机的“机巧”，等等。这些教训值得我们铭记。现在的问题是，在当代中国，既要保证马克思主义的真理性承诺，又要保证它对当代中国社会改革和发展实践的价

① 《马克思恩格斯选集》第1卷，人民出版社，2012，第155页。

值，这恰恰需要我们在新的时代、新的实践、新的中国实际中加以阐释和证明，从而在新的实践的基础上对马克思主义的真理性和价值性保持一种解释的张力。由于马克思主义的真理性维度和价值性维度在当代受到国际和国内新形势、新实践、新问题的双重挑战，因此，如何在新的时代实践基础上重新理解和证明马克思主义的真理性与价值性的统一，是马克思主义在当代中国化所必须着力探讨和回答的一个重要课题。探讨和回答这样一个课题，有三种历史与逻辑关联的研究进路：一是研究马克思主义文本中的真理性维度和价值性维度以及二者的内在统一问题；二是研究马克思主义在中国的应用即中国化的过程中这种真理性维度和价值性维度及其统一的具体表现；三是在新形势、新实践、新特点、新问题、新任务、新挑战中来重新审视和创造性地诠释马克思主义在当代中国的真理性和价值性及其统一的问题，如对以人为本的科学发展观所蕴涵的真理性与价值性张力的研究等。

（6）“问题”与“主义”。对问题和马克思主义的关系有两种解释。其一，问题是中国的，而回答是马克思主义的，即把中国的问题纳入马克思主义的分析框架中来解释和回答，用马克思主义的立场、观点和方法来分析和解决中国的时代历史问题。在这里，马克思主义超越了时空的域限，成为“放之四海而皆准的真理”，成为解决中国“问题”的指导思想。如毛泽东用马克思主义哲学唯物论、认识论、辩证法和唯物史观的观点来分析中国革命问题，改革开放以来我们在唯物主义历史观的分析框架内（生产力与生产关系、经济基础与上层建筑的矛盾关系）来解释中国社会改革开放与现代化建设问题，等等。其二，问题是马克思主义的，而回答是中国的、时代历史的，即把马克思主义理论文本中存在的、提出的问题放在中国的、时代历史的实践要求、发展趋势中来重新审视并予以回答，马克思主义也要根据时代的发展变化更新自己的问题和提问方式。在这里，马克思主义中国化就有着补充、修正、丰富、创新和发展的问题。如马克思主义的阶级斗争理论、社会形态理论、劳动价值论等都需要在当代中国新的实践中加以重新审视，马克思主义的实践学说、人学理论，马克思对现代资本主义的批判、马克思关于自然生态的思想、马克思关于东方社会发展道路的设想等，要在解决当代中国所面临的问题和实践中进一步深入阐释和发展。在前一种诠释中，要防止以教条主义的态度来对待马克思主义，把马克思主义当作僵化不变的教条来裁剪中国实际问题；在后一种诠释中，要防止以右的态度来对待马克思主义，从而否定马克思主义的真理性。当然，马克思主义的生命力，从根本上说，取决于它把握和解决时代重大问题的程度和水平，马克思说过，每个时代总有属于它自己的问题，而所谓问题，“却是公开的、无所顾忌的、支配一切个人的时代之声。问题是时代的格言，是表现时代自己内心状态的最实际的呼声”①。我们必须改变过去那种从理论、范畴体系着手来证明马克思主义理论体系的科学完备性，并从中引出用来说明中国实际的理论或方法的“从原则出发”的研究方式，代之以“从问题出发”的研究方式，去探索、提出、研究和解决中国的、时代的问题和马克思主义文本的问题，在从当代中国实践的“视界”中观照马克思主义文本中的“问题”和从马克思主义理论的“视界”中来观照当代中国实践的“问题”之间保持一种解释的张力，从而在新的时代实践基础上的“问题”与“主义”的视界融合中创造性地推动马克思主义中国化的发展。

（7）“历史的”与“现实的”。对马克思主义中国化的研究，存在着历史与现实之间的解释间距。一方面，马克思主义文本与中国的文化历史传统之间存在着历史时间间距，与20世纪的中国实际之间存在着历史时间间距，而且，马克思主义中国化也是一个发展的历史过程，也有历史与现实的间距。马克思主义中国化就是在这样的历史时间间距中表现为一个历史与现实的流转嬗递、与时俱进的过程。另一方面，马克思主义文本本身有一个生成和发展的历史过程，如马克思的早期文本与其中后期文本之间、马克思的文本与恩格斯和列宁的文本之间既存在着内在的一致性、继承性，也存在着历史间距。对马克思主义文本中国化的理解、诠释和运用，也存在着我们的文化历史传统的解释视界和现实实践的解释视界之间的历史间距，存在一个历史与现实的视界融合问题，“中国实际”是一个历史与现实之间的对立统一、连接转换、运动开放着的“视界”，这就使得马克思主义中国化既具有中国文化传统的特点，又具有中国现实实践的特点。可见，马克思主义中国化就是在这样的历史时间间距中形成的历史与现实的视界融合、意义生成的过程。在理论文本与现实实践、继承与创

① 《马克思恩格斯全集》第1卷，人民出版社，1995，第204页。

新、坚持与发展的辩证统一中都蕴涵着历史与现实两极之间的解释张力。这就要求我们在对马克思主义中国化的研究中，既要看到马克思主义的历史与现实的发展，又要看到中国实际的历史与现实的流转变化；既要正视历史与现实的间距，又要把马克思主义中国化的历史与现实连接起来，处理好马克思主义理论文本与当代中国现实实践、继承与创新、坚持与发展的关系问题。

（8）“世界的”与“中国的”。首先，马克思主义诞生于资本主义向世界扩张的“历史向世界史转变”的时代，也是在“历史向世界史转变”的过程中来到中国。马克思主义本身既蕴涵着世界历史性意义的普遍性的科学逻辑，又蕴涵着世界历史性意义的普适性价值，因而也就必然具有世界历史性意义的解释力和实践价值。马克思主义从它诞生开始，就已经超越了产生它的那个时代和地域的界限，而成为世界性的思想。它通过与世界不同地域和民族的具体实际相结合，从西方走向东方，从历史走向当代。因此，必须把马克思主义放在19世纪中叶以来马克思主义发展的世界化和民族（地域）化相统一的历史进程中来诠释马克思主义中国化问题，用世界历史的眼光来考量中国人选择马克思主义的外部的世界历史背景和条件与中国社会内部具体实际和变革要求之间的关系问题。其次，内在社会矛盾的激化和西方资本主义世界性扩张的外在挑战，使中国由封闭走向开放，走向世界历史舞台，并在走向世界的过程中选择了马克思主义。梁启超把中国历史分为三个时期：从传说中的黄帝到秦始皇统一六国是“中国之中国”，从秦统一六国到清朝乾隆年间是“亚洲之中国”，清朝乾隆之后是“世界之中国”。对于古老的东方帝国开始走向世界，马克思指出：“英国用大炮强迫中国输入名叫鸦片的麻醉剂。满族王朝的声威一遇到英国的枪炮就扫地以尽，天朝帝国万世长存的迷信破了产，野蛮的、闭关自守的、与文明世界隔绝的状态被打破，开始同外界发生联系。”① 中国之所以选择马克思主义而不是选择西方的其他什么“主义”，既根源于马克思主义自身的真理性、革命性、实践性、世界性的理论品质，又根源于中国自身历史与现实的实际以及走向“世界历史”的客观要求。这就意味着马克思主义在世界历史中走向中国和中国在世界历史中选择了马克思主义之

① 《马克思恩格斯选集》第1卷，人民出版社，2012，第779页。

间存在着“中国的”与“世界的”的解释张力和视界融合。再次，在当代，“历史向世界史转变”已经发展到“全球化”时代，马克思主义在全球化时代面临着新的挑战，马克思主义在当代中国的“中国化”发展进程也面临着中国新的实际和全球化的世界历史的新的挑战，这就要求我们必须在当代全球化的时代背景中来认识、把握马克思主义在当代的命运和走向，并用以观照马克思主义在中国的继承与创新、坚持与发展的问题。同时，也必须通过“中国化”的理论创新和实践创新来回应全球化时代对马克思主义的命运和走向所提出的挑战。最后，马克思主义在它产生之后在世界历史的发展进程中，出现了西方马克思主义和东欧新马克思主义的不同理论学派和表现形式。过去，我们不是把它们当作西方资产阶级思想就是把它们当作修正主义一概加以否定，现在，我们开始认识到马克思主义在不同时期和不同地域的不同语境中可以有不同的诠释和不同的表现形态，开始以比较客观的态度来分析和评价它们，对西方马克思主义的介绍和研究成为近十几年来理论学术界的一个热点。但是，对中国的马克思主义理论和学术研究来说，仅仅在介绍、分析、评价的层面上研究西方马克思主义是不够的，更为重要的是，必须进一步开展中国化马克思主义与西方马克思主义的比较和对话，分析中国化马克思主义与西方马克思主义的不同语境以及在全球化背景中的异同和视界融合问题，从而为马克思主义中国化的理论和学术研究寻找一个新的参照系和新的视界融合的生长点。

概言之，对马克思主义中国化进行研究并把它引向深入，既要析出马克思主义原典的“精义”，又要把握它运用于中国的特点，并根据中国社会变革和发展的实践要求把这种学术研究转接为蕴涵历史实践和价值诉求的理论创新。理论创新要开拓新的问题域，要开拓马克思主义中国化研究新的问题域，上述的视野和方法是必要的。

［本文原载于《福建论坛》（人文社会科学版）2008 年第 12 期，
《新华文摘》2009 年第 5 期全文转载］

中国化马克思主义哲学形态释要

马克思主义哲学中国化是一本打开了的20世纪中国的“精神现象学”，蕴含着20世纪以来中国社会变革与发展的实践和思想历史的基本逻辑。“中国化”已经生成为一种富有中国特色的哲学形态，对此进行形态学的诠释和建构，是从哲学上塑造当代中国“思想自我”的理性自觉。

一　何谓中国化马克思主义哲学形态？

特定哲学的内容和形式的有机统一构成特定的哲学形态。马克思主义哲学在其产生与发展的历史进程中，由欧洲经苏俄再到中国依次呈现出三种不同形态，即马克思哲学的原生形态、次生形态和再生形态。[①] 中国化马克思主义哲学是经由马克思哲学原生形态到列宁、斯大林的苏联马克思主义哲学的次生形态再到中国化的再生形态。从这一再生形态来看，它既是对原生形态、次生形态的继承，又根据中国实际问题及其发展要求而具有自身的特点。在马克思主义哲学中国化近百年的历史进程中，马克思主义哲学在与中国革命、建设和改革实践相结合中不仅形成并发展了中国化马克思主义哲学理论理念形态，为解决中国社会变革转型中的“中国问

① 参见高齐云主编《马克思主义哲学体系的原生、次生、再生形态——论马克思主义哲学体系的形成和发展》，中山大学出版社，1990。

题”提供理论指导，成为中国人把握这一时代“生活世界”变迁的哲学话语，而且在这种结合过程中，改造了中国社会，也改变了中国人的思想观念和思维方式。可以说，马克思主义哲学已经中国化为包括中国社会生活和实践及其主体的价值观念和思维方式的活着的“实践形态”“文化形态”。

在西方哲学史上，黑格尔区分了“理论理念”和“实践理念”这两个概念，并提出了“实践理念”高于“理论理念”的命题。在他看来，理论理念的任务是接受存在的世界，使真实有效的客观性作为思想的内容；而实践理念的任务则在于扬弃客观世界的片面性，按照主观的内在本性去规定并改造客观世界的事物和现象。黑格尔这种思想对我们区分哲学的两种形态是富有启发意义的。从哲学形态学上看，有两种哲学：一种是哲学家以哲学的思辨范畴、命题、原理，根据其内在理论逻辑理性地建构起来的哲学思想体系，或就哲学某一概念、命题、方法、逻辑等问题进行学术上的研究，这主要是以哲学研究为专业的哲学家的哲学，它包括具有思想体系的哲学学说和教科书形态的哲学、哲学学术论文和专著等，可将之理解为“理论理念”形态的哲学；另一种是用于指导社会生活和实践的哲学，这种哲学主张运用哲学思想观念、立场、观点和方法解决现实问题，它虽然没有系统的哲学范畴和理论体系、专门的哲学思辨和术语的逻辑演绎，但其中深深地蕴含着哲学的智慧、思想和方法，这主要是社会活动家、实践家、政治家的哲学，它包括实践家们在指导社会生活和实践过程中，分析、回答和解决现实问题而形成的思想、理论、路线、方针、政策、原则、立场、方法中所蕴含的哲学思想和思维方法，以及为了启蒙、号召和动员民众而将这种哲学思想和思维方法做通俗化、大众化的转换，从而形成的大众化形态的哲学等，可将之理解为“实践理念”形态的哲学。有两种形态兼有的“两栖”哲学，不过有的是“理论理念”形态更加显现，有的是“实践理念”形态更为突出，但由于这种哲学是介于二者之间并表现出特定的倾向性，因此这里不把它当作一个独立的哲学形态进行专门论述。

理论理念形态的哲学与实践理念形态的哲学相比较而言，前者的哲学性质是显现的，后者的哲学性质是隐含的；前者是思辨性、学理性的，后者则具有通俗性、大众性的特点；前者通过概念的思辨和逻辑的推论进行学术探讨或体系建构，后者通过对哲学思想和原理做实践的运思而将之提炼转换为用以指导实践的思想路线、思想原则和思想方法；前者诉诸学术权威，后者诉诸政治权威；前者注重哲学本身的理论创新和学术价值，后者注重哲学智慧的实际运用和实践创新。

理论理念形态的哲学与实践理念形态的哲学又是内在关联的。一方面，理论理念为哲学在社会生活和实践中的运用提供了思想基础和学理依据，没有理论理念也就不存在哲学在生活和实践中的运用。哲学思想越深刻，内容越全面丰富，它就越能够全面而又深刻地把握社会生活的本质和社会实践发展的特点、趋势，从而为实践家提供用以指导实践的思维原则和思维方法，形成实践理念形态的哲学。另一方面，实践理念是哲学与生活和实践交互作用的中介环节，哲学对社会生活和实践的干预是间接的，这就如同物理学理论被转换为具体的可操作的“对应规则”来应用和证实一样，学术性的、思辨的、艰深的甚至是晦涩的哲学理论只有转换为清楚明白的、通俗易懂的、能够被人们所理解和接受的思想、立场、观点、原则、方法，才能够指导生活和实践、引导社会进步，才能够在实践中得到证实和证伪。同时，作为直接对社会生活和实践产生作用的实践理念形态的哲学，把生活和实践中出现的矛盾和提出的问题置于哲学思维的层面上来认识、把握和解决，这又为哲学的理论研究提供了丰富的内容和“问题意识”，从而推动了哲学理论理念研究的进一步发展。

马克思、恩格斯、列宁等经典作家具有作为哲学家的理论和精神品质，进行过深刻的哲学思考和研究，写下了具有哲学理论思维特点的马克思主义哲学经典著作，形成了马克思主义哲学的理论范畴和原理体系。同时，马克思、恩格斯，尤其是列宁，更为主要的是作为政治理论家、革命实践家具有批判的实践的精神品质，他们不是为了学术而学术地在哲学思辨的王国里作纯学术、纯思辨的研究，而是把哲学思考和研究指向实践，指向对现存世界的批判。他们所关注的是如何使他们所创立的哲学理论为群众所掌握，变成一种改造世界的强大的物质力量。马克思说：“哲学家们只是用不同的方式解释世界，问题在于改变世界。”① 列宁把马克思主义哲学称作工人阶级的“伟大认识工具”，毛泽东号召要把哲学从书斋里解放出来，他们强调的都是哲学的实践功能。批判的实践性是马克思主义哲学的本性，这不仅表现为实践作为马克思主义哲学的一个核心范畴贯穿马

① 《马克思恩格斯选集》第1卷，人民出版社，2012，第136页。

克思主义哲学体系，而且表现为马克思主义哲学把改变世界的实践作为其哲学的根本功能和目的。因此，在马克思主义哲学经典作家那里，哲学既具有哲学家的哲学经典理论文本形态，但更主要的是作为实践家、政治家、革命家的实践理念形态的哲学而发挥其功能和作用。

中国化马克思主义哲学，既具有理论理念形态，又具有实践理念形态，且后者表现更为突出，作用更为重要，是中国化马克思主义哲学的主要形态。这种形态又以主导性的意识形态呈现出来，并由于政治动员的需要而衍生出哲学大众化形态（大众形态依附从属于政治意识形态）。理论理念形态的理论成果包括李达的《社会学大纲》、艾思奇的《辩证唯物主义 历史唯物主义》等，实践理念形态的理论成果包括毛泽东哲学思想、邓小平哲学思想、艾思奇的《大众哲学》、李瑞环的《学哲学 用哲学》等。

二　中国化马克思主义哲学形态的具体表现

中国化马克思主义哲学的实践理念形态，是以解决中国社会变革与发展的实践问题为旨趣和目的，把马克思主义哲学运用于指导中国社会实践，运用马克思主义哲学的立场、观点和方法分析和解决中国问题而形成的中国化马克思主义哲学形态。它体现了马克思主义哲学“改变世界”的实践理性精神和本性。它主要是实践家、革命家、政治家的哲学，包括他们运用马克思主义哲学分析、回答和解决现实实践问题过程中形成的思想、理论、路线、纲领、方针、政策、原则、立场、方法中所蕴含的理论与实践相结合的哲学思想和思维方法，以及为启蒙、号召和动员民众将马克思主义哲学思想和思维方法做通俗化、大众化的转换而形成的大众化形态的哲学，等等。

毛泽东哲学思想具有哲学理论理念形态的特征，但从根本上看，它是中国化马克思主义哲学实践理念形态的典范。“毛泽东哲学思想是作为科学理论的毛泽东思想的重要组成部分，是马列主义普遍真理和中国革命具体实践相结合的经验的哲学总结和概括。它对马列主义普遍原理和中国革命具体实践相结合的必要性作了哲学论证；对违背马列主义和中国革命实践相结合原则的主观主义、特别是教条主义倾向作了哲学的分析和批判；

对如何把马列主义普遍原理和中国革命具体实践结合起来，从哲学上教给我们以方法。它是在马列主义和中国革命实践相结合的过程中形成的中国共产党人的思想路线和思想方法、工作路线和工作方法的哲学。”① 毛泽东的《实践论》《矛盾论》《关于正确处理人民内部矛盾的问题》等著作，具有作为中国化马克思主义哲学经典文本形态之特征，对马克思主义哲学有着重大的理论贡献。在本体论上，毛泽东哲学思想既赋予“实事求是”这一古老的朴素的中国传统哲学思想术语以辩证唯物论的思想内容，又赋予辩证唯物论以东方式的思想智慧和诠释方式；在认识论上，它以实践观为基础，以实践与认识的辩证关系为构架，以辩证的、能动的、革命的反映论为基本特征，建构起辩证唯物主义认识论理论体系，使马克思主义哲学认识论系统化；在辩证法上，它以对立统一规律为核心，通过对矛盾特殊性的全面而又深入的分析，建构起唯物辩证法的矛盾学说体系，丰富了马克思主义哲学的矛盾理论；在历史观上，关于社会基本矛盾理论和对社会主义社会两类不同性质矛盾的概括和分析是其对马克思主义哲学社会历史观的突出的理论贡献。不过，毛泽东哲学思想最主要的还是以实践理念形态来呈现的。它体现了中国传统哲学“道不离器”“体不离用”的“体用不二”的思想风格，强调世界观和方法论的统一、理论和实践的统一，但重心在实践和方法论上，把马克思主义哲学世界观转化为实践中的思想方法、工作方法和领导方法。“体用不二”的传统精神与实践家、革命家的思想性格的结合，辐辏出毛泽东哲学的实践哲学、方法论哲学、应用哲学的风格和色彩。首先，毛泽东不是在纯学理的意义上为了创立某种思辨的哲学体系或进行哲学学术上的探讨、争论而研究哲学，而是以革命家、政治家、军事家、实践家的身份，为了把马克思主义世界观和历史观、认识论和方法论运用于分析和解决中国革命实践问题而进行哲学创造活动。其次，把马克思主义哲学普遍原理与中国革命的实际结合起来，把马克思主义哲学原理转化为用以指导实践的思想路线、思想原则、思想方法、领导方法和工作方法，是毛泽东对马克思主义哲学及其中国化最富有创造性的贡献，也是毛泽东哲学思想最突出的特色之所在。同时，正是这种哲学

① 中国毛泽东哲学思想研究会筹备组常设小组编《全国毛泽东哲学思想讨论会论文选》，广西人民出版社，1982，第 54 页。

的实践功能目的之指向，号召把哲学从书斋中解放出来，重视马克思主义哲学在大众中的普及，使之成为人民群众认识和改造世界的思想武器。运用中国化的、通俗易懂的、为人民群众所喜闻乐见的语言来阐发深奥的哲学道理，推动马克思主义哲学的通俗化和大众化，是毛泽东哲学思想及其哲学活动的一个重要特点。毛泽东哲学把马克思主义哲学与中国传统哲学精神之根联结起来，赋予马克思主义哲学一种东方式的智慧和价值理想、一种为中国人喜闻乐见的“中国作风和中国气派”的民族文化形式，使马克思主义哲学在古老的东方文化土壤中找到它的新的生长点。

改革开放开创了建设中国特色社会主义的新时代，马克思主义哲学在这一时期充当了思想解放的启蒙者角色，中国化马克思主义也在哲学与实践的互动中形成了新成果。这种新成果首先体现为邓小平在改革开放和社会主义现代化建设实践中对马克思主义哲学世界观、历史观和方法论的运用而产生的马克思主义哲学中国化的新的实践理念形态——邓小平哲学思想。邓小平哲学思想不是以系统的哲学理论和逻辑体系形态出现的，而是以方法论形态即以实践理念形态出现的“应用哲学”。如他所倡导的解放思想、实事求是的思想路线，是唯物主义基本原则在当代中国社会实践中的运用和体现；他所坚持的实践标准是马克思主义哲学的实践观和实践本性在当代中国社会实践中的运用和体现；他所提出的“一个中心、两个基本点”的基本路线和“三个有利于标准”，是马克思主义唯物史观在当代中国社会实践中的运用和体现。从哲学作为实践智慧和时代精神之精华的本性来看，邓小平质朴的哲学思想和话语既体现了马克思哲学的实践品格，又把握住了时代发展的大势。

对于中国共产党人来说，要使马克思主义哲学被人民大众所掌握，变成改造中国社会的精神力量，就必须把抽象的哲学原理、范畴转化成能够被人民大众所把握和接受的、通俗易懂的、大众化的语言形式和日常生活的经验、道理和常识，即马克思主义哲学在中国的大众化。在这一大众化过程中形成的哲学成果即中国化马克思主义哲学大众化形态。这种大众化形态，其主要功能在于使马克思主义哲学能够在群众实践中得到普及和运用，是中国化马克思主义哲学实践理念形态的一种形式。马克思主义哲学在中国的大众化、通俗化主要有两次高潮，一是 20 世纪 30 年代中期的“新哲学”的大众化、通俗化运动，其标志性的成果是艾思奇的《大众哲学》；二是新中国成立初期马克思主义哲学的普及化和 1958 年开始直至“文革”才结束的工农兵学哲学、用哲学的热潮。《大众哲学》把马克思主义哲学与社会生活紧密联系起来，运用富有民族特色的大众化、通俗化、日常生活化的形象生动的语言形式，把抽象的哲学原理和范畴寓于群众所熟悉的典故事例、所关心的社会问题以及日常生活和实践经验的常识与道理的分析之中，深入浅出地阐述了马克思主义哲学的基本原理，引导人们学会用马克思主义哲学的世界观和方法论去观察、分析、解决生活、实践中的问题，使哲学真正回归生活世界，成为人民群众所喜闻乐见的、通俗易懂的生活哲学、大众哲学。《大众哲学》是马克思主义哲学中国化过程中第一本真正面向大众的哲学著作，也是马克思主义哲学在中国大众化过程中最有代表性、最为成功的大众化形态的哲学著作之一，对马克思主义哲学在中国的传播和普及起了不可替代的作用。不过，马克思主义哲学大众化也存在一种把马克思主义哲学庸俗化的倾向。在极左路线肆行的年代里，大众化也常常运演成形式主义、庸俗化和政治实用主义的闹剧。

在马克思主义哲学中国化过程中，除了实践理念形态外，中国学者还对马克思主义哲学进行学理上的研究，其理论成果即中国化马克思主义哲学的理论理念形态，是中国化马克思主义哲学不可或缺的组成部分。这种理论理念形态，是中国马克思主义哲学学者运用哲学研究的规范和方法，结合中国实际对马克思主义哲学进行学理性的研究、诠释和探讨的成果。它以其对马克思主义哲学的规范、系统的研究阐述为中国人提供了全面理解和把握马克思主义哲学的理论文本和学科体系等理论基础；以其对马克思主义哲学的范畴、命题、原理、规律深入的学术研究、探索深化拓展了马克思主义哲学中国化的问题域；以其把中国实践和中国问题提到马克思主义哲学层面上来研究和探讨进一步推进了马克思主义哲学在中国的理论创新。这主要是以哲学研究为专业的学者的哲学，它包括马克思主义哲学学说体系和专题研究、教科书形态的马克思主义哲学等。

以马克思主义哲学的原理、规律、范畴按照其内在的逻辑建构起来的完整的、系统的、规范的理论体系，作为马克思主义哲学教科书，是中国化马克思主义哲学理论理念形态的一个重要表现形式。20 世纪 30 年代，苏联的以斯大林《苏联共产党（布）历史简明教程》第 4 章第 2 节为蓝本创建的第一个教科书形态的马克思主义哲学体系，在相当长的时期内成为中国人学习掌握马克思主义哲学的范本。教科书形态的马克思主义哲学对中国人认识和理解马克思主义哲学产生了广泛而又深刻的影响，尤其是李达的《社会学大纲》和艾思奇的《辩证唯物主义 历史唯物主义》，成为中国人系统地学习和把握马克思主义哲学的范本，是马克思主义哲学中国化的教科书形态的代表作。李达20世纪30年代撰写出版的《社会学大纲》，因对马克思主义哲学完整而又准确的把握和阐述，被毛泽东称为“中国人自己写的第一部马列主义的哲学教科书”。艾思奇的《辩证唯物主义 历史唯物主义》，从20世纪60年代初至今，影响着我们对马克思主义哲学的基本认知，其内容体系、原理范畴被当作马克思主义哲学的统一的、规范的知识和范式，成为马克思主义哲学的基本常识，被内化为我们的思维定式和哲学无意识。该书作为全国统一的马克思主义哲学教科书，与以它为基础、为蓝本的各种马克思主义哲学教科书，一方面与中国化马克思主义哲学的实践理念形态相联系，成为中国社会占主导地位的哲学意识形态和实践观念，成为中国共产党的路线、方针、政策的哲学依据和方法论原则；另一方面，它又与马克思主义哲学的学术研究相联系，中国的马克思主义哲学学术研究和争论基本上是以这一教科书的内容体系、原理范畴为内容和边界的。由此可见它在马克思主义哲学中国化过程中的影响之深广。

中国化马克思主义哲学的实践理念形态与理论理念形态从根本上说是相互支持、相互影响、相得益彰、统一互动的关系。实践理念形态需要理论理念形态提供理论根据和支撑，提供哲学学理和逻辑的论证，使其具有合理性，理论理念形态是实践理念形态的思想源地，为实践理念形态提供丰富的哲学思想资源。理论理念形态一方面需要实践理念形态的中介以实现其理论功能和价值，从中获得发展的动力，并通过这一中介的作用得到实践的检验和证明；另一方面则从实践理念形态中确立起把握中国社会现实重大问题的“问题意识”，获得新的研究内容和课题，从而使马克思主义哲学的理论研究充满生机活力。例如，李达、艾思奇等人对马克思主义哲学的研究和阐述就对毛泽东撰写《矛盾论》《实践论》等哲学著作产生了十分重要的影响，而毛泽东的《矛盾论》《实践论》等哲学思想又给中国马克思主义哲学学术研究提供了新的研究课题和领域。

不过，中国化马克思主义哲学的实践理念形态和理论理念形态在表现形式和作用方式等方面还是有其不同的特点。第一，理论理念形态更为注重也更为突出地表现出马克思主义哲学的理论——逻辑理性的特点和功能；实践理念形态则更为注重也更为突出地表现出实践——工具（方法）理性的特点和功能。第二，理论理念形态主要是通过概念的思辨和逻辑的推衍对马克思主义哲学理论本身或重大的现实问题进行学术、学理的探讨，注重马克思主义哲学本身的理论创新和学术价值；实践理念形态则主要通过对马克思主义哲学原理和精神做实践的运思而将之提炼转换为用以指导实践的实践意志、思想路线、思想原则和思想方法，注重马克思主义哲学智慧的实际运用和实践创新功能。第三，理论理念形态的哲学性质是显性的，具有学理性、逻辑性、反思性的特点；实践理念形态的哲学性质是隐性的，具有实践性、通俗性、大众性的特点。第四，理论理念形态更多的是哲学学者、理论家们所进行的哲学的学术研究和理论建构，着眼于马克思主义哲学理论的学理性、合理性、规范性、创新性诉求，要坚持和贯彻学术民主和学术自由的原则，诉诸理论家的学术权威；实践理念形态更多的是满足实践家、革命家、政治家们政治动员和社会实践的需要，着眼于马克思主义哲学的革命性、意识形态性和指导实践功效性的价值诉求，要坚持和贯彻的是马克思主义哲学的意识形态权威性、合法性、统一性、原则性，诉诸政治家的政治权威。

中国化马克思主义哲学理论理念与实践理念形态既相互联系又相互区别，构成了中国化马克思主义哲学两种互补互动的形态。我们既不能用实践理念形态的政治实践与方法的标准和要求来代替或宰制理论理念形态，也不能用理论理念形态的学理标准和学术自由的原则以及哲学思辨来评判和取代实践理念形态的实践意志和要求。同时，也不能把二者割裂甚至对立起来，而应该在这两种形态之间保持一种互动的张力。

三　中国化马克思主义哲学当代形态的建构

中国化马克思主义哲学不是一个完成了的形态，而是处在历史性建构的过程。中国化的马克思主义哲学始终是随着时代的发展而发展的形态，具有与时俱进的理论品质。恩格斯指出：“每一个时代的理论思维，包括我们这个时代的理论思维，都是一种历史的产物，它在不同的时代具有完全不同的形式，同时具有完全不同的内容。”① 建构中国化马克思主义哲学新形态既是当代中国社会主义现代化实践发展的理性诉求，又是马克思主义哲学中国化自身理论逻辑使然，同时，也是塑造21世纪中华民族的“思想自我”的需要。把握时代发展特点和趋势，立足当代中国实际，以一种新的理论姿态建构中国特色、中国风格、中国气派的马克思主义哲学，成为当代中国马克思主义哲学研究的一个重要课题。马克思主义哲学在当代中国理论创新的“中国语境”和“中国问题”正在生成，而马克思主义哲学在中国实践中所取得的成果以及中国马克思主义哲学研究的不断深入、研究主体水平的不断提升，也使得我们有着充分的学术自觉和学术自信把中国化马克思主义哲学放置在“中国语境”“中国道路”“中国经验”“中国问题”中来加以诠释和建构，使“中国化”获得了当代哲学的话语权。我们要从时代与中国大背景来考量中国化马克思主义哲学当代形态建构。

第一，全球化和信息化时代，新技术革命和经济社会的变革与发展，改变了人与自然、人与社会、人与自身的关系，改变了人类生产方式、生活方式、交往方式和思维方式，呈现出一个全新的“世界图景”和人的“生存图景”，为建构马克思主义哲学中国化的当代形态提供了新的经验材料和时代课题。诸如“老三论”和“新三论”对传统哲学认识论发起新的挑战，以人工智能、生物技术、数字化、虚拟化、符号化等为特征的信息网络技术所引发的人类实践和生存方式的变化对哲学存在论提出新的课题，知识经济、生态危机等对人类发展前景的作用需要唯物史观做出新的总结和回应。马克思主义哲学要在理性思维高度上总结和反思时代发展的新现象、新问题，把握时代的脉搏，回应时代发展的要求和挑战，昭示和引导时代前进的方向，从而真正成为时代精神的精华。

第二，当代中国社会实践创新为中国化马克思主义哲学当代形态的建构提供了坚实的实践基础。中国化马克思主义哲学形态的建构与中国社会变革发展过程的实践主题变换密切相关。新民主主义革命实践主题及其客观需要，决定了中国化马克思主义哲学关注的是马克思主义理论中的唯物史观、阶级斗争与革命等理论，决定了主观与客观、知与行、理论与实践、共性与个性的关系等关涉思想路线和思想方法的认识论和方法论问

① 《马克思恩格斯选集》第3卷，人民出版社，2012，第873页。

题，以及如何使这种哲学思想与方法成为中国共产党人和人民大众认识、分析、解决中国革命问题的思想方法，成为中国马克思主义者所关注的主要哲学问题。由此而形成了体现这一时期实践主题和特点的中国化马克思主义哲学的实践理念形态——毛泽东哲学思想。改革开放和社会转型时期实践主题及其客观需要，决定了中国化马克思主义哲学所关注的是马克思主义哲学中的实践本性和批判变革的精神，决定了真理标准问题、思想路线问题、现代化问题、改革与社会发展问题成为中国马克思主义者所关注的主要哲学问题。由此形成了体现这一时期实践主题和特点的中国化马克思主义哲学的实践理念形态——邓小平哲学思想。中国特色社会主义进入新的历史时代，习近平从哲学高度上把握人与自然的关系、社会与人的发展的价值理念、中国特色社会主义现代化发展的方向和道路、人类未来的共同命运等问题，为建构当代中国化马克思主义哲学形态和话语提供了新的哲学理念。

第三，在哲学理论和学术研究层面上，从社会实践中重大课题到马克思主义哲学自身的理论问题，从马克思主义哲学一般原理到诸如“经济哲学”“管理哲学”“文化哲学”“价值哲学”“发展哲学”等具体领域哲学，从马克思主义哲学体系研究到问题研究，从国内马克思主义哲学研究到国外马克思主义哲学研究，新时期马克思主义哲学学术研究广度和深度在不断拓展深化。这为建构中国化马克思主义哲学的当代形态提供了理论视野。

第四，中国化马克思主义哲学当代形态建构的一个重要内容是马克思主义哲学体系的重构。从方法论上看，除了坚持唯物主义和辩证法的基本原则和方法外，尤其要注重从哲学作为时代精神的精华去理解的时代性原则，“从主体方面去理解”的主体性原则，从实践去理解的实践性原则，从实践的主客体辩证统一去理解的总体性原则，从哲学对历史和现实的理性反思的本性去理解的反思性原则。在途径方面，首先，要以能够真正体现马克思哲学精神和价值以及超越旧哲学的经典文本作为建构新体系的基本依据；其次，要对传统教科书体系的辩证唯物主义和历史唯物主义原理进行具体的分析取舍，以此作为新形态哲学的基础和起点；再次，借鉴和吸收中国哲学、现代西方哲学和国外马克思主义的合理内容，以拓展马克思主义哲学中国化的研究视域；复次，概括、总结当代自然科学和社会科学发展的成果并作出哲学的提升；最后，在全球化和中国社会现代化的时代背景和现实实践中来反思、提炼这一时代的哲学问题，立足于中国特色社会主义实践过程所生成的问题域，通过对这些问题的哲学反思来建构中国化马克思主义哲学的新形态。

第五，马克思主义哲学中国化的过程，同时就是运用马克思主义哲学解决中国问题的过程。马克思主义哲学中国化发展的生命力，从根本上说，取决于它把握和解决时代和实践的重大问题的能力和水平。马克思指出："任何真正的哲学都是自己时代的精神上的精华"，它"不仅在内部通过自己的内容，而且在外部通过自己的表现，同自己时代的现实世界接触并相互作用"。[①] 在当代中国，马克思主义哲学"同自己时代的现实世界接触并相互作用"的一个最引人注目的理论聚焦点是世界性现代化进程中的中国现代性问题。马克思哲学诞生于现代化的世界历史进程中，是以现代性为背景并通过对资本主义现代化进程中的异化现象、资本等方面的批判而显现出其对现代性的解释力和批判力。而在当代中国，现代性问题已经随着现代化的社会转型如期而至，与西方现代性的悖论、问题、困境有其"家族相似"之处，中国化的现代性建构在给中国社会历史带来巨大进步的同时，也日益显现、暴露出现代性自身的问题、矛盾和困境，遭遇全球性的现代性难题。因此，就像当代西方马克思主义和后马克思主义从现代性批判的意义上来重构马克思主义的批判话语和叙事传统一样，对当代中国现代性问题进行哲学反思成为中国化马克思主义哲学当代形态建构的一个重要论域。

第六，人的问题是马克思主义哲学的价值"中心项"，把马克思哲学的"人学"向度与当代中国社会人的发展结合起来，围绕人在中国社会现代化进程中的生存境遇和实践与交往活动，通过对人与自然、人与社会、人与文化、人与自我这四重生存时空关系在时代背景和实践基础上的反思和重建来建构中国化马克思主义哲学的新形态，是建构中国化马克思主义哲学当代形态的一个重要向度。

（本文原载于"全国马克思主义论坛丛书"第14辑《马克思主义与改革开放40周年》，重庆出版社，2019）

① 《马克思恩格斯全集》第1卷，人民出版社，1995，第220页。

社会转型与转型社会的基本特征

当代中国社会正处于由传统社会向现代社会的转型过程中。处于转型期的社会具有不同于常态社会的特点。对社会转型的分析和对转型社会一般特点的把握有助于我们更加全面深刻地认识发生在当前现实生活中的社会变革与变迁，从而对这一现实历史进程达到一种理性的自觉。

一　何谓社会转型

社会转型（social transformation）的完整表述是社会结构转型，转型的主体是社会结构。社会结构是一个整体性的概念，指的是社会整体的各组成部分之间的相对稳定的、有序的关系网络、功能及其相互作用的方式。作为一种秩序稳定的社会，其系统结构的各个要素被整合为一个有机整体而具有自身的“同一性”（哈贝马斯称之为“社会同一性”“社会一体化”①）。社会转型就是这种具有自身同一性的社会结构向一种新的社会结构的整体性变迁。

社会转型的表现是多层次、多方位的。但在具体的、特定的社会转型中，总是以某种决定性因素或方面的重大转变为标志。如从生产的技术形态角度来看，有游牧和渔猎社会→农业社会→工业社会→信息社会的转

① 参见〔德〕哈贝马斯《交往与社会进化》，张博树译，重庆出版社，1993。

型；从以生产力尤其是标志性的生产工具为特征来看，有石器时代→铁器时代→蒸汽时代→电力时代→电子信息时代的转型；从经济社会形态的角度来看，有原始社会→奴隶社会→封建社会→资本主义社会→社会主义社会和共产主义社会的转型；从人的解放和发展的角度来看，有“人的依赖关系”→“以物的依赖性为基础的人的独立性”→“建立在个人全面发展和他们共同的、社会的生产能力成为从属于他们的社会财富这一基础上的自由个性”① 的转型。还有封闭社会→开放社会→全球化社会的转型，野蛮社会→蒙昧社会→文明社会的转型，传统社会→现代社会→后现代社会的转型，等等。不过，这只是对社会转型做典型和标志性意义上的抽取，不能涵盖社会转型的诸多方面，不能代替对转型时期社会变迁诸方面特征、内容和形式的研究。如转型时期所发生的具体社会制度的变革，社会精神文化、价值观念和社会心理的冲突和嬗变，社会实践方式、思维方式、行为和交往方式的改变，社会利益结构的重组，社会权力的转移，知识和科技的进步和飞跃，等等。社会转型正是通过这些具体内容来实现的，人们也正是通过对这些具体内容的实践和认识来感受和把握社会转型的。

社会结构的转型具有如下基本特征。①整体性。即它不是社会某些局部的变化，而是社会结构系统的整体性变迁，是两种不同社会结构的前后更替，它的表现、影响涉及人和社会生活的方方面面。②社会结构的整体性变迁使社会发展呈现为一种历史性的转折，是历史发展中的一种连续性中断，这种历史性转折或连续性中断使社会历史发展呈现出阶段性特征，是历史发展前后相续的两个阶段之间的过渡、转折和跃迁。③但这种历史性转折和连续性中断并不是对历史、传统的虚无化和绝对的否定，而是历史发展过程中辩证否定的一个环节，它遵循“扬弃”的法则，是历史进程中连续性和非连续性的统一。转型并不意味着传统的、历史的既有价值都失去存在的理由，它更多的是意味着一种新的价值关系的形成和重构。社会历史中累积传承的价值被新的社会结构所整合，找到一种新的功能区位发挥其新的功能。④社会转型所表征的两种社会范型的转换、两个历史阶段的嬗递、跃迁有一个中间的环节、区间，即转型期。转型期是两种社会

① 《马克思恩格斯文集》第 8 卷，人民出版社，2009，第 52 页。

范型或两个历史阶段之间的过渡环节，是一个彼此交叉、渗透、共存的亦此亦彼、此消彼长的过渡期，过渡期本身也是一个过程。⑤处于转型期的社会可称为转型社会。它蕴含着社会结构各要素诸如政治的、经济的、文化的以及各种社会利益群体之间的交互作用的丰富性、多样性和复杂性，蕴含着新与旧、传统与现代、旧同一性与新同一性之间的矛盾性和冲突性，蕴含着社会结构各种因素转型变革的不同速率的落差性、不平衡性和相互制约性以及边界的模糊性，蕴含着新旧转换过程中的“旧辙已破，新轨未立”的无序性、多变性、不确定性和失范性，蕴含着社会系统结构自组织力量对这种无序性和失范性的整合要求。

社会转型的方式并非千篇一律。有的社会转型如同疾风骤雨一般，以革命的、暴力的方式在短时期内促成社会结构的转型。如英国资产阶级革命、法国大革命之于欧洲从封建社会向资本主义社会的转型，中国的辛亥革命推翻了延续两千多年的封建帝制，深刻地改变了中国社会的发展方向。不过，欧洲从封建社会向资本主义社会转型则有着欧洲社会内生的经济与社会因素长期的生长和渐进的过程，革命不过是这一过程中的一道关键的“关卡”“手续”而已。因此，它没有采取激烈方式在短时段内促成社会转型所带来的“后遗症”，即由于转型的条件不充分、不成熟，需要转型社会来协调、磨合、适应和消化而带来的冲突、震荡和不适的效应。而中国的辛亥革命、社会主义革命都有这种需要在新社会内部培养新生因素和消化、适应转型成果的过程，这种过程常常以某种“挫折—代价—补课”的方式来体现。有的社会转型则是通过相对平和的、渐进的、改革或改良的方式，经过较长的时间逐渐地完成。发生在当代中国的社会转型，就是以改革的、渐进的方式来逐步地实现由传统社会向现代社会的转型。

作为社会结构整体性的转变，其内部的各要素、各层次转变的方式和时间也是不同的。有些因素、层面的转型方式较为激烈，时间也较为短暂；有些因素、层面的转型方式则较为和缓，时间也较为久长。如社会制度、体制的转变，利益结构的变化，权力的转移等，转型的方式较为激烈，有时甚至以革命的暴力方式，经历的时间较为短暂；而诸如道德、习俗、信仰、思维和行为方式、精神心态、价值观念等“文化”方面的转型则表现得比较和缓。它不可能在一朝一夕内完成，而要经历一个较长的时期。不过这种文化转型表面上看起来比较和缓，但其影响的深刻性、久远性以及在人们心灵深处所引起的震撼相较于发生在经济、政治层面的转型有过之而无不及。马克斯－舍勒认为，心态（体验结构）的现代转型比历史的社会政治经济制度的转型更为根本。①

二　转型社会的一般特征

社会转型要经历一个或长或短的过渡时期，这一过渡时期就是社会转型期，处于转型期的社会可称为转型社会。转型社会是一个有别于其他社会发展形态的独特社会，它围绕“变”这一基本特点，具有鲜明的转型时代的特征。

（一）社会阶层的分化和利益结构的重组

转型时期的社会，其社会各阶层处于分化与组合过程中。转型时期社会权力和资源（财富）的转移和重新配置，使原社会同一体中社会各阶层的社会地位和社会角色发生了变化，变化了的社会各阶层对社会资源的配置提出了“重新洗牌”的要求。如欧洲由中世纪封建社会向资本主义社会转型过程中，贵族、僧侣、中产阶级、地主、平民（农民和市民）等各阶层在整个社会结构中的地位和角色发生了变化，中产阶级登上历史舞台，贵族、僧侣逐渐失去原有的财产和特权，市民阶层不断壮大，变化了的社会各阶层和成员根据自身在这一变化过程中的地位和作用提出了对社会资源重新配置的要求。

在转型时期，由于各种条件和机遇与社会成员能力和应对之间的耦合，原来一文不名的可能成为“大款”，原来属于社会下层的可能成为上流阶层的一员，反之亦然。当然这种社会地位和社会角色的转换与分化在常态社会中也经常发生，不过在转型社会中表现得更为频繁和突出。

在社会转型时期，随着社会的分化，权力和财富的转移，社会制度和体制的转轨，原有的利益结构被打破，新的利益结构在重组，这种变化重

① 参见〔德〕马克斯·舍勒《资本主义的未来》，罗悌伦等译，生活·读书·新知三联书店，1997，第6～7页。

组的利益结构既是社会转型的一项基本内容，又是社会转型的基础。如西欧从封建社会进入资本主义社会，原有的利益结构瓦解了，代之的是以资本剥削为本质的利益结构。在这种变化了的利益结构中，贵族和僧侣失去了特权，资产阶级占有统治性的资源，农民和手工业者沦为无产者。社会利益结构的分化和重组既是西欧从封建社会向资本主义社会转型的重要内容，又对这一转型起了决定性的作用。资产阶级作为这一利益结构的主导、主角，正是按这一利益结构来引导和推动社会转型的。

（二）传统权威的流失和社会权力的转移

在常态社会中，秩序和稳定与社会权威的整合直接相关。任何一种社会都存在也都需要这种权威，尽管权威的源出和性质及其整合方式在不同的社会形态中各不相同。权威具有领导、示范、导引、规范、凝聚、激励社会成员的思想和行为，动员和配置社会资源、力量以达到社会运行的目标和维护秩序的权能。这种权威的确立并实现其权能则必须得到民众的认同。在人类历史上曾经产生了各种各样的权威：有能力出众、勇敢尚武的英雄成为权威，有由神授并通过巫卜—宗教形式获得的神权和教权，有通过世袭继承而获得的王权，有通过民众选举而产生的权威。在社会转型时期，一是社会产生了新的因素，并与旧的因素处于冲突之中；二是社会处于变革过程，变革既包括对传统权威所整合的社会秩序和关系的破坏，又包括对传统权威本身的挑战和破坏。而且当社会产生了新的因素和新的发展要求，传统的权威往往固守于传统的关系、规范和秩序，必然与这种新的因素及其发展要求产生冲突。因此，对传统权威的怀疑、诘难、挑战、批判、反叛导致的传统权威资源的流失就成为转型社会的一个重要特征。

社会利益结构的变化，传统权威的流失，必然要求一种新的权力结构来取代旧的权力结构。托夫勒在《权力的转移》中深刻地揭示了人类社会推动力量的历史演化。他认为，权力或力量是一种有目的的支配他人的力量，它通常由暴力、财富和知识三个要素构成。在不同历史阶段中，这三个要素的地位是不同的。在漫长的农业文明中，暴力起着主导作用，它是人们摄取财富、扩大权力的主要基础；在工业文明早期，财富（金钱）日益增加权力的筹码，它渐渐成了权力、地位的象征，成了控制社会的主要手段；而正在到来的新纪元的一个最显著的特征就是知识的急剧膨胀与迅速传播，权力或力量将由金钱向知识转移，谁握有大量的知识，谁就能在未来世纪中占主导地位。托夫勒的这种描述总体上反映了人类社会权力和权威的变迁。社会转型时期正是这种权力的变迁时期。当然，不是说这一时期传统的权力或权威完全退出历史舞台，新的社会权力结构已经完全站稳了脚跟，而是说新旧两种权力结构处于交锋、转化、过渡的过程中。

（三）社会制度（体制）的变迁和社会发展方向的变化

随着社会利益结构的变化和传统权威的流失、权力的转移，建立在原有利益结构基础上并用以维护这种利益结构的社会制度和体制开始向一种新的社会制度和体制变迁，这是社会转型的一个最突出的表现。不管是采取社会革命还是采取社会改革的方式实现的社会转型，它的一个重要的标志就体现在制度和体制的变易和创新上，因为任何社会利益结构和权力系统的维持和稳定以及对社会资源的配置，都是通过特定的社会制度和体制来实现的。而且这种制度和体制规约着社会成员的行为、交往和实践方式，成为人们社会生活的一种基本定式。一旦这种规约系统和社会定式被打破或逐渐向一种新的规约系统和社会定式过渡，人们就会最真切地感受到："生活发生了重大转变！而我们正处于这个转变之中！"

任何一个社会都有它的发展方向，这一发展方向是由社会生产力、社会利益结构所决定的，是由社会权力系统通过社会制度和体制及其社会价值取向所规导的社会发展目标。社会利益结构的变化，社会权威、权力系统的转移，社会制度和体制的变迁，社会价值取向的改变，使整个社会发展的目标、方向发生了新的变化。这种新的方向与旧的方向在相互冲突中相互牵扯，可能使社会发展方向发生偏移。这就使得社会转型呈现一种震荡式、波浪式的变化曲线。如欧洲资产阶级革命几经复辟，但由社会生产力和社会利益结构所决定的资本主义取代封建社会的社会发展的大方向终将不可逆转；20 世纪七八十年代，我国社会由以阶级斗争为纲转向以经济建设为中心，使生活在这样一种大变革中的人们感受到社会实践与社会生活的方向、目标发生的转折和变化，尽管这期间是几经周折。

（四）社会群体之间、个体之间、不同的社会力量之间的竞争和冲突加剧

首先，代表社会转型方向和推动这一转型和变革的社会群体与代表旧有的社会形态并力图阻止社会转型和变革的社会群体之间的冲突。这种冲突常常表现为新与旧、先进与落后、进步与保守之间的矛盾与斗争，解决矛盾最极端的方式是革命。如英国资产阶级革命和法国大革命，中国的辛亥革命和新民主主义革命，都是通过新旧社会力量之间激烈的对抗与冲突最后促成了社会转型。当然，并不都是代表社会转型方向的社会力量和群体在每一次冲突和较量中必然取得胜利，实际的历史过程总是失败与胜利、挫折与成功、复辟与反复辟交互出现、跌宕起伏、曲折往复，从而使社会转型表现为一个曲折的过程。解决新与旧之间的冲突和矛盾，有时也采取较为和缓的方式，诸如社会改革和改良，通过社会内部机制的整合和协调来解决，通过确立共同的社会发展目标和社会利益共享促成社会各种力量走向建设性的对话、妥协、调和、折中以实现良性互动，从而顺利地实现社会转型。

其次，在转型时期，社会资源配置方式和流向的改变以及社会成员能力和机遇的不同，使得社会群体、成员之间在社会资源的拥有和职业安排方面竞争加剧。这很难用社会进步的标准来划定其性质，而毋宁说道德的标准显得更为合适。也就是说，这种差异、竞争和冲突不能用新与旧、先进与落后、进步与保守来评判，而只能用是否公平与正义来评判。尤其要防止那种不平等、不公正的竞争，不正当的社会财富的积聚和剥夺，社会在协调和解决这种冲突时要考虑贫弱者的利益和少数人的权益。

（五）信仰的危机和价值观的多元化

在常态社会的运行发展过程中，社会的信仰体系是保持社会的同一性、增强社会的凝聚力、促进社会稳定发展的一个重要的、基本的整合力量。由于它是一种无形的，但又是深入社会成员内心深处的精神力量，因而在某种程度上，它与外在的制度、规范等整合力量相比，对社会成员的思想和行为的影响、作用显得更为深远和显著，也就更不容易发生变化。当社会处于转型变革时期，由制度、规范等变革深入信仰价值体系的时

候，社会转型开始真正地触及人们的灵魂深处。当人们开始处于一种信仰和价值观念的改变和选择中，其震撼力超过了社会转型的其他变项。著名的美国科学史家库恩把信仰作为科学范式的一个常项，把范式的转换理解为“宗教的改宗”。

在转型时期，社会发展出现新的变项，传统的信仰、价值体系无法把它纳入自己的诠释和整合体系中。当这种“反常”因素不断积聚、壮大，并从中孕育产生新的价值体系，传统的信仰价值体系不可避免地陷入危机甚至瓦解之中。如 19 世纪末 20 世纪初出现的“欧洲文明危机”，尼采喊出“上帝死了”正是欧洲基督教信仰价值体系在西方社会近现代转型中处于危机状态的征象。而在同一时期，中国社会传统的价值体系也正在经历一场深刻的嬗变，“打倒孔家店”的五四新文化运动正是这种传统价值体系面临危机和瓦解的历史场景。

传统的信仰价值体系处于危机之中，而新的信仰价值体系尚未得到大多数民众的认同时，社会价值系统处于多元价值的交互作用中。在中国历史上的社会转型时期，这种多元的、新旧的价值观念的并立和交互作用就表现得特别突出。春秋战国时期是中国社会从奴隶制向封建专制社会的转型过渡时期，与此相伴而生的是百家争鸣的多元价值观念并立和冲突：在天道观方面，儒家有“天命”，墨家有“天志”，老庄有“自然”；在社会观方面，儒家有“周道”，墨家有“尚同”，老庄有“小国寡民”，法家有“今世”；在人道思想方面，儒家称“仁义”，墨家称“兼爱”，老庄称“真人”，法家称“利众”。[①] 在近代中国出现的由传统的封建专制社会向现代社会的转型时期，古今中外不同的价值观念发生激烈的冲突，尤其以“五四新文化运动”时期为甚。在多元价值观的交互作用中，一种代表社会发展方向、代表新的社会实践发展要求、代表新生的富有生命力的社会主体和社会力量的新的信仰价值体系逐渐占据了上风，脱颖而出，得到社会大部分成员的认同，一种新的意识的同一性开始确立，它与新的经济技术形态和新的政治同一性相互耦合形成新的社会整合机制，结束了转型时期的无序状态，开始了新的常态社会的发展时期。

---

① 参见侯外庐、赵记彬、杜国庠《中国思想通史》第一卷，人民出版社，1957，第 48 页。

（六）社会心理的焦虑和迷惘

从社会心理方面看，社会转型时期一个突出的特征是社会大众由于生活和未来的不确定以及竞争的压力而产生心理焦虑，由于对生活的目标、价值和方向的不明确而产生心理迷惘。大众普遍地感到生活的不确定性、不安全性，对现实生活感到没有把握，对未来的前途也觉得捉摸不定。原有的信仰价值体系遭到破坏，新的信仰价值体系尚在形成过程中；旧的社会权威、制度、规范逐渐失去社会整合的功能，新的权威、制度、规范尚在孕育成长。由于社会评价标准的多元化，人们不得不在各种思潮、价值取向中进行判断和选择，这就不可避免地陷入心理的冲突和矛盾之中。有的人喜新厌旧，希望改革；有的人恋古怀旧，希望回到原来的社会同一性中去。社会心理陷入一种趋新与守旧、改革与保守、现代与传统之间的对立与冲突中。人们普遍感到内心的矛盾，感到无所适从，感到困惑迷惘，甚至会产生一种前途渺茫、大厦将倾的感觉。就好像一首流行歌曲所唱的："天上有个太阳，水中有个月亮，不知道哪个圆，也不知道哪个亮……"只好跟着感觉走。弗洛姆在《逃避自由》一书中曾揭示了中世纪末期和文艺复兴时期，即欧洲由封建社会向资本主义社会转型时期西方人所经历的以"逃避自由"为特征的文化冲突和心理危机。他认为，中世纪虽然缺乏自由，但人凭借着同周围世界的天然联系和自在的文化模式而获得生存的自在意义和安全感。资本主义商品经济的发展打破了封闭的传统世界，一种理性的自由的文化模式开始生成，这种变化引发了深刻的文化危机，因为人不再生活于一个以人为中心的封闭社会里，世界失去了边界，同时也是危险的。由于人失去了他在一个封闭社会中的固定地位，他也失去他生活的意义，其结果是他对自己和对生活的目的感到怀疑，"逃避自由"的现象正是这一文化危机的极端表现。无独有偶，在第二次世界大战后，德国出现"迷惘的一代"，美国出现"垮掉的一代"，英国出现"愤怒的青年"，中国在"文革"后也出现了类似的现象。这种心理的焦虑和迷惘是转型社会的一个普遍的社会心理症状。

转型社会的上述诸种症状使社会处于一种失衡、无序、混乱的状况，社会学用社会失范这一概念来概括这种社会现象。社会失范这一概念最初由法国社会学家迪尔凯姆（涂尔干）提出，用以描述当社会规范不力、彼此矛盾或规范缺失时，在个人与社会中出现的混乱状态。在一个高度失范的社会中，由于社会成员没有共同的生活目标与价值目标，缺少行为的方向和约束，因而这个社会有解体的危险。[①] 美国社会学家默顿在迪尔凯姆的基础上进一步认为，社会失范是指这样一种社会状态：在这种状态中，社会所规定的目标同决定着达到这些目标的规范不一致，即当社会所规定的目标与用以达到这些目标且为社会所规范引导的手段不一致时，社会就会失范。[②] 一般地说，社会失范是指这样一种社会状态：在这种状态中，社会既有的行为模式、制度规范与价值观念被普遍怀疑、否定或被严重破坏，逐渐失却对社会成员的引导和约束的力量，而新的行为模式、制度规范和价值观念又尚未形成或尚未被人们普遍接受，对社会成员不具有引导、调节和约束的作用，从而使社会成员的行为缺乏明确的目标、方向和社会规范约束而表现出一种相互冲突、无所适从的混乱状态。具体可以归结为如下几点。①社会失范从经验描述方面看，它表现为社会生活和行为的一种无序、脱轨甚至混乱的社会现象。在一个常态的社会发展过程中，这种现象是偶发的，表现也不是太激烈，时间也较为短暂。因为常态社会的纠偏和整合力量强大，很容易对失范现象进行调节和整合。而在一个处于变革转型的社会，这种现象则具有激烈、突出、贯穿社会转型的整个过程的特点。②社会失范从其性质和规范的意义上看，是指社会发展过程中出现新的因素和新的变化，既有的社会权威、社会制度、法规、传统、信仰等规范系统和价值系统或者缺失，或者缺乏有效性，不能对社会生活和行为、人们的思想和心理发挥有效的调节、规范和整合作用，原有的社会规范系统和价值系统中形成的社会同一性逐渐瓦解，新的社会同一性尚未形成，从而使得人们的社会生活、行为、思想、心理处于一种无所适从的社会状态。③社会失范之于社会历史发展的作用有正反两个方面。一般地说，在一个常态社会的发展过程中，暂时的、局部性的社会失范只是偶发的，并不具有必然性。它对社会发展进步的作用主要是消极的。因为当还处于上升发展阶段的社会同一体，被一种社会失范现象所阻挠和破坏时，社会总是要付出相应的代价来纠偏和整合，这样会造成社会发展的功能内

① 参见〔英〕伊恩·罗伯逊《社会学》上册，黄育馥译，商务印书馆，1991，第 246 ~ 247 页。

② 参见〔英〕G. 邓肯·米切尔主编《新社会学辞典》，蔡振扬等译，上海译文出版社，1987，第 12 页。

耗，使社会发展出现暂时的停滞甚至后退的波动。当然，社会失范也并非全然都是消极落后的，因为即便是在常态社会中，社会的发展进步也不是按部就班、循规蹈矩地重复过去，它总是有新的因素、新的要求、新的变化、新的发展，尽管在常态社会中，这些新的变化和要求只是处于萌芽和量变的阶段。因此，一种具有生命力的社会规范和价值系统，总是要根据这些新的变化和要求做出相应的调适。在这样的调适过程中出现某些局部的、暂时的失范现象，对社会规范系统和价值系统的完善发展，对社会同一体的生机活力都具有积极的作用。在社会转型时期，社会失范就具有普遍性和必然性，它对社会进步发展的作用一般地说是积极的促进作用，它可以被理解为黑格尔所说的事物发展的内在的否定性环节。离开了这种否定性的环节，事物就不能更新发展。但社会失范也并非全然都是积极进步的，其性质是由社会转型的性质来决定的。有一种情况在历史上经常出现，即当既有的社会同一体还具有向上发展的生命力的时候，某种非常规的、突发的外在因素和力量的作用造成这种社会同一体解体，由此而引起的社会失范就不能说是积极的、进步的。例如，由于雅典与斯巴达的战争，古希腊文明衰落和解体，中国古代社会经常出现的由内乱和外侵引起的社会发展中断，社会处于一种分崩离析、混乱无序的状态。即使是一种积极的、进步的社会转型，社会失范也总是造成某种混乱的状况，对人们的生活、行为、思想、心理总是造成巨大的冲击，尤其是那些处于弱势的、边缘化的社会群体，社会失范对其生活和心理所造成的冲击就更为巨大。不过，社会发展也总不能允许这种失范长期地存在下去，长期的社会失范有可能导致社会解体，社会发展总是要找到克服社会失范、建立新的社会规范系统和价值系统以及新的社会同一性的道路。

从 20 世纪 80 年代开始发生的中国社会转型，是由中国社会生产力和生产关系、经济基础和上层建筑的矛盾运动所引发的社会结构的整体性的变迁，是中国社会从自给、半自给的产品经济社会向社会主义市场经济社会，从农业社会向工业社会（包括信息社会），从乡村社会向城镇社会，从封闭、半封闭社会向开放型社会，从同质的单一性社会向异质的多样性社会，从伦理型社会向法理型社会，总之，是从传统社会向中国特色社会主义现代化社会的转型。转型不是完成时态，而是进行时态，我们正处于这样一个伟大的社会变迁过程中。

尽管当代中国社会转型是一种理性的、有序的、稳步推进的过程，但与历史上所发生的社会转型一样，它不可避免伴随着社会失范现象，即在“旧辙已破，新轨未立”的过程中，社会行为、思想、生活方式、社会心理等方面的无序的、不确定的、混乱的状况，进而对当代中国人的生存造成影响和冲击，引起普遍性的焦虑、浮躁心态，以及人文价值、意义方面的困惑。因此，上述关于转型社会一般特征的分析对于我们把握当代中国社会转型具有同样的方法论意义。

（本文原载于《社会主义研究》2004 年第 6 期）

论当代中国社会转型的分析框架

从20世纪90年代开始，“社会转型”这一概念逐渐进入中国的学术语系中，普遍地为哲学、社会学、历史学、文化学甚至文学等学科所接受和运用，主要用于描述、分析中国社会自80年代开始的社会变革和变迁的过程。本文的主旨不在于具体描述当代中国社会转型这一客观历史进程及其特点和规律，或进行社会学的实证研究，而是试图就人们是如何分析当代中国社会转型进行分析，也就是对当代中国社会转型分析框架的分析。就此而言，这是一种哲学的视界。

一　社会转型的一般分析

社会转型（social transformation）概念源于西方社会学现代化理论，它是对生物学转型（transformation）概念的转用。在生物学中，“转型”是指生物物种间的变异，西方社会学家借用这个概念来描述和分析社会结构具有进化意义的转换和变迁，说明传统社会向现代社会的转换和变迁。

社会转型这一概念，从一般的意义上说，是用来指称一种社会结构向另一种社会结构的变迁，对于人类历史上不同时期的社会形态和社会结构的整体性变迁都具有普适性。从特殊的意义上说，是用以特指传统社会向现代社会的转换和变迁，而这种“传统→现代”的社会转型模式又是以西方社会在近代历史上发生的社会变革和变迁为蓝本，以“现代化”为核心内容的。从“社会转型”所源出的西方社会学语境来看，这一概念很明确是在上述特殊意义上来使用的，它是西方社会学现代化和社会发展理论中用以描述社会结构由传统向现代变迁的重要概念，是以西方社会现代化为目标模型，用来说明现代化过程中的社会变迁，即现代化的社会转型。

在西方社会学现代化理论中，“西方社会向现代世界的发展一直就是经典社会学的中心课题：现代性是工业革命和政治革命的结果，是新制度和新价值观念的化身，同时它又是无穷变迁的一个新阶段”[①]。许多社会学家关注和研究西方社会在告别中世纪社会时的政治、经济、社会、思想观念的大变革、大发展的历程和经验，他们把这种社会和文化的历史性变迁描述为新旧两种不同社会的代谢和进化过程。如梅因的“身份社会”与“契约社会”，斯宾塞的“军事社会”与“工业社会”，迪尔凯姆的“机械团结社会”与“有机团结社会”，韦伯的“前现代社会”与“现代社会”，贝克的“宗教社会”与“世俗社会”，等等。显然，前项是传统社会的特征，后项是现代社会的特征，尽管名称不同，但都体现了旧与新、传统与现代社会的不同内容和特征以及它们之间的代谢与变迁。本迪克斯说：“我把现代化理解为社会变迁的一种类型，它起始于英国工业革命和政治性的法国大革命。它存在于几个‘先锋社会’的经济和政治进步以及继之而来的社会的变迁进程之中。”[②] 到20世纪50年代，在美国形成了一种以西方社会现代化历史和经验为蓝本来研究那些落后和不发达的非西方国家和地区社会发展道路的现代化理论，即所谓“狭义的现代化理论”。据查普夫所说，“‘现代化理论’首先是在二战后的美国建立起来的。根据这种理论，不发达社会应该以一种有计划、有控制、加速度的方式重现西方的发展。在亚非拉各国尚不存在西方体制及传统时，应引进或通过‘功能等同物’来加以替代”[③]。这种理论把

① 〔德〕沃尔夫冈·查普夫：《现代化与社会转型》，陆宏成、陈黎译，社会科学文献出版社，1998，第63页。

② 转引自〔德〕沃尔夫冈·查普夫《现代化与社会转型》，陆宏成、陈黎译，社会科学文献出版社，1998，第128～129页。

③ 〔德〕沃尔夫冈·查普夫：《现代化与社会转型》，陆宏成、陈黎译，社会科学文献出版社，1998，第8页。

非西方国家落后、贫困、不发达原因归诸这些国家存在的传统因素的作用，认为要改变落后、贫困和不发达的状况，唯一可以通行的道路就是以西方发达国家现代化的历史和经验为标准和蓝本，通过对本国内部传统因素的批判和否定，对西方社会现代化模式、内容和经验的学习和模仿，来实现社会由传统向现代的跃迁和转型。查普夫对社会转型的定义是："转型和过渡是现代化进程，其特点在于现代化的目标是明确的：接受、建立、吸收现代的民主、市场经济和法制制度。"① 可见，社会转型在西方现代化理论中，是专门用来指称传统社会向现代社会变迁的基本概念，尤其是用来描述不发达的非西方国家以西方社会为蓝本由传统社会向现代社会的变迁。

在我国学术界，社会转型这一概念概括起来大致也有特指和泛指两层含义。社会学家的观点得到普遍的认同。社会学家更多地关注社会结构的变动，认为转型的主体是社会结构的整体。如李培林在《另一只看不见的手：社会结构转型》一文中探讨了与社会转型有关的理论问题，认为社会转型是一种整体性发展，也是一种特殊的结构性变动，还是一种社会学的数量关系分析框架。② 与政治学或政治哲学关注制度和体制变革的制度分析不同，社会学家更关注社会结构变动的结构分析，社会转型这一概念成为社会学用来描述和解释中国改革开放以来社会结构变迁的重要理论范式和分析框架。与西方社会学现代化理论一致，社会结构的整体性变迁被理解为社会由传统社会向现代社会的转型。郑杭生等认为，社会转型是一个有特定含义的社会学术语，意指社会从传统型向现代型的转变，或者说，由传统型社会向现代型社会转型的过程。在这个意义上，社会转型与社会现代化是重合的，几乎是同义的。③ 社会学家进而用社会转型来具体地描述当代中国社会变迁，如陆学艺、景天魁认为："社会转型是指中国社会从传统社会向现代社会、从农业社会向工业社会、从封闭社会向开放社会的社会变迁和发展。"④ 可见，中国社会学家在援引社会转型这一概念时认

---

① 〔德〕沃尔夫冈·查普夫：《现代化与社会转型》，陆宏成、陈黎译，社会科学文献出版社，1998，第8页。

② 参见李培林《另一只看不见的手：社会结构转型》，《中国社会科学》1992年第5期。

③ 郑杭生等：《当代中国社会结构和社会关系研究》，首都师范大学出版社，1997，第19页。

④ 陆学艺、景天魁主编《转型中的中国社会》，黑龙江人民出版社，1994，第2页。

为它蕴含着由一般到个别、由抽象到具体的三个递进层次的关系：社会结构的整体性变迁→传统社会向现代社会的转型→中国社会由传统向现代的变迁和发展。

不过，这一概念在当代中国学术语系中，已不局限于社会学的语境，历史学、文化学、哲学等学科都在援引它。同时，社会转型不仅仅特指发生于近代西方社会的由传统社会向现代社会结构性的历史变迁，以及20世纪五六十年代开始的落后和不发达地区和国家以西方工业社会为蓝本的由传统社会向现代社会的变迁过程，而是一个可以用来泛指任何历史时代的社会变迁的概念。尽管社会转型这一概念源于社会学的现代化理论，但它可以也有必要上升为一个更为普遍的社会哲学或历史哲学的概念。这是由于，首先，从社会转型这一概念的构词成分来看，“社会”是一个普适性的名词，而不是仅仅专指传统或现代的社会；“型”可作“类型”“型式”“构型”“形态”解，也是一个普适性的名词。从构词的成分和意义来看，社会转型是指社会由一种“类型”或“形态”向另一种“类型”或“形态”的转变。其次，正如“进化”“系统”“结构”等由具体学科的概念上升为具有普遍性内涵的哲学概念一样，“社会转型”作为社会学这一具体学科的概念，当其具有普适性意谓时，完全可以进一步上升为一个普遍性的哲学概念。再次，对发生在当代中国的社会结构的整体性变迁，仅仅在社会学学科上来描述和规范是不够的，必须也能够在社会哲学和历史哲学的更高、更普遍的意义上来把握和观照这一普遍而又深刻的社会变迁过程。最后，与西方不同，中国学术和理论界在分析和阐释当代中国社会变革进程时，把马克思的历史哲学作为一个基本的分析框架。因此，有必要对社会学的社会转型概念进行整合，使之上升为哲学的概念。在哲学的意义上，社会转型具有社会进化的意义，可以理解为是人类社会从一种存在类型（形态）向另一种更高的存在类型（形态）的转变，它意味着社会系统内在结构的整体性的变迁，意味着社会的生产方式、生活方式、交往方式、价值观念等全面而又深刻的变革。本文正是在这个意义上来理解社会转型的。

社会转型在一般意义上是指社会结构的整体性变迁，对社会转型的具体内容和表现，西方学者以西方社会为蓝本概括为六个方面：①经济转型即工业化；②社会转型即城市化；③政治转型即民主化；④文化转型即世俗化；⑤组织转型即科层化；⑥观念转型即理性化。[①] 我国学者根据当代中国社会实际发生的变革进程作出了多方面的描述，概括起来有：①由产品经济向市场经济转变；②由农业社会向工业社会进而向知识社会转变；③由乡村社会向城镇社会转变；④由贫困社会向小康型社会转变；⑤由威权政治向民主政治转变；⑥由人治社会向法治社会、由伦理型社会向法理型社会转变；⑦由封闭社会向开放社会转变；⑧由同一性社会向多元性社会转变。

二　当代中国社会转型的分析框架

当代中国社会转型既具有社会转型的一般性特征，又具有自身特殊性质和表现形态。

对于20世纪80年代开始发生的中国社会结构的整体性变迁，学界有不同的看法。一种较为传统的观点认为，马克思的社会经济形态依次更替理论仍然是我们把握社会变革的基本理论依据。从历史唯物主义社会经济形态理论角度看，既然我国仍然是社会主义社会形态，是在社会主义制度下的变革发展，那么就不能说发生转型，因为转型是发生在两个不同的社会经济形态之间。另一种观点认为，马克思的历史唯物主义的社会经济形态理论仍然是我们观照中国社会变迁的一个基本理论视角，马克思技术社会形态理论是另一重视角，这双重视角是交叉互补的。从这双重视角看，中国社会正在发生双重转型："经济社会形态视角内社会主义模式转换即从苏联模式的社会主义向有中国特色的社会主义的转型，技术社会形态视角内的社会现代化即农业社会（传统社会）向工业社会（现代社会）的转型，同时并存于当代中国社会发展的实践。"[②]

大部分社会学学者则在中国社会实际发生的社会变迁的事实和内容的基础上，用西方现代化理论来分析当代中国社会转型，把转型理解为由传统社会向现代社会的转换和变迁，运用的是"传统—现代"的二维比较分

① 参见陆学艺主编《社会学》，知识出版社，1991，第375～376页。

② 贾高建：《关于当代中国的社会转型》，《学习时报》2002年12月16日。

析框架。如袁方等在《社会学家的眼光：中国社会结构转型》一书中认为，中国社会转型的标志是：从自给、半自给的产品经济社会向社会主义市场经济社会转型，从农业社会向工业社会转型，从乡村社会向城镇社会转型，从封闭、半封闭社会向开放社会转型，从同质的单一社会向异质的多样性社会转型，从伦理社会向法理社会转型。景天魁对社会转型的概念依次递进地给了三级规定："1. 社会转型是指中国社会从传统社会向现代社会、从农业社会向工业社会、从封闭社会向开放性社会的变迁和发展。这是事实性规定。2. 社会转型是'在传统与现代（性）张力作用下实现的社会变迁和发展'。这是实质性规定。3. 社会转型是中国的'传统社会结构向现代社会结构的转换'，是在社会形态层次之下的'社会生活具体结构形式和发展形式的转变'，这是结构性层次性的规定。"①

概括起来，对于当代中国社会转型主要有两种分析框架：一是马克思主义社会历史哲学的社会形态理论；二是社会学现代化理论的"传统—现代"转换的结构分析和比较分析。

马克思的社会历史哲学理论，在《〈政治经济学批判〉序言》中得到经典的表述："人们在自己生活的社会生产中发生一定的、必然的、不以他们的意志为转移的关系，即同他们的物质生产力的一定发展阶段相适合的生产关系。这些生产关系的总和构成社会的经济结构，即有法律的和政治的上层建筑竖立其上并有一定的社会意识形式与之相适应的现实基础。物质生活的生产方式制约着整个社会生活、政治生活和精神生活的过程。……社会的物质生产力发展到一定阶段，便同它们一直在其中运动的现存生产关系或财产关系（这只是生产关系的法律用语）发生矛盾。于是这些关系便由生产力的发展形式变成生产力的桎梏。那时社会革命的时代就到来了。随着经济基础的变更，全部庞大的上层建筑也或慢或快地发生变革。……大体说来，亚细亚的、古希腊罗马的、封建的和现代资产阶级的生产方式可以看做是经济的社会形态演进的几个时代。"②马克思从宏观的社会历史哲学高度揭示了社会的基本结构，即由生产力与生产关系、经济基础与上层建筑的相互作用所构成的社会宏观整体结构，

① 景天魁：《社会发展的时空结构》，黑龙江人民出版社，2002，第432～433页。

② 《马克思恩格斯选集》第2卷，人民出版社，2012，第2～3页。

进而从结构分析到过程分析：正是社会结构内部的矛盾运动推动了人类社会由低级向高级的有规律的发展，并揭示了这一过程依次经历的社会形态的更替。

运用马克思这一理论来分析当代中国社会转型，可得出以下几个方面的认识。第一，当代中国社会转型是一个包括生产力和生产关系、经济基础和上层建筑的社会系统结构的整体性变迁。第二，这种社会转型的历史必然性和动力可以从社会结构内部的矛盾运动中来寻找，可以运用马克思主义关于社会结构的矛盾运动理论来分析转型的根据和走向。迄今为止，理论界对改革开放和中国特色的社会主义现代化道路的客观必然性及其走向的理论分析，都是以马克思主义这一理论为根据的。第三，马克思关于社会结构矛盾运动的分析与社会形态发展的过程分析是紧密相关的。马克思通过对生产力和生产关系、经济基础和上层建筑之间的矛盾运动的分析得出了社会形态历史更替的客观必然性。这种结构分析与过程分析，在马克思的理论中是自然而然内在统一的。而在运用它来分析当代中国社会转型时，我们可以用生产力和生产关系、经济基础和上层建筑的矛盾运动来分析这种转型的根据、必然性，但我们很难进而用社会形态的更替来说明这一转型的结果。因为我们一旦在社会形态更替意义上来说明这种转型，我们就会进入“五形态”理论预设的框架中：原始社会→奴隶社会→封建社会→资本主义社会→共产主义社会。而一旦进入这种预设框架，就必然与现实发生矛盾：因为它无法说明当代中国社会转型是由哪一种社会形态向哪一种社会形态转型这个问题。你既不能说是封建社会向资本主义社会转型，也不好说是资本主义社会向社会主义或共产主义社会的转型。事实上，中国社会在改革中所引发的一些在理论上无法解决或自圆其说的困惑，诸如，改革是不是在走回头路？是不是“补课”？是在走资本主义道路还是在走社会主义道路？这些困惑源于理论与现实的悖反。有学者试图用马克思的跨越“卡夫丁峡谷”的比喻来解释这种理论与现实的悖反，或用“历史向世界史转变”来说明中国已经在资本主义的世界体系中经历过了资本主义社会形态，试图在马克思的社会形态理论框架内作出一种解释的努力，说到底也只是一种由理论到理论的一厢情愿而已。至于那种用社会形态更替的理论来否定当代中国社会转型的观点、做法则更像是马克思当年所批判的从天国降到人间的思辨哲学的观点和做法，把理论当作适用于各个历史时代的药方或公式，而不是从“现实生活过程和活动的研究中产生”①。当代中国社会转型是一个正在发生的客观历史进程，僵化地固守马克思主义经典作家的某些理论而无视正在发生的现实实践进程无异于削足适履，把马克思主义经典理论当作古希腊神话故事的“达玛斯忒斯之床”，机械地照搬照套马克思主义经典作家理论来说明当代中国社会转型无异于中国式的按图索骥，导致对中国社会转型分析陷入一种理论上的空洞和实践中的盲目这种两头不着地的尴尬境地。用马克思主义的社会经济形态理论来把握当代中国社会的变迁过程，确实很难说是中国社会转型由哪一种社会形态向哪一种社会形态的转换。事实上，马克思主义经典作家并没有把自己的理论看成不变的适合于任何地域和民族的教条。对于历史哲学的抽象，马克思指出，“这些抽象本身离开了现实的历史就没有任何价值”，“它们绝不提供可以适用于各个历史时代的药方或公式”。② 我们在观察和把握当代中国社会转型时切忌把社会形态理论作为一个现成的历史演进的公式来套用，或用理论来剪裁现实，或因理论与现实之间的悖反而否定现实历史进程本身的真实性和客观性。

正是由于这种理论的乏力和与现实的悖反，邓小平当年提出“摸着石头过河”。为此，理论界做一种“鱼与熊掌”兼得式的折中：一方面，运用马克思主义的社会结构理论（社会基本矛盾理论）来分析当代中国社会改革、转型的必要性、必然性；另一方面，在一定意义上舍弃了过程分析（这绝不是理论或逻辑上的疏忽），而避开对改革、转型作社会形态更替的认定。同时，为了不与政治意识形态发生抵牾，理论界在社会制度下设定了一个“社会体制”，在社会形态下设置了一个社会发展的具体“模式”，由此得出一个兼顾理论和现实的结论：当代中国社会变革、转型不是社会主义制度的根本改变和社会主义社会形态的更替，而是在社会主义根本制度下的具体体制的改革，是在社会主义社会形态中的具体发展模式的转换——由苏联模式向有中国特色的社会主义模式的转换。

从现代化理论的“传统—现代”分析框架来看，把当代中国社会转型理解为由传统社会向现代社会的转型，就是在对传统社会结构的各要素及

---

① 《马克思恩格斯选集》第1卷，人民出版社，2012，第153页。

② 《马克思恩格斯选集》第1卷，人民出版社，2012，第153页。

其特征与现代化社会结构的各要素及其特征的厘定和比较分析中来观照当代中国社会转型。由于现代化历史和现代化理论源于西方，有关现代化的理论、实践、道路及其各项指标也是由西方学者根据西方社会的现代化状况给出的。因此，用这种分析框架来把握当代中国社会转型，从理论到实践上都有某种“西化”之嫌。问题在于，现代化在价值判断上不涉及要不要、应该不应该的问题，而是绝对需要、绝对应该的东西；现代化在事实判断上不涉及有没有、实际不实际的问题，而是正在有的、实际上正在实践的客观历史过程。因此，所能规避“西化”之嫌的做法不是将“澡盆里的孩子”与洗澡水一起泼掉，而是既认同现代化的价值，把它看作具有普遍意义的价值体系，又根据中国社会特殊的国情和社会性质，指称之为中国特色的社会主义现代化。在中国特色社会主义的名目下，有关现代化社会的诸般要素、标准和特征，诸如理性化、市场化、工业化（包括电子化、信息化）、城市化、开放化（全球化）、民主化、法治化、科技化、多元化、世俗化，以及在教育、医疗、福利、社会流动、阶层结构的变化等方面的各项具体的社会指标，就不再被贴上西化的标签或者说是西方社会的专利，而是中国特色社会主义现代化的社会特征和指标了。这样做既符合中国社会从近代就开始的由传统向现代转型的社会历史进程及其价值取向，又规避了全盘西化的嫌疑和解决了意识形态上的冲突。这与我们运用马克思主义社会形态理论来分析中国社会转型有异曲同工之妙：用马克思主义社会形态理论把中国社会转型理解为社会主义社会形态中的具体模式的转换——由苏联模式向中国特色的社会主义模式的转换；用现代化理论的“传统—现代”分析框架把当代中国社会转型理解为由传统社会向有中国特色的社会主义现代化社会的转型。不难看出，二者的结论也是一致的。

显然，这样的阐释具有某种策略性和暂时性的成分，在理论自身的逻辑必然性和彻底性方面是比较弱的。在当代中国社会变革和转型的历史进程中，对这种暂时性、策略性的阐释显而易见是不够的。马克思主义哲学之于当代中国社会变革和转型的现实，也必然应该关注在这一伟大的社会实践进程中生发出的理论创新和实践创新的蓬勃生机。

首先，发生在当代中国的全面而又深刻的社会转型为马克思主义哲学理论创新提供了一个新的实践基础和发展机遇。马克思主义应该也必然在关注和深入这一转型的时代历史进程中，做出理论的概括并用以指导这一转型。

其次，基于现实的实践进程，社会转型这一概念上升为马克思主义社会历史哲学的一个重要范畴，用来指称社会结构整体性的变迁，并在社会历史哲学的层面上用以分析当代中国社会变迁的历史进程。

最后，马克思的社会历史哲学理论和社会学现代化理论在用来分析中国社会转型时，在合理性的意义上，前者为社会转型提供了动力学的分析，把社会转型理解为基于社会系统结构内部的生产力与生产关系、经济基础与上层建筑的基本矛盾运动而推动的社会变革过程；后者则为社会转型提供了社会学的实证分析和结构分析。不过，历史唯物主义的“五形态”理论显然无力来解释当代中国社会转型，西方现代化理论的以西方资本主义为蓝本的转型道路也不适合中国国情。但是，我们可以从马克思的历史哲学中学到辩证的精神，一方面，马克思认为，“一个社会即使探索到了本身运动的自然规律……它还是既不能跳过也不能用法令取消自然的发展阶段”①，“工业较发达的国家向工业较不发达的国家所显示的，只是后者未来的景象”②；另一方面，对于东方社会的发展道路，他又认为，东方社会由于其特殊的历史条件，“它能够不经历资本主义制度……而占有资本主义生产使人类丰富起来的那些成果”③。在这里，马克思既认为工业化（现代化）是不发达国家的必经之路，又认为这些国家由于其特殊的条件和机遇，可以有不同于西方资本主义的发展道路。这也就是说，工业化（现代化）可以有不同于资本主义的道路和方式。同时，当代西方现代化理论也逐渐在修正早期的观点。曾主张趋同转型论的艾森斯塔德在 1983 年就指出，“很多新的和正在实现现代化的社会和国家，都不是沿着欧洲国家的路线发展的”。1992 年，他又在新著《社会变迁和现代化的理论复兴》中明确提出，趋同论的历史前提是不真实的：“在不同的现代化和正在走向现代化的社会中，存在着巨大的体制差异，这一事实——不仅在转型社会中，而且也在中等发达的社会中，甚至在高度工业化的社会中——

① 《马克思恩格斯选集》第 2 卷，人民出版社，2012，第 83 页。
② 《马克思恩格斯选集》第 2 卷，人民出版社，2012，第 82 页。
③ 《马克思恩格斯选集》第 3 卷，人民出版社，2012，第 826 页。

变得愈来愈明显了。”① 新理论还特别注意文化和价值等传统因素在转型中的作用，对东亚新兴工业国家在现代化中维持并利用传统文化资源的做法表现出强烈的重视和兴趣，承认现代化转型中非西方道路存在的可能。查普夫在《现代化与社会转型》一书中，淡化了早期现代化理论的意识形态特点以及西方中心主义的理论意向，认为当代社会转型与早期欧洲社会的现代化具有不同的性质，社会转型是一个自觉的过程，这种过程当然需要某些“模仿”，但简单的模仿是不够的，转型国家必须对自己的社会体制和行为方式进行“自我发明和再发明”。② 这样，社会转型并无“西化”之嫌，可以理解为是一个社会自觉主动的自我创新过程。

可见，认识、分析当代中国社会转型，拉近了马克思主义社会历史哲学理论和现代化理论的距离，二者可以相通互补。马克思主义社会历史哲学理论必须吸收现代化理论中的合理成分，在深入研究当代中国社会转型的实践中得到创新和发展。当代中国社会转型之于马克思主义社会历史哲学，正在印证马克思当年在《资本论》中的一句名言：“这里是罗陀斯，就在这里跳跃吧！”③

（本文原载于《马克思主义与现实》2005 年第 5 期）

① 转引自孙慕天、刘玲玲《西方社会转型理论研究的历史和现状》，《哲学动态》1997 年第 4 期。

② 参见〔德〕沃尔夫冈·查普夫《现代化与社会转型》，陆宏成、陈黎译，社会科学文献出版社，1998，第 80 页。

③ 《马克思恩格斯文集》第 5 卷，人民出版社，2009，第 194 页。

存在的孤离与人文的反思

——现代人生存境遇的一种人文读解

本文是在现代性批判的语境中来省思中国社会转型过程中人的生存境遇，正是这种生存境遇引发了人文关切的诸般话题。

一　社会转型与存在的孤离

20 世纪是一个充满悖论的时代：一方面，科学技术和生产力以前所未有的态势在发展；另一方面，人类又遇到与生存自我相关的、与人性在精神文化方面自我超越相悖的深层的生存困境。

在西方，这种生存困境主要表现为人性异化、道德沉沦和信仰危机、生态环境破坏、社会危机加剧和文明方向迷失——一种深度的人文危机，由此引发了一个广泛的、持续的文化批判思潮，即从人文角度来反思资本主义工业文明——所谓“现代性”及其后果。在 20 世纪，西方文化所蕴涵的理性主义和人文主义价值诉求发生了内在分裂（如韦伯所分析的工具理性和价值理性之间的紧张和对立），文艺复兴和启蒙运动时期那种对人性的赞美，对理性、科学、个人自由的崇尚，对人类社会所持的进化、乐观的态度，已经被一种对生存困惑和意义失落的悲观意识以及对现代性的深度检视所代替。

中国从 20 世纪 80 年代开始了全面而又深刻的社会转型，即社会结构由传统向现代的整体性变迁。在转型过程中，传统的制度和体制、社会权威和规范系统、社会生活方式和思维方式，以及道德、理想、信仰等精神文化价值系统被打破，新的因素尚在建设成长之中，这使得社会成员思想和行为呈现一种进退失据、相互冲突、混乱无序的失范状态，给人的生存带来孤离性和危机感。这种生存境遇，既具有中国社会自身变革的历史逻辑和特点，又具有与全球性现代化进程中出现的人的生存状态的异化现象和精神焦虑相类似的症状。本文正是在社会转型的背景下，从人文的视界来省思这种“存在的孤离”的内在机缘和表现。

现代社会是一个内含着孤离性的社会。存在的孤离主要表现为当代人之存在的四重疏离化状态。

（一）人与自然的疏离

人是一种自在的自然存在，这不仅表现为人是自然进化的产物，在自然中生存，与自然发生物质和能量的变换，而且表现为人本身就是一种自然存在物，有其自身的自然性质和规律。人又是一种自为的自然存在，自为性在于他的意识性，即他是一种意识到自身存在的存在。意识一方面指向人自身，把人自身当作意识的对象，即自我意识；另一方面又指向于外，把自然万物作为意识的对象，即对象意识。无论是人作为自在的自然存在还是作为自为的自然存在，都表明了人对自然的依待，自然是人须臾不能离开的生存家园。

对自然的感恩、顺从和敬畏，是工业文明之前人类对自然的基本情感和意识。这种情感意识，古人经由神话、诗人经由想象、哲学家经由理性、神学家经由宗教信仰与自然沟通。但工业文明打破了这种天然的和谐和律动，人与自然由混沌未凿的关系，走向物我两分、主客分立的关系，由顺从和敬畏走向改造和征服。与此同时，自然也开始了它对人类的异质化和疏离化进程：森林和湿地被破坏、动植物种群急剧减少、江河断流，干旱、酸雨、沙漠化、城市的垃圾与噪声、温室效应、臭氧层破坏，人类的生存家园面临严重的危机。

在西方，对资源、生态、环境危机的深切关注，开启了对工业文明的支配人类行为的工具理性主义、功利主义、人类中心主义的深刻反省和批判。一些西方学者把目光投向东方，在西方的语境中来诠释古老东方的哲学睿智及其当代寓意。但是，中国并没有因其长期的农耕文明以及“天人合一”的古老东方智慧而成为当今全球性环境生态危机之外的一片“绿洲”，也没有给中国人埋下保护生态环境的“集体无意识”。相反，在由传统向现代的社会转型中，却遇上前所未有的资源、环境和生态问题。巨大的人口压力，后发现代化国家的工业化、城市化发展道路，地方政府和民间的急功近利、杀鸡取卵的短期行为，以及长期以来的“人定胜天”、改造和征服自然的戡天役物意识，公众对环境、生态意识的陌生、淡漠，使我们面临着严峻的生态和环境危机。

环境污染、生态破坏、资源枯竭、生存家园危机，这是当代人与自然疏离化、异质化的基本表现。在此基础上，人在情感、意识上也日益与自然疏离了。自然本是人类灵魂的一面镜子，它在与人类灵魂的神秘沟通中体现了人类真善美圣的人文诉求和精神原乡。科技理性、工业文明无法提供一种文化精神使人从深层的内心世界去寻找与自然的情感交融和共处之道，从人性的真善美圣诉求维度构筑与自然之间伦理的和审美的关系，更无法以形上的终极追求与自然交感合一来体验回归自然的神秘意境。人对自然的亲缘感、审美感、敬畏感、神秘感、家园感逐渐减弱，代之的是一种分立感、异质感、陌生感和疏离感。

（二）人与社会（他人）的疏离

任何人都生活于特定的社会关系和社会群体中。海德格尔认为，“此在”的基本存在结构是“在世”，个人不能孤立地、单独地存在，而总是处于世界中，与他人共在。个人存在于与他人、群体相互作用的社会互动中，人对社会的依存不仅在于人在社会中获得生存和发展的能力、方式、个性、角色，还在于人在社会群体中获得精神、文化、价值方面的沟通和依归。

在资本主义现代化进程中，社会化大生产把社会联结成一个相互作用的整体，任何个人的物质的、精神的生产和生活都不可能离开社会与他人而孤立地进行。但与这种整体化趋势相悖的是，个体、人群之间的分化和分裂现象也日益严重，“以物的依赖性为基础的人的独立性”使人与他人、社会之间的依存采取物的依赖性的形式，社会分工使人们彼此分隔在各自专业范围内，竞争和就业压力使人与人之间被一条生存和利益的沟壑隔开，个人主义、功利主义的价值取向使人与人的关系淹没在利己主义的冷漠之中，在高度社会化的背后是一个精神上日益孤独的自我。这种社会化和孤离化并存是现代社会的一个深层悖谬。而“产生这种孤立个人的观点的时代，正是具有迄今为止最发达的社会关系（从这种观点看来是一般关系）的时代”[①]。

在当代中国社会转型过程中，个人与他人、与社会的疏离化倾向也日趋严重。①现代社会在造就独立的个体的同时促成了利己主义的滋长，在通过经济关系的纽带把人们联结成相互依存的整体的同时又使人与人的关系变成金钱、功利和竞争的关系，在利益、就业和生存竞争中，人与人的关系日趋冷漠化和异己化。②在向市场经济的转型过程中，“集体”从组织形式到价值取向都逐渐淡化。过惯了在单位、集体中相对稳定且没有风险生活的人们，一旦剪断了与集体连接的“脐带”被推向市场，便被竞争和生存的压力、风险和危机包围，一种茫然无措的孤离感萦绕着个人。③在转型过程中，社会由相对稳定、慢节奏变为动态、快节奏，由同质性、单一性转向异质性、多样性。人们在传统社会中形成的生活方式、思维方式和文化心理有一种既成的历史惯性和滞后性，使人们很难马上适应这种多变的、快节奏的、多样性的社会状况，由此产生与社会变化发展之间的距离感和失落感，似乎社会生活一下子变得与自己陌生起来，一切都需要重新再来。④社会转型伴随着社会失范，人们的思想和行为失去权威力量的整合，失去共同的目标和方向，失去对传统的意义、价值系统的认同，从而逐渐淡化了对群体、社会与他人的义务感、责任感和认同感而日渐走向一个孤离化的“自我”。⑤转型中的中国社会，出现了社会不公现象。社会不公首先体现在城乡二元社会结构上，其次表现在日益加剧的两极分化现象上。不公平的社会结构和社会分化使那些处于弱势的、贫困的、被边缘化的社会群体和个人，产生了一种被社会所不公正地剥夺和抛弃的感觉，由此对社会产生了离心的倾向。⑥现代技术社会的电子化、数字化、虚拟化代替了情感化的人际关系的交流方式，造成人际关系的冷漠和疏远。对此，奈斯比特在《大趋势——改变我们生活的十个新方向》一书中有一段很好的描述：人们在家里办公，“起初有人觉得能够逃避日常

① 《马克思恩格斯选集》第2卷，人民出版社，2012，第684页。

的苦差事，很好玩，……然而，过了一段时间之后，他们当中大多数人都想念在办公室里大家热热闹闹地谈话以及人与人之间的亲密关系。因为人们在各自的电子小屋（Electronic Cottage）里工作，由于高情感的作用，他们会感到一种由于高技术所造成的孤独感”①。如今，奈斯比特所描述的高技术造成的孤独感对我们而言不陌生了，我们已经开始体验到个中的滋味。当生活技术化、电子化、程序化、数字化、虚拟化的时候，生活就失去了属于人类的情感和意志的人文色彩和意义而变得索然无味。高技术社会缺失情感的交融和生活的人文维度。

可见，在向现代化的社会变迁中，人与他人、社会的关系具有了现代性的诸多症状，进入了一种自我中心的、竞争的、功利的、契约的、技术的、虚拟的现代性场景中，这一切意味着传统的人与他人、人与社会通过血缘的、伦理的纽带所联结的亲情关系或由共同的信仰、理想、传统、价值观所涵化的同志式的关系在现代社会中淡出，意味着人性化、情感化的关系在现代人际关系中淡出，这正是当代中国社会转型过程中人与他人、人与社会疏离化的基本表现。

（三）人与文化的疏离

人不仅是自然的存在、社会的存在，而且是文化的存在，人与自然、社会、自我的关系是以文化的方式来建构和显现的。文化是人所特有的存在方式。文化本性的根据是人的自由自觉的创造和超越本性，具有需要、目的、意志、情感、理智的人通过人的对象化活动建构一个属人的文化世界。同时，人又置身于自己所创造的文化世界之中，被文化所塑造。“我们循着常规无可逃遁地置身于我们自己所造成的文化世界之中，其情形就如我们站在自然界中一样。”②

人作为文化的存在是一个事实判断，因为人不可能离开文化而存在。人作为文化的存在还是一个价值判断，它所体现的是人性中的积极的、超拔和升华的向度，荷载着人性的趣真、趣善、趣美诉求以及人对理想、信仰、精神家园等意义、价值系统的追寻和建构。当代人的存在与文化的疏

① 〔美〕约翰·奈斯比特：《大趋势——改变我们生活的十个新方向》，梅艳译，中国社会科学出版社，1984，第35页。

② 〔德〕夏埃尔·兰德曼：《哲学人类学》，张乐天译，上海译文出版社，1988，第214页。

离正是指在存在的价值、意义方面所面临的危机和困惑。早在18世纪，卢梭就认为现代生活给人一个“破碎的灵魂”，每个现代人一辈子都需要跟自己的精神分裂相处，无法逃避。在20世纪的西方社会，这种疏离化主要表现在以下几个方面。

（1）在一个一切都商品化的社会中，人们埋首于物质消费和利益竞争，被驯化成一个经济理性“动物”，逐渐丧失了对生命的价值和意义的超越与升华的追求维度。个人主义、功利主义、实用主义走到极端，其结果必然是人与人之间关系的冷漠孤独和非道德化倾向。吉登斯曾断言：“现代性的一个特色就是道德沦丧。”① 丹尼尔·贝尔说：“后工业社会不能提供先验的道德学……而反对遵从道德法规的态度使人陷入根本的‘我向主义’，结果疏远了与社会的联系以及与他人的分享。这个社会的文化矛盾就是缺乏一个扎下根子的道德信仰体系，这是对这个社会生存的最深刻的挑战。”②

（2）在文化工业和文化商品化社会中，文化对人性的超拔、升华和教化功能逐渐淡出，成为实现商业利润的工具和手段；文化失去创造性、个性化的特质，成为一种表性的、低俗的感官刺激；大众文化、消费文化、通俗文化的流行，导致文化的平庸化，使人们失去对生活的独特感受和深度理解。

（3）信仰的失落使人感到一种无可名状的迷茫和虚无。信仰作为终极价值和意义追求是文化的核心部分。宾克莱在《理想的冲突——西方社会中变化着的价值观念》中指出：“在所谓爵士音乐式时代的20年中，沃尔特·李普曼观察到一些‘现代性的酸’已经使过去各种宗教式的笃信溶解了。”③ 西方文化有两个根，一个是形而上学这个根，追求世界的终极基础和原因；另一个是基督教—上帝这个根，追求人生的终极意义和精神家园。在20世纪，这两个根都遭到质疑。20世纪的西方哲学几乎都是以反对、消解形而上学起家的。而对于基督教信仰，尼采在19世纪末既是总结

① 〔英〕吉登斯：《民族－国家与暴力》，胡宗泽、赵力涛译，生活·读书·新知三联书店，1999，第370页。

② 〔美〕丹尼尔·贝尔：《后工业社会的来临——对社会预测的一项探索》，高铦、王宏周、魏章玲译，商务印书馆，1984，第531页。

③ 〔美〕宾克莱：《理想的冲突——西方社会中变化着的价值观念》，马元德等译，商务印书馆，1986，第6页。

又是预言地喊出："上帝死了！""上帝存在"对于西方人来说，不是关于有没有的事实判断，而是关于需不需要的价值判断。研究基督教史而知名的学者诺克对基督教做了有名的总结：人们追求的不是真理，而是在宇宙中寻找家园。基督教正是以其超越的信仰和价值体系构成西方人的终极精神家园，一旦失去这个家园，人生就坠入虚无。

在中国社会由传统向现代的转型中，人的存在与超越性的文化相疏离，既具有现代性社会的某些共同的机缘和表现，又有中国社会自身的特点。

(1) 文化认同危机日益加剧。主要表现在对两种传统的批判和解构上：一是对儒家文化传统的批判和解构，二是对革命理想主义传统的批判和解构。这种批判和解构既具有思想启蒙和解放的意义，又导致了对传统文化价值的认同危机。

(2) 社会生活和行为的价值取向由乌托邦式的精神致幻和虚假崇高转向以经济利益为轴心的实利主义和实用主义。人们追逐世俗的物质生活享受、金钱、感官刺激，放弃了高层次的精神文化追求和人格的超越与升华。

(3) 社会道德人文环境恶化。大而无当的道德理想逐渐退场，传统儒家伦理亦被社会生活和交往的实利化趋向所消解，个体自觉的道德修养沦为生活中的"三代古人"，与社会主义市场经济相适应的新的道德规范尚未确立，部分人以追求物质利益最大化的"经济人""理性人"为价值取向而奉行个人主义、功利主义、拜金主义、享乐主义、实用主义原则，人道精神、社会公平、正义、良心、责任、诚信以及社会公德和职业道德在某种程度上缺位，社会生活呈现一种非道德化的倾向。

(4) 在大众文化、消费文化、通俗文化广泛而又迅速流行的文化生态环境中，文化的创造性、审美性和个性化的特征被消解，失去深沉的底蕴和精神高地而沦为调侃生活和人生的肥皂剧，戏说宫廷的伪历史剧，情色暴力的粗俗闹剧。文化的平面化解构了它所应荷载的思想内容和教化功能；文化的粗俗化、官能化解构了它对人性的超越和升华的本性。文化成了反文化、反人化。

(5) 理想和信仰失落，人生价值和意义危机。理想和信仰是人作为文化存在之超越和升华本性的最高层次的表现。"上帝死了"使西方人感到人生无所依托，而在社会转型中对两个传统的价值意义系统——理想的道德人格和理想的大同社会的解构也使中国人失去了人生的精神归依。虽然二者性质不同，但其信仰缺失的感受却是相似的，一场存在意义的饥荒同时在中西方蔓延。不过，尽管现代性的“酸”确实对西方人的信仰体系起了溶解的作用，但似乎并没有把上帝给溶解掉，西方文化意义系统的底色还是上帝涂鸦出来的基督教。而在中国传统文化的价值意义系统中，没有一个终极的彼岸世界可供人在终极处来安顿灵魂，人之存在的理想、信仰、价值、意义都由此岸世俗生活来提供，一旦现世生活出现困难和挫折，生活的理想和意义也就很容易随之破灭，人们就会在灵魂深处感到一种无所归依的迷茫和焦虑。

（四）人与自我的疏离

自然、社会、文化不是外在强加给人的东西，而毋宁说人与自然、社会、文化这三维关系是人的存在的本己性的内容和关系。同时，这三维关系也不是各自孤立地在其向度上展开，其中每一维度都蕴含着其他两个维度的内容，它们相互关联、相互蕴含构成人之存在的内容和方式。“人以一种全面的方式，就是说，作为一个完整的人，占有自己的全面的本质。”[①] 因此，人与自然、人与社会、人与文化的疏离归根结底是人本身的内在矛盾和分裂，是人性的异化，是人无法把握自我，与自我的疏离。在一个快速多变的世界中，自我的内在同一性、连续性和整体性被撕裂了。

在转型中的中国社会，人的存在这四重疏离化趋向，正是存在之孤离性的内在机缘和主要表现，它在当代中国人心灵深处引发了对自身存在的孤独、疏离状态的主观感受——存在的孤离感。

二 人文焦虑与人文反思

存在的孤离在社会心理层面上表现为普遍的焦虑感。这种“存在的焦虑”是人对孤离化状态的急切担忧和无所依恃的心理状态。它不是一个严

① 《马克思恩格斯文集》第1卷，人民出版社，2009，第189页。

格的规范用语，而是对当代人的文化心理现象的情景性的描述。它不是由物质生活的匮乏引起的，而是人之为人的本性的分裂和异化而产生的焦虑，是人对自己在一个充满不确定性的世界中失去依托、丧失确定性标准和根据的茫然无措的焦虑，是人对失去家园——人与自然、社会、精神文化家园疏离的独特感受，是人性在超越、升华向度上即对人之为人的价值、意义、道德诉求、审美情趣、终极追求等方面的失落引起的精神文化焦虑。这就像罗伦·逻伯逊所说的“乡愁”，它是一种对过去、对传统的怀念与精神回望，也是对现代性的焦虑与不满，乡愁的最深处是终极的人文关怀，因而从根本上说，乡愁是人文性质的存在焦虑。对此存在焦虑倾之以人文绳墨的关注和审思，正是“人文反思”语境生成的缘由。

人文精神的“失落”、“关怀”和“重建”是20世纪90年代中国人文知识分子的一个热门话题。其中，对用以作为批判武器和重建意义系统的“人文精神”的含义的理解是很不相同的：有来自西方对现代性的文化批判立场，有现代新儒家的道德内圣的心性之学和道德形上的价值取向，有以集体主义为本位的革命理想主义和浪漫主义的价值诉求。20世纪90年代后期，人文精神话题开始逐渐淡出，究其主要原因，一是对社会转型的人文关切相较于政治、经济方面的变革在时效性上远远不如。当代中国最为急切的问题是科技、经济、社会的现代化问题，人文批判既与现代化的具体表现如工业化、科技化、市场化、世俗化等内容相抵牾，又是游离于主流意识形态之外的文化批判。且人文“诊疗”是一个逐渐的、长时期的过程，在一个追求功利、实用和多变、快节奏的社会场景中，人文精神方面的批判和重建就好像是急病遇上慢郎中，有隔靴搔痒不着实处之嫌。因此，“人文精神”方面的讨论在人文知识分子圈内热闹一阵即行淡出就不难理解了。二是人文反思主要是人文知识分子特有的批判维度。由于人文知识分子在当代中国社会转型中的地位、作用、社会影响和大众认可度等方面远不如科技、经济、政治方面的知识群体，是一个处于社会权力资源的边缘的知识群体，人文批判对转型中出现的诸般社会问题只是一种边缘性批判，这也是“人文精神”的讨论仅是在人文知识分子圈内的“自说自话”，而在社会上应者寥寥的原因。三是“人文精神”讨论本身的局限。由于论者对“人文”理解的歧出，在各自把不同的“人文”批判话语指向同一对象时，就会出现“关公战秦琼”式的论争。由于他们各自据守自己的立场，而不是跳出或超越自身的局限，从中国社会历史进程和时代实践发展要求的高度来审思当代人的存在问题，去建构一种适应社会和人的发展要求的新的人文精神，因此，关于人文问题的论争常常变成文人之间在个人人格操守上的独白而失去其更普遍、更现实、更深层的意义，以至于无果而终。

但首先，这不等于说人文反思和关切没有必要、没有意义，因为，存在的孤离化趋向在当代社会是不争的事实，而这种“孤离化”恰恰具有反人文的性质。因此，对存在的孤离化现象从人文角度来反思正切中其理。其次，人文反思虽然不如政治、经济手段那样即时见效，但在中国这样一个具有深厚封建文化传统的社会，人的自由和个性的发展受到严重的束缚和压抑，在走向现代化的社会转型中，科技理性、工业化和物质消费又成为整个社会追求的基本内容和目标，缺失人文的发展维度和导向从而导致一种单向度的、片面的、畸形的发展。对此时时加以人文的拷问，使社会发展能够在科学与人文、物质与精神、社会发展与人的发展之间保持一种张力，人文的反思与关切无疑具有不可替代的深层次的历史意义。最后，人虽然是一种超越性的文化存在，但人并不都是自觉地从人文文化的角度来审视自身的存在。对人文知识分子来说，必须时时唤起人类的文化自觉，人文知识分子不能放弃他们的人文使命。

不过，“人文”的多重含义以及学术界并未对“人文”做严格的学术规范使问题变得复杂起来。同样是对当代人生存处境的人文观照，个中对人文的理解和使用是很不相同甚至是对立的。如中西方文化传统中的“人文”就具有极不相同的语境和内涵。在西方，“人文”是以“主义”后缀出场的，它所体现的是一种与欧洲中世纪不同的以人为中心的新的思想、信念、价值观念和意识形态，在文艺复兴、启蒙运动中成为资产阶级反对宗教神权和封建愚昧专制的思想旗帜并演变成西方文化中的“人文主义传统”。在资本主义历史过程中，其基本内容和特征主要表现为：用人性来反对神性，用人权来反对神权，用人道来反对神道，用个人自由来反对封建专制，用教育、知识、理性来反对蒙昧主义，用世俗生活来代替天国生活。人文强调对人的价值、权利、自由、平等、生命、财产以及人性的高贵和尊严的承认和尊重。在中国的文化传统中，“人文”主要是指与“天文”相对的人事人理、人伦礼仪、诗书礼乐教化，以“仁”为核心的道德规范和以“礼”为核心的礼仪规范。它们既是解释性的，即人之为人的根据；又是规范性的，用这种道德礼仪教化天下，使人成为知文达理的有教养、有道德的人，使社会成为按仁义道德和等级礼教规范运行的文明社会，即“人文化成”。作为中国人文传统核心内容的道德礼教，是建立在东方式的宗法血缘关系和专制等级关系基础上，它非但与专制统治不矛盾，而且通过儒家的解释和规范强化了专制和宗法等级关系。而西方的人文传统则是反对封建专制的思想利器，强化的是人权。至于当代中国人文知识界对“人文精神”的使用和争论，其所指侧重之处不同，有的强调传统的道德人文，有的强调崇高的革命理想、信念和集体主义的价值观，有的强调与大众文化相对的高雅文化、审美情趣和终极追求，有的则强调人的自由、平等、公正、人道、宽容、博爱等人文理念，不一而足。

可见，人文一词的含义并不统一、规范。既然在共同使用“人文”一词，就必须对“人文”一词进行界定。笔者以为，对“人文”的阐释不是简单地规定它“是什么”，而应该具体分析它“是怎样的”。①从内在根据和性质来看，“人文”以人超越动物的人之为人的文化特质为根据，是人超越自身自然本能的创造性力量、升华的人性的表现。②从具体内涵来看，“人文”有两个层次的内容：一是在现实的世俗生活中对感性的幸福生活的追求和创造幸福生活能力的肯定和赞赏，对人的自由、价值、权利、尊严的承认和尊重，以及人道、公正、平等、宽容、博爱、良心、责任等人文理念和价值诉求；二是超越现实的世俗生活精神升华和追求，如高尚的道德人格、高雅的审美情趣、美好的社会理想、信仰和终极追求等崇高的精神理念。③从“人文”作为学科性质和内容来看，其包括与自然科学学科相区别的文学、艺术、历史、伦理、哲学、宗教等人文学科的知识和内容。④从“人文”具体的历史和地域来看，其表现为中西方两种不同的人文传统，前者关注的是道德教化和道德人格的培养，后者关注的是个性的解放，自由、平等、博爱等人道主义的价值诉求。

第一，对转型中人的生存境遇的人文反思应是批判性和建构性的统一。一是以上述人文视界对当代中国社会转型过程中人的存在的孤离化现象进行分析和批判，把握这种“孤离化”现象的内在机缘和表现；二是在适应与超越的两个层面上建构一种新的人文精神或人文话语，这种人文精神应在人与自然、社会、文化、自我之间的沟通对话、和谐共在中体现出它的价值诉求。

对转型过程中出现的存在孤离化的人文反思，首先必须坚持历史唯物主义的立场和方法，从中国社会历史发展的客观必然意义上来认识现代化、市场经济、科技理性之于中国社会和人的发展的解放与进步意义，从而使这种反思含有建设性的立场。虽然现代西方的人文学者把存在孤离化的因由归之于现代化、科技理性，但要看到这种批判在西方社会也是一种诊疗性、补救性、边缘性的批判反省，西方社会并没有因此而停止现代化、科技化的步伐。我们不能把西方学者对现代性的文化批判的话语平移过来，而不考虑中国社会特殊的语境。必须看到现代化是中国社会不可逆的历史进程，它所蕴含的理性精神、法治精神、创新精神，自由、民主和平等意识正是我们的人文传统中所欠缺的，也是凝聚生成新的人文精神所必需的。因此，任何对当代中国社会由传统向现代的转型过程中人的存在状况所进行的人文方面的反思和批判，都首先必须肯定现代化、科技理性、市场经济对中国社会与人的发展的解放和进步意义。

第二，关于人文反思的根据和必要性问题。存在孤离化在当代社会是一个普遍性的现象，由此引起普遍性的生存焦虑和在道德、审美、理想、信仰等人文价值意义方面的失落和危机。这种孤离性、焦虑感更由于转型中出现的权威流失、社会失范、职业和阶层的分化、利益结构的重组、财富的不平等积聚、两极分化、社会不公和腐败现象、社会变革和社会生活速率加快，以及竞争、失业的压力等而日益加剧。对于当代中国人来说，一方面世界从来没有呈现出像今天这样的变化和不确定性，另一方面人们的内心深处也从未像今天这样强烈地渴望某种牢固和确定的东西，这就是人文反思之必要性的根据和基本语境。尽管这种反思、批判、关切比之经济、政治的手段没有那么直接和立竿见影，但人文的视界则更为深沉和久远，因为“人文”的状况和发展水平正是一个民族、国家文明发展水平的基本的内容和依据，它关乎个人、民族、社会、国家的文明素质、文化底蕴以及生存与发展的生命力、创造力和发展方向，现代化、科学技术、市场经济必须在人文的参与和导引下才能朝着促进人的全面发展的方向健康、健全地发展。当代社会是一个最需要科学技术而且科学技术也最发达的社会，但同时也是一个最需要心灵慰藉、精神家园充盈其内的人文社会。在一个神圣解体、世俗肇兴的历史时期，必须建构一种既能够体现社会公正和良心，又能够支撑人性超越与升华的高层次的精神追求的人文价值意义系统，使社会成为一个健全的社会，人成为健全的人，这正是人文反思与关切的主题。

第三，人文反思的问题域应以当代中国人的存在境遇为其内容和边界。存在境遇从人学角度看表现为上述所分析的存在的四重疏离化。因此人文反思和关切的问题域也主要是在反思存在的疏离化中被提出和讨论的，这就使人文反思深入生存哲学的层面，而不是停留在文学和文人的操守层面。所谓生存哲学，就是在哲学的层面上来反思当代人的存在境遇及其内在机缘。

从人与自然的疏离化来看，在人文视界里，自然不是纯粹的自然，而是人化的自然：是作为人的生存家园的自然，是人类意识和实践活动对象化的自然，是被人的自由意志所神秘化的具有客观精神力量的自然，是人的审美对象的诗化的自然。人对自然有一种天然的精神原乡的情感归依。现代人片面地以工具理性和日益发达的科技手段来对待自然，使人不仅在生存家园意义上而且在精神家园意义上都远离了自然，这种人与自然的异己化和疏离化，是人文反思的一个基本问题域。从建构的意义上看，重建人与自然本然关系的人文诉求包括以下几种。①人对自然奥秘的探寻中的非功利的趣真诉求。世界上一些伟大的科学家如爱因斯坦等人常把对自然规律的真理探求理解为出于人类对神秘自然的好奇心。这种非功利的源于人类好奇心的为真理而真理的趣真诉求，正是人与自然关系中的一个基本的人文诉求。②人对自然的天然的亲缘感而产生的伦理情怀和趋善诉求。当代生态环境问题基本上是从人的生存的功利性角度提出的，以此要求人类保护生态环境、善待自然。生态、环境伦理不应该是这种人类中心主义和工具理性的伦理包装，它应当建立在源于人的本性的对自然的天然亲情关系而产生的伦理意识、责任意识上，是源于人性的内在善良意志的自觉，而不是外在功利的逼迫。③人对自然的交感、体验而产生的审美诉求。自然的神秘、壮丽和天然的韵律是人类审美体验和创造灵感的永恒的对象和不竭的源泉。人性的审美维度与自然之美的天然合韵，是人与自然最神秘也是最美妙的一种关系。在天人合一、天人交感的审美体验中人性得到舒展和升华，达至自由与崇高的审美愉悦的境界，如同哲人海德格尔所倾心向往的“诗意地栖居”。④人对自然的精神家园的终极诉求。对自然作为生存摇篮的依恋，对自然亲缘关系的精神原乡，对自然神秘力量的崇拜和终极追寻，这即是人性中最原始的精神崇拜，也是人性升华到最本真处对精神家园的归依。如同喜马拉雅山之于藏族人民、内蒙古草原之于牧民，它们不仅是人们生活于其中的生存家园，同时又是人的精神在终极处崇拜和追寻的永恒的精神家园。

从人与社会（他人）的疏离化来看，人作为社会的存在不仅在于个人离开了他人、社会无法生存，而且还在于个人离开了他人、社会在精神上无所依待。当代人的存在出现内在的裂变：人们在社会物质生活方面的依存关系加强了，但生存竞争、利益对立与分化也加剧了，在情感、精神方面的交流、认同越来越少，人与人之间在精神上越来越异己和疏离。对这种内在裂变的人文反思与关切需从两个方面进行：一方面，必须分析、揭示其内在的机缘、特点和表现；另一方面，必须在社会交往与协调、人际交往与对话等方面营建新的人文环境，即在社会生活和交往中树立起自由、民主、平等、公正、权利、责任、良心、义务、诚信、合作、和谐、尊重、宽容、同情、关爱等基本的人道精神和伦理精神，从而使人与社会在充盈这些人文精神的生活与交往中形成新的同一性。

从人与文化的疏离化来看，文化工业和大众文化的流行使文化生产和文化消费日益低俗化、平庸化，能够真正地体现人的个性和创造性、人的超越与升华本性的真善美的文化却日渐消隐。西方人文知识分子把文化批判的矛头指向现代性、文化工业和大众文化。而在当代中国，问题则比这种单纯的文化批判要复杂得多。一方面，在经济、文化、社会的全球化互动中，中国社会发展也具有了现代性的性状和困惑，这使得流行于西方的现代性文化批判，在中国也有了出场语境。但另一方面，中国社会的后脚还停留在传统社会，走向现代化是解决贫困、愚昧、落后，实现民族振兴和富强的时代历史主题，这又使得对现代性的文化批判因与这种时代历史主题相抵牾而流于边缘。同时，人文知识分子对传统文化资源的价值意义系统的守望或重建也并不就能提高当代国人的文化品位和精神境界，因为这种价值意义系统所蕴含的封建宗法和专制意识形态，正是对人的个性、创造性及其精神境界的压抑、束缚的重要的因素。至于“红太阳”式的“卡里斯玛”情结、英雄主义颂歌、大而无当的道德说教、狂飙突进式的革命激情、理想主义的精神乌托邦在“文革”后也开始悄然退隐，切不可再把它们直接还原为现实，因为它们不是精神超越和升华了的崇高诉求，而是基于愚昧和迷信的精神迷狂。可见，人文反思不能简单地移植西方现代性的文化批判话语，建设体现人性之真善美的健康的、高雅的、先进的文化和意义系统，也不是简单地重新阐释和重建传统的道德人文精神，或重建神化的理想主义精神乌托邦，而是基于当代中国社会主义现代化实践与人的全面发展的需要和在对中外古今文化精华充分了解的基础上达至的文化自觉和先进文化创新过程。

从人与自我的疏离化来看，人文反思和关切的主要问题是，在揭示和批判当代人的人格分裂、人性异化的同时，指向一个健全的、人格同一的自我的形成。这种健强的、人格同一的自我，在个体的个性自由、创造性需要、实现自我的需要与个体在现实生活、交往中社会认同的需要之间保持张力，在人与自然、人与社会、人与文化这三重关系的和谐与同一向度上不断升华和实现一个趣真、趋善、达美的自我。

（本文原载于《东南学术》2004 年第 6 期）

社会转型期的精神症像与人文自觉

当代中国正处于由传统社会向现代社会的转型过程中。在转型期出现的价值失范和认同危机等诸般精神症像，需要从人文价值的角度予以拷问与观照。

一　中国社会转型期的精神症像

现代人的生存困境已经由物的方面深入精神文化层面，表现为一种深层次的信仰、道德、审美等意义危机。在向现代社会转型中的中国社会，也面临着现代性的两种精神症像：一是世俗化生活中意义世界的失落；二是多元社会中核心价值的匮乏。一种失去精神家园的无待使人之生存失去了深沉的文化底蕴而呈现为无根的感性的存在。

（1）文化认同危机与社会转型相伴而生。文化认同是指人们在共同的社会生活、交往和实践中对某种文化价值观念的认可和赞同，并自觉地将之内化为自己的价值取向，作为规范自己行为的准则和标准。中国社会从近代开始就出现了认同危机问题，这主要表现为对儒家文化传统价值的怀疑、失望和批判。20 世纪 80 年代后出现的文化认同危机则表现为对两种传统的批判：一是对儒家文化传统的批判，二是对革命理想主义传统和对苏联社会主义模式的批判。这种批判作为思想启蒙运动，对于中国社会改革开放、由传统向现代的转型、重建新的文化价值系统有着巨大的解放和进步意义。但这种批判所运思的思想与价值资源斑杂且有西化之嫌，陷入一种“上不着天，下不着地”的尴尬境地，它无法建构一种适合本土的原创性的新的价值意义系统，从而导致一种“旧辙已破，新轨未立”的价值失范现象。思想文化、价值观念呈现一种中与西、古与今、雅与俗、传统与现代、社会主义与资本主义的多元的、相互冲突的情景。人们在其中感到无所适从、迷惘、无待。就像一首歌所唱的“天上有个太阳，水中有个月亮，我不知道哪个更圆，不知道哪个更亮”，只好“跟着感觉走”。“活着就是心跳”“过把瘾就死”等时兴话语，正是这种文化价值意义系统的危机而使人的生存失去深层底蕴呈现为无根状态的表征。人们对如何确定自身的文化身份感到一种无可名状的“选择的忧虑”。这是一个文化多元化时代的价值失范和认同困惑。

（2）物质主义、功利主义的价值取向消解了道德人文价值。在社会转型中，社会生活和行为的价值取向转向以经济利益为轴心的实利主义。人们追逐世俗的物质生活享受，而放弃了高层次的文化、价值和意义的深层思考和追求，沉醉于动物性的官能和欲望的满足，而放弃了人格的超越和升华。

功利主义和注重俗世物质享受是西方进入工业文明社会的一个基本特征，它导致了道德人文价值的贬值。贝尔指出：“这个社会的文化矛盾就是缺乏一个扎下根子的道德信仰体系，这是对这个社会生存的最深刻的挑战。”① 不过，西方人虽然在世俗生活中注重物质功利，却仍然可以在宗教生活中感受到超功利的道德教化和神圣的超越精神。宗教改革后，西方人还把对现实功利和财富的追求内化为一种基于上帝期许的“天职”。此外，西方的哲学、文学、艺术、历史等早已构成具有悠久传统的人文领地，西方人在即便是工具理性、功利主义高度张扬的时代也可以从这些领域中吸取和感受人文价值的精神资源以济世俗生活的精神偏枯。这些都使得西方人能够在世俗与神圣、功利与道德、工具理性与价值理性、科学与人文之间保持一种张力或平衡。而在中国传统价值中，“天道远，人道迩”，注重实际功利一直是社会生活中主流的价值取向，即便是烧香拜神拜菩萨的目

① 〔美〕丹尼尔·贝尔：《后工业社会的来临——对社会预测的一项探索》，高铦、王宏周、魏章玲译，商务印书馆，1984，第531页。

的还是在于现实生活中的实用功利追求，生活中并没有一个独立的神圣的精神领地可以发挥脱俗超越的功能。过分注重实际功利价值的意识，使得我们缺乏一种为真理而真理、为知识而知识、为艺术而艺术的独立超拔的精神境界，缺乏一种像康德所言的“仰望星空”的敬畏感和心中的“道德律令”的良知与自律。因此，在社会主义市场经济条件下把世俗生活运演成功利主义的“跑马场”也就不难理解了。此外，在社会主义市场经济和世俗生活中形成的市民社会作为现实社会生活和交往的公共境域所形成的公共话语，与传统的人文知识分子所钟爱和擅长的超验的“宏大叙事”截然不同，它不再关心远离现实生活和功利的形而上、理想、终极价值等超越性的精神价值，而是注重实际生活的物质性、功利性的诉求。

道德作为人之超越本性的善的维度，在人们的社会生活中是不可或缺的“实践理性”“价值理性”。在转型期的中国社会，道德实践陷入一种“上不着天，下不着地”的尴尬境地。

（3）文化的商品化、市场化取向和利润追求，在刺激、迎合、满足大众感官欲望的需要的同时消解了文化所荷载的思想道德、审美情趣等人文维度和文化的教化功能。文化以迎合大众消费口味为取向，以追求利润为目的，通过文化工业批量生产和复制，通过大众传媒而广泛流行，以市场口味取代文化艺术本身的价值标准。勾栏瓦肆的媚俗文化摆上大众的文化消费餐桌，成了一次性的文化快餐。所谓的文化精英也开始与传统的“文以载道”的文化启蒙立场告别，而认同世俗生活和流行文化。世俗时代流行文化是反智、反深度、反教化的，它直接诉诸人们的感官和直觉。在这样一个大众文化、消费文化广泛而又迅速流行的文化生态中，文化的创造性、审美性和个性化特征被消解；文化的平面化、快餐化解构了它所应荷载的思想内容和教化功能；文化的粗俗化、官能化解构了它对人性的超越和升华的本性。塑造、教化、提高人的文明素质和审美情趣的文化变为迎合大众的感官刺激和欲望满足的商业化、感性化、媚俗化、平面化、复制化的商品。王元化先生曾不无痛心地指出：“一个以时尚为主导的社会文化中，是没有真正有深度的精神生活可言的。”① 流行歌星作为这种商业文化的代表在中国形塑了成千上万的文化复制品。

① 王元化：《清园近作集》，文汇出版社，2004，第7页。

审美是一种超然日常生活的精神体验，它不以追求功利、不以满足人的感官欲望和本能为目的。大众文化使文化从审美的神性体验的境界落到多元共生的世俗生活领地，从唯审美的精英文化启蒙到泛审美的大众文化狂欢，这种文化更加贴近和关注当代人日常生存方式和状况，形成了艺术审美与现实生活的沟通和互动，自有其积极、合理的意义。可以想象，媒体化生活和消费性艺术的结合仍将是现代人文化生活的一种现实的主要方式。但大众文化以感官意象的欲望满足取代了文化审美的意境和意义的追索，它的以世俗生活为依托的快感美学，缺乏高雅的审美情趣，离开了体现人之生存的神圣的、崇高的审美精神与人文理想的支撑和导引，导致了自我的失落与意义的虚无。尼尔·波兹曼在《娱乐至死·童年的消逝》一书中这样写道：现实社会的“一切公众话语都日渐以娱乐的方式出现，并成为一种文化精神。我们的政治、宗教、新闻、体育、教育和商业都心甘情愿地成为娱乐的附庸，毫无怨言，甚至无声无息，其结果是我们成了一个娱乐至死的物种”①。“娱乐”成了文化的“关键词”。

（4）网络时代、虚拟时代的数字化生存技术方式使人丧失了认知的乐趣、伦理的福祉、审美的生活方式。处于19世纪中期西方社会变革与转型时代的马克思不无感慨地指出：“在我们这个时代，每一种事物好像都包含有自己的反面。……技术的胜利，似乎是以道德的败坏为代价换来的。”② 胡塞尔指出：“实证科学正是在原则上排斥了一个在我们的不幸的时代中，人面对命运攸关的根本变革所必须立即做出的回答的问题：探问整个人生有无意义。”③ 马尔库塞认为，当代社会由于科技理性的过分膨胀，侵吞了“生活世界”，造成人的自由的失落和意义的失落，使人异化为“单向度的人”。哈佛大学史华慈教授在《中国与当今千禧年主义——太阳底下的一桩新鲜事》一文中怀着对人类文明的深刻隐忧而告诫世人：技术进步和各种新科学给人类带来的消费主义和物质主义，业已成为一种物质性的末世救赎论，轴心文明时代累积下来的人文主义精神正在衰落。④

① 〔美〕尼尔·波兹曼：《娱乐至死·童年的消逝》，章艳、吴燕莛译，广西师范大学出版社，2009，第5～6页。

② 《马克思恩格斯选集》第1卷，人民出版社，2012，第726页。

③ 〔德〕胡塞尔：《欧洲科学危机和超验现象学》，张庆熊译，上海译文出版社，1988，第6页。

④ 〔美〕史华慈：《中国与当今千禧年主义——太阳底下的一桩新鲜事》，林同奇、刘唐芬译，《世界汉学》2003年第2期。

现代人的这种由工具理性、技术所宰制的生存方式已经全面渗入当代中国人的日常生活和交往过程中。当我们的年轻一代在数字化生存中把自己交给电玩来激发官能欲望，在虚拟的世界里把生存与交往当作人机对话和游戏，在现代传媒中把爱情婚姻付诸电视中作秀、拷贝和复制，那么，体现人类情感、伦理、审美等人文价值和韵致的人文主义精神的衰萎也就势所必然了。技术的“利维坦”消解了生存的人文维度，使生存成为不能忍受之轻，这并非浪漫主义的危言耸听。

（5）信仰失落使人的生存失去终极关切而坠入迷茫和虚无之中。理想是人之超越当下现实存在而在观念中构筑起来的人生道路和目标图景，这种人生蓝图给人生提供了努力的方向和生存的价值意义。信仰是人对特定的理想、价值和意义系统笃信不移并把它当作人生价值诉求的根本方向，当作人生为之献身的意义之所在。理想和信仰是人作为文化存在之超越和升华本性的最高层次的表现，是一种文化系统的核心部分。俄国著名作家陀思妥耶夫斯基的《卡拉马佐夫兄弟》一书中的主人公伊凡声称：如果上帝不存在，什么事都将是容许的。但是，在没有上帝赋义和羁约的“自由”中，伊凡最终堕入虚无主义之中，变成了疯子。存在主义者加缪从中读出了这样的道理：现代社会因为失去宗教信仰而失去了价值和意义。传统的重视价值的历史过程具有确定性，但现在这种确定性业已终结。这种终结不仅意味着一种伟大理想和终极意义的失落，还使得个体面对的世界变得越来越不可理喻和无所依恃。

人生追求永恒却难及，不追求永恒则又会缺乏生活的根基，这就是人作为具有自我意识的超越性的文化存在所蕴涵的存在之悖论。“上帝死了”使西方人感到人生无所依托，而在社会转型中理性和信仰的失落也使中国人失去了价值目标。不过，在由中世纪的神圣世界转向现代文明的世俗世界的转折关头，新教伦理给西方人提供了世俗生活的超验意义，这使他们精神和灵魂得到了安顿。而在中国社会转型中的意义失落则有点像卡夫卡笔下的四足动物的隐喻所显示的那样：它的后腿已经离开了地面，但它的前腿还没有找到立足的地方。传统所提供的价值和意义系统在社会转型中逐渐被解构，而新的价值和意义系统尚未确立，人们游荡在追求物欲和官能满足的粗俗的现世生活中，成为无家可归的“流浪汉”。弗洛姆认为：“我们的生存即意味着我们追求和笃信某种东西，而我们所追求和笃信的则是我们行为的动力。”这个为我们所追求与笃信的东西其实就是“任何一个群体所共有的思想和行为的体系，这个体系给人提供一个取向的框架与笃信的对象”。在他看来，“任何一个社会没有这种笃信与追求是不可想象的”①。当代中国社会“笃信”的无着落处将可能导致这种“不可想象”的精神危机。在当代中国人的精神世界里，由于终极价值的匮乏，一旦市场经济激发起人性中的欲望，那种没有灵魂的、赤裸裸的物欲主义便开始迅速弥漫，成为社会生活的主导性价值取向。美籍华裔中国思想史学者张灏认为，中国在走向现代化的历史过程中出现的意义危机表现为三个层面的“精神迷失”：道德迷失、存在迷失和形而上迷失。② 这三种迷失可谓转型时期中国社会精神文化症像的一个比较恰当的表征。

在当代中国社会转型的历史进程中，既需要利益的驱动，更需要人文价值理念的烛引。从来没有一个时代像今天这样，追问生命的价值和逼视灵魂的归依显得如此迫切。严复曾对辛亥革命后中国社会脱序状况发出“旧者已亡，新者未立，怅怅无归”的忧叹。而在当代中国，当人的生存面临着一种疏离化与茫然失据的境遇，当信仰、道德、审美的需要在功利物欲急剧膨胀的旋涡中被消解于无形，当人们沉浸在“猪栏里的理想”中而忘却了高层次的精神和意义的追寻，一种高扬人性中真善美的人文理念的建构既显得那么奢华而不合时宜，又显得那么急切而撩人期待！

二　世俗时代的生存超越

上述关于转型期中国社会精神症像的论析表明：转型期人的生存面临着物质生活和精神生活的悖反——物质生活的日益丰饶与精神高地的日益萎缩。

人不仅生存于现实世界之中，人同时生存于通过人的观念所构筑起来的理想世界中，这是人之生存的应然性、超越性的状态。这种生存的超越

---

① 参见〔美〕弗洛姆《占有还是生存》，关山译，生活·读书·新知三联书店，1989，第143页。

② 张灏：《新儒家与当代中国的思想危机》，转引自罗义俊编著《评新儒家》，上海人民出版社，1989，第50～51页。

性源于人之生存的意识性和价值性。生存的意识性和价值性意味着人的生存活动既必须按照对象的性质、特点和规律等外在的客观尺度，又必须依凭人本身的需要、目的、意志等内在的价值尺度，并根据这两种尺度在意识中构筑起一个超越现存实然世界的理想的应然的观念世界，用以指导人的生存活动；生存的意识性和价值性还意味着人之生存需要除了物质性的需要外，还有着更为重要的作为人的生存与动物生存的最根本区别的精神性的需要，这种精神性的需要体现了人的精神中的智情意对真善美的追求，以及人的生存意志对人的生存的价值、目的、意义的追问。理想的应然的观念世界超越了现存的实然世界，这种超越性建构的终极处指向一个对人的生存具有终极和归属意义的理想王国。人的精神性需要超越了物质性的需要，这种超越性追问的终极处指向一个对人生具有终极意义的精神家园。而这种超越性的终极意义的理想王国与终极意义的精神家园在人之生存超越的终极处则合二为一，如同听从上帝的召唤和追求天堂的生活之于基督教徒来说，既是他们终极的理想王国，又是他们生存的终极意义或终极价值。“人与动物的不同在于，人除开现实地关怀自己的当下境遇外，人也对自己的命运有某种终极眷注。‘究元’意味上的终极眷注，往往为‘方便’意义上的现实关切提供最后的理由或凭借。现实关切直接关联着感性的真实，终极眷注所顾念的却在于那使现实关切得以在不断的自我扬弃中升华或嬗演的‘虚灵的真实’。”① 这种“虚灵的真实”给人的生存提供意义、目标和方向，从而使人能够在现实生活和实践中不断超越有限的自我，不断拓辟人之生存新的境界。因此，任何一个时代都必须在生存超越层面上来考量人对应然的理想和价值世界的追求，从中构建合目的性的人文价值理念，用以烛引人趋向于应然世界的生存超越。

轴心文明诞生了人类的自觉意识，奠定了人类精神的根基，东西方出现了伟大的思想巨匠，他们创造了一个超越的（哲学、伦理和宗教的）精神世界。按张灏先生的观点，这个超越世界有三重性质：一是终极感，超越世界是经验世界中万事万物的终极源头；二是无限感，经验世界的万事万物都是具体有限的，但超越世界是无限的；三是神圣感，人们对超越世界总是带有崇高敬畏的感觉。古希腊、基督教、伊斯兰教、印度教，以及

---

① 黄克剑：《人韵——一种对马克思的读解》，东方出版社，1996，第312页。

中国古代的儒家和道家都构建了一个超越世界。这个世界为人在现实世界生存提供理由、根据、信念、终极意义和终极价值。进入现代工业文明社会，人们关注的重心转向世俗的物质生活，超越性的精神和意义世界逐渐萎缩。马克斯·韦伯认为，现代化是一个祛神除魅的过程。现代化所要祛除的神魅就是源于轴心时代的超越世界。一个祛除神魅的世界就是世俗化社会。在世俗世界里，理性由于其功利计算和它的工具价值而被神化和普遍化，取代了上帝成为世俗时代的主宰力量，同时由于其对人性的片面性、工具性的扩张和僭越而成为人性完善的机械的压迫性力量。于是从启蒙内部生发的浪漫的人文主义，从卢梭到尼采，步入反理性一途。到20世纪后半叶，连那个替代超越世界的理性也被后现代主义者判定为虚妄的宏大叙事加以解构，一个相对主义和虚无主义的世界开始流行。世俗社会还有另一个含义，就是承认人的现世欲望的合理性，承认快乐主义与功利主义是人生的基本法则。在前现代，超越世界所代表的“精神的自我”是现实世界中“欲望的自我”的主宰。近代开始的世俗化将“欲望的自我”从超越世界中解放出来，赋予其价值上的合理性和合法性，演化成为全球性的物质主义和消费主义意识形态。

中国人的世俗世界背后有一个超越的世界，即天命、天道和天理的世界。这个超越世界为现实世界提供价值的终极源头和生存的正当性。对于超越世界和现实世界的关系、“精神的自我”和“欲望的自我”的关系，西方文明更多的是看到它们之间的区别、对立，而中国文明传统则更多地去发掘它们之间的相通之处。儒家既讲义，又讲利；既讲修身，又讲经世；既讲性理，又讲事功；既强调内圣，又注重外王；既敬畏天命、天道、天理，又乐从人性、人道、人理。道在器中，器不离道。二者之间既存在紧张关系，又存在耦合相通关系。在中国文明传统中，天命、天道、天理等超越世界与人性、人道、人理的世俗世界并非二元对立，而是内在相通的。天人相通的方式有两种，一种是汉儒所说的“天人感应”，另一种是宋儒所论证的“天人合一”。不过，从总体上看，虽然从古至今都不乏重义轻利的价值取向，但中国传统文明的价值理念更注重现实生活世界的经世致用。董仲舒讲“正其谊而不谋其利，明其道而不计其功”，虽有不少人传诵它，但在现实生活中则很难、很少予以践履。而贾谊的“正其谊而谋其利，明其道而计其功”才是现实生活中行得通的正途。晚清以后，在现代西方文明的刺激下，儒家经世致用的功利主义与从西方传来的进化论、富强说相接榫，放大和泛化为今天中国人普遍的、主导性的价值取向，而超越性人文价值和意义系统则越来越弱化萎缩。尤其在当代中国社会转型期，文化价值方面的主导趋势已经由先前那种具有形而上性质的充满激情的理想主义转向形而下的实用原则与现世主义。世俗生活的工具理性取代了价值理性，追求感官享乐和欲望满足消解了对生存意义的追寻，人们沉迷于物质生活的功利算计而忘却了高层次的精神生活的提升，导致理想信仰的失落、道德的沉沦、审美情趣的低俗、文化价值的失范、认同的危机和个体生存的疏离性。在商品逻辑渗透到消费社会的每一个角落时，已经没有了永恒的东西。在功利、实用成为主导价值的社会氛围中，关于存在的“诗性沉思”已经阙如。这正如法国社会学家波德里亚所言，在商品逻辑主导下的消费社会，“再也没有合目的性，再也没有目标；标志着这个社会的特点的，是‘思考’的缺席，对自身视角的缺席”[①]。这表明人之生存的超越性维度的极度萎缩。

然而，超越世界的“精神的自我”难道真的被世俗世界的“欲望的自我”消解了吗？作为现代性的“理性人”“经济人”“功利人”除了物欲的满足外，他是否还有德性的自我肯定和精神的安顿？“道者，反之动也”，世俗功利价值一极的极端化呼唤着超越世界人文价值的复活。当代社会人们从心灵深处对形而上与终极关切的呼唤，伦理秩序的重建，以及对人文价值的意义世界的重塑，正彰显出这种复活的趋向。

人之为人最根本的还在于精神对物欲的不断超越与升华，否则与动物生存无异。那种埋首于物质享受的自我不可能肩荷起中国社会的未来。精神对物欲的超越与升华需要充盈着真善美圣的人文精神的烛引。这样一种人文精神既体现为对“天理”与神圣的敬畏，也体现为对社会普遍“公理”的认同，还体现为对人之为人的内在良知的自明自觉。犹如康德所期许的头上的星空与内心的道德自律，基于理性和道德意识以及由此而来的精神力量和理想追寻，是人的生存超越性根由，亦是人文精神的园地。由此，人才能提升自身，达至人文自觉的高度。

① 〔法〕让·波德里亚：《消费社会》，刘成富、全志刚译，南京大学出版社，2000，第225页。

三　人文自觉与价值重塑

人的生存是由特定的符号和意义系统所表征、显现和敞开的“此在”。人的历史不是自然时间的流程，而是人的精神文化生命时间的绵延，是人文化的生命过程。精神文化所体现、所表征的是人之为人的生存内容和方式、本质和意义。对意义的追寻是人类文化活动的本质，人正是通过文化的建构活动来超越给定的现实，赋予世界以目的意义，从而确立人自身在社会生活和历史过程中的主体地位和价值。而人文精神作为文化世界的基本精神，体现着对作为文化世界本体的人的生命过程的本质、价值、意义的理解，人文精神的本质和内涵正是人类精神对真善美的追求、对生存价值和意义的追寻。因此，文化的本质和价值在于其人文本性和人文价值，真正意义上的文化自觉在于人文自觉，即人（包括群体和个体）在理智和情感统一意义上对人之生存的价值和意义的觉悟和理解，对体现真善美的人文价值的认知和认同，并把它内化为自己自觉的理想、信念和追求。

20 世纪 80 年代和 90 年代关于人和人文话题的讨论是中国社会转型期发生在哲学和人文学界的两次具有人文自觉意味的论争。

80 年代哲学与人文学界对“人道主义和异化”问题、“主体性”问题的争论乃至“文化热”，都无不与人、人文问题直接关联。90 年代关于人文精神的论争是对 80 年代的“人道主义和异化”和“主体性”问题的论争以及“文化热”的接续和呼应，但具体论究之，二者之间有着不同的出场语境，其人文论旨也是不同的。如果说 80 年代对“人道主义和异化”“主体性”问题的争论是基于“主体—政治”的紧张关系，是在拨乱反正、思想解放和改革开放大潮开启的社会背景下出场的，其所关切的人文论旨是要把人从极左僵化的教条主义束缚下和个人崇拜与阶级斗争的迷狂中解放出来，从东方式的专制主义文化传统及其价值观念中解放出来，确立现代性的个体主体性地位，以契合中国社会走向现代化历史进程对“现代人”的呼唤，那么，90 年代的“人文精神”论争则肇源于“人文—市场”的紧张关系，是在中国经济改革转向现代社会主义市场经济且这种具有中国特色的初期不成熟不完善的社会主义市场经济开始全面影响社会生活和交往的特殊语境中出场的，是在市场交易原则在整个社会生活和交往关系中的滥觞与大众文化的流行相辐辏的情境中出场的，是对这种市场交易规则滥觞所导致的道德理想的沦丧和大众文化流行所导致文化审美的低俗化的反拨与抗争。其所关切的人文论旨不再是个体主体性的张扬与追求个人价值和利益的实现，而是要把人从功利实用的世俗生活的欲念和迷狂中救赎出来，赋予人之生存以超越的、精神的、理想的、终极的、道德的、审美的价值和意义。他们所呼唤的人文精神从根本上关切于中国社会在转型时期人之理想、精神的安顿问题。这种“人文—市场”的紧张关系，首先表现为与市场经济发展相伴而生的中国社会世俗化、功利化过程与人文理想和道德价值的冲突，这在人文精神的论争中表现为“人文精神”与“世俗精神”的对立；其次，表现为商业化、媚俗化和平庸化的大众文化与精英文化的冲突；最后，还表现为传统价值失落而新的价值和意义系统尚未建立的价值失范的状况。人文精神的论争所体现的就是人文知识分子针对这种价值失范试图重建社会价值和意义系统所做出的努力。

进入21世纪，一方面，人在社会实践和社会发展中的主体地位越来越得到彰显，个体对自身利益和权利的诉求越来越得到认可；另一方面，人的物化状况、理想性的文化价值和意义的失落、文化认同的危机则日益严重，人之生存与其周围世界的关系的种种不和谐和疏离化的情况愈益突出。先前的观念变革和思想启蒙已悄然隐退，而具体的利益分化和冲突则日益凸显。人文精神作为一种观念性力量的作用即思想启蒙和价值引导的作用被大大削弱了。这既是由于人与人文话题本身蕴涵的“中西古今”的歧义所导致的思想混乱，使人们无法从这一话题中找到共同认可的用于支撑个体生活和实践的坚实的价值基点；更是由于整个社会生活陷入一种以私利为导向的功利主义和理性算计的场域之中，这必然导致利己主义的盛行，而利己主义的盛行势必引致整个社会道德人文价值被消解。“一种既无宗教引导、又失去德性提升的民族精神状况，最令人担忧。这是一种最危险的现代性境况：也就是一种极易陷入虚无主义泥潭的境况。”①

① 任剑涛：《内在超越与外在超越：宗教信仰、道德信念与秩序问题》，《中国社会科学》2012年第7期，第46页。

因此，在当代中国提出人文自觉并不是人文知识分子大而无当的“宏大叙事”或某种为批判而批判的“精神嗜好”，其所折射出的乃是由传统社会走向现代社会转型过程中人的生存需要什么样的精神价值来引导和支撑的问题。人文自觉即人们对于体现真善美圣的人文价值的认知、觉解和认同，并自觉地把它内化为自己的理想、信念和价值追求。而人文自觉必然要体现在价值重塑上，即把握转型时期中国社会的精神状况，根据当代中国社会实践的特点和当代中国社会发展的要求，构建一个价值意义系统来重塑当代中国人的精神世界，以解决转型期文化价值认同危机问题。

当代中国共产党人提出通过建构社会主义核心价值观来自觉地承担起这一文化历史使命。党的十八大报告提出“富强、民主、文明、和谐，自由、平等、公正、法治，爱国、敬业、诚信、友善”的社会主义核心价值观，反映了社会主义核心价值体系本质规定和核心内容，体现了国家发展目标、社会基本价值导向、个人行为准则的统一，是当代中国共产党人根据时代发展趋势和实践要求，在融合了社会主义的本质规定、中国特色社会主义发展要求、人类文明优秀成果和中华传统文化精华的基础上，对价值观念的凝练和创新。社会主义核心价值体系只有通过将其核心内容凝练为这些具体的价值观念，由理论理性转换为实践理性，才具有可操作的实践品格，才能够被人民所掌握，成为人民共同的价值诉求和行为准则。社会主义核心价值观在社会实践与生活中的意义在于：重塑中华民族共有的精神家园，使社会主义现代化建设和中华民族伟大复兴切实奠定在充分的文化自觉与普遍的社会共识的基础之上。这种在价值观上的融合与创新，体现了当代中国在价值重塑上所达至的高度理性的人文自觉。

任何一个时代价值意义系统的建构和个体人文精神的养成都是建基于文化生命的历史绵延。重建当代中国人的精神世界，我们还可以从文化传统中吸取丰厚的精神资源。以儒家思想为主干的中国文化传统独具特色的人文精神体现在始终从一种伦理化的人文世界观立场看待世界和人生，追求“人”“仁”同格的道德理想，并把这种理想推广到人伦之中，体现了一种以“仁爱”为核心的普世关怀和人文实践精神，体现为人之为人的价值体认和具有此岸性、普世性的实践理性和道德关怀。儒家许多富有生命力的传统道德价值，如仁义、诚信、谦让、宽厚等，已积淀为恒久的道德情怀。过一种承担责任的道德生活，使人获得一种内在的超越感和一份心灵的宁静与欣慰——儒家所推崇的“孔颜乐处”就是指人在这种道德实践中所体会到的精神上的充实和富足。

传统价值蕴涵在传统文化的经典文本中，当前的“国学热”正体现了重塑传统价值的一种努力。当然，今天我们所谓的国学或儒学复兴，不是复古式地回归传统或历史，人文自觉也不是对传统的夜郎自大或食古不化，而是要通过对经典系统的意义的当代诠释和重建，形成适合时代要求的新思想、新理论，来回应和解决现实问题。国学不是摆放在书架上的古董和历史，它是经过每一代人的创造性诠释和意义重建后而活在当下生活和实践中的传统。传统是不能割裂的，但需要创新性的再生。

重塑当代中国人的精神世界，一个重要的方面在于重建精神世界中的审美向度。审美人格是一种超功利、超世俗的诗性人格，它着意于生命过程的诗性自由。在现代科技理性不断张扬、功利实用观念不断强化的世俗生活中，美的观念、诗性的自由正在日益凸显其对于生存的不可或缺的人文价值。其祈向于本真、和谐、崇高、自由、超越的审美特质，为人性涵育了情意丰赡的人文维度，为人之生存确立了理想的审美境界。审美人格不仅把诗意注入我们的生活，也给我们提供了对现代性的审美的反思和批判之维。必须在生活和实践中注入审美的人文维度，来批判和超越文化工业和大众文化的平庸化和低俗化的倾向，来建构“美丽生活”、“美丽中国”和“美丽心灵”。

在中国传统语境中，儒家以道德涵育人性，使德性由外在伦理规范转化为内在心灵自觉，达至一种从容自得的人生境界。颜回之乐与曾点之乐，智者之乐与仁者之乐，疏食饮水之乐与曲肱枕之之乐，儒家倡导的是一种在人生的达观进取、悉心融入的生存过程中所体验和升华的精神愉悦。这种“乐”是将个体生命融入社会之中以参照个体生命的得失、忧乐，在肩荷并践履道德与责任中实现个体人格与生命的升华，从而达到“从心所欲不逾矩”的精神自由自得的人生境界。这是一种“仁者不忧”“由仁而乐”之乐。如果说儒家审美人格的精髓是仁乐，那么道家审美人格的精髓可以说是一种率性自然的逍遥无待之乐。庄子所向往的是一种顺应自然之道的自由无待的生命存在和活动方式。“逍遥游”所描述的是鲲鹏展翅遨游无穷的自由状态，但其真切的意谓则是象征着一种不受任何外在条件约束和内在功利目的羁绊的精神自由，是一种消解了一切物碍心累的心灵自由之旅，一种物我两忘与天地为一的抱朴归真的生存状态。在这种生存状态中，人、道、自然契合无间，生命体证万物之理与天地之美，达至一种无己无待、适性自在、自由超越的审美境界。孔门之乐以善美相济使生命获得一种永恒的价值，庄子以应道逍遥使生命获得一种自由的审美境界，二者形塑了中国文化传统中具有形而上意义的审美人格。不管是儒家的美善相济还是道家的率性自然，它们的一个共同审美追求就是“和美”即和谐之美。儒家强调的是“人和”，道家强调的是“天和”。“美丽生活”、“美丽中国”和“美丽心灵”既是人和又是天和。

人文价值的建构，其意义既在于促进民族和社会的文化认同和精神整合，也在于使个体获得精神安顿和归依。每一个体，都要在社会共同经验和价值体系参照中，寻求理想的生存方式和人格建构。社会和谐进步与人的文明开化都离不开具有普适性意义的体现人性光辉和向善品质的“基本善”的烛引和范导。作为社会化的个人，其行为总是关涉到社会与他人，因而他的行为的意义就不仅仅取决于内向度的个体需要的满足和能力的掘发，更重要的是还取决于外向度的社会与他人需要的满足，以及建基于此的社会共同体的历史、文化和传统长期形成的价值标准的评判。这种标准对于这一社会共同体的任何成员都是普遍有效的，它是个体行为所必须遵循的价值规范和行为准则，是评判个体行为及其后果的是非曲直的“公理”“公义”“公论”。没有这种具有普适意义的实践理性、价值效准、社会公理，就没有正义和是非，也就没有文明社会。人之为人的人文价值和意义，个体生存的意义、价值的丰赡和实现，既在于个体生存与发展需要的满足和实现，更重要的还在于这种需要的满足和实现不能背离、破坏这些具有普适意义的实践理性、价值标准和社会公理，而且在德福配称的意义上把这种需要的满足体现在对社会“基本善”的价值担当和践履上，使自己的人性得到完善和升华。

一个社会的价值重塑是一个蕴涵着绵实厚重的人文底蕴的长期的文化历史进程，它不是一蹴而就的标新立异、急功近利的宣传运动，价值观教育不应是虚假的大而无当的宣传口号和形式主义的运动，其成效也不是通过统计宣传报告的场次和与会人数来检验确证。人文价值理念的建构不能以“经济效益”为原则和评判标准，像抓经济建设一样来抓精神文化建设可能会使精神文化丧失其本有的内涵和价值而成为刺激感官欲望的“娱乐”。文化对意义生产和价值诉求的应然本分，文化对人性升华和情感慰藉的固有责任，文化对社会凝聚和价值认同的特有功能，使得精神文化的建构已经超越了经济效益原则和标准而聚焦于整个民族及其个体的人文素质与精神境界的提升。而这样一种提升是一个水滴石穿、静水深流、润物无声、水到渠成的长期的文化历史过程，不是众声喧哗、揠苗助长、急功近利的运动或工程的闹剧。文化真正的繁荣有赖于庙堂文化的净化、有赖于社会风气的淳化、有赖于世道人心的教化。任何一个时代价值意义系统的建构和个体人文精神的养成，一是要通过经典范本的涵育以及荷载并践履真善美价值诉求的现实的经验范本的范导，为社会和个人确立心灵和行为的价值坐标；二是进一步把这种价值坐标所体现的社会公义、公理的“基本善”植入制度和规则系统中，通过制度安排形成体现这种“基本善”的制度环境；三是在这种制度环境中使这些人文价值理念涵化成为人们社会生活实践的基本准则和自觉行为。

一个和谐发展的中国是一个美丽的中国，一个美丽的中国不仅有着美丽的自然生态空间，有着自由、民主、法治、公平正义和诚信友爱的社会空间，而且有着蕴涵着真善美价值诉求的文化空间，有着由一个个人格健全的自我构成的心灵空间，而一个个美丽的心灵是充盈着丰赡的人文精神的心灵。

［本文原载于《福建论坛》（人文社会科学版）
2013 年第 12 期］

道德问题的现实检视与制度安排

一

社会主义市场经济进程中的道德建设首先是一个由圣人道德转向平民、公民道德的进程。道德建设要切合实际的目标，不是要求人人成圣，而应该使人成为合格的守法公民，具有社会公德、人道精神和职业操守，守住与社会主义市场经济要求相应的底线伦理。我们不能离开经济和历史条件空谈道德理性，必须对我国道德的现实状况作深刻的检视，道德建设必须回到现实的“平台”上。

（1）道德原则与实际道德状况存在强烈的反差。在当代中国社会转型时期，当物质的、功利的、世俗的生活目标成为现实生活所关注的中心，以往的道德典型的感召力逐渐减弱，新的道德典型的树立亦缺乏现实的基础和民众的普遍认同。社会行为失范，越轨现象频发，道德虚无主义泛起，利己主义、拜金主义、享乐主义盛行，权钱交易等腐败现象滋长，媚俗文化泛滥，假冒伪劣成风，社会公德和职业道德低下，功利和实用被推向极端造成见利忘义、急功近利的投机心态，投机钻营者被视为“能人”，诚实守信者被当作“傻帽儿”，在“良心一斤值多少钱”的诘难声中，主流道德意识形态和传统美德受到前所未有的冲击，以至于一些人惊呼有着几千年道德文明的民族面临道德的全面“滑坡”，疾呼重建以传统道德为核心的“人文精神”。

（2）道德上的“恋古情结”对传统道德的美化，夸大了传统道德资源的现代意义。当一个社会在转型中出现失范现象、遭遇道德信仰危机和困惑时，过去的道德典籍和口号就很自然地成为人们面对道德匮乏和迷茫时最容易回味的道德历史记忆，人们把它当作现实的一种道德期待和道德情感寄托，以至于将传统典籍的伦理文化当作真实的历史道德范本，从而把现实的道德危机指证为人心不古。事实上，传统是割不断的，民族传统的“特色”，既在于它的“体质”，更在于它的“文化”。传统文化中那些能适应时代变革与发展要求的从而有助于该文明生命力扩展和流转的“精华”，绝不会因为没有提“弘扬”或“继承”就湮没不彰。相反，传统流传给我们的“糟粕”倒需要我们时时检视反思，加以批判和剔除。中国传统伦理文化从根本上说是东方式宗法血缘和专制关系的伦理体现，其最根本的“糟粕”在于对“小民”生命和权利的无视、对个体人格独立与个性发展的压抑和摧残，缺乏公正、平等、民主和自由等现代精神的维度。今天的道德问题和腐败现象绝不是由于“人心不古”、传统道德的失落，相反，倒是与传统文化中所体现的专制和等级尊卑观念有不解之缘。今天的道德建设绝不是翻典籍炒传统伦理资源的道德复古，而是要根据社会主义市场经济的客观要求和全球化时代文明进步的趋势，赋予道德建设以新的时代内涵。

（3）腐败现象对道德的瓦解作用。尤其是在具有深厚的“官本位”文化传统的社会，民众心中的“父母官”是寄托着民众理想的道德范型。他们应当是道德原则和规范的倡言者、发言人和范导者，他们的行为直接影响着社会道德风气。而在这样的社会群体中出现严重的腐败现象，是对社会所倡导的道德原则的无情的破坏，也使我们所提倡的道德原则和规范显得苍白无力，甚至产生某种反讽的效应。如果道德原则和规范仅仅是某些官员挂在嘴边的口号，实际上盛行的是官僚主义、以权谋私、腐败堕落，那么，上述的道德原则和规范只能是打水漂。当我们一方面把抽象的道德原则和拔高成圣的道德典型当作生活的真实，另一方面看到的却是现实生活中社会公德、职业道德、生态环境伦理、社会信用、人道精神等基本的底线伦理缺位或低下，这种强烈的反差使任何“假大空”“高大全”式的道德“剧场化”作秀都只能产生某种反讽的效果。

（4）必须对市场经济之于道德的作用进行深入的考量和分析，析出其中蕴涵的道德理性，而不能简单地把道德失范归之于市场经济开启了“潘多拉魔盒”。社会主义市场经济是中国社会告别贫穷和落后、走向富足的现代文明的必然选择，道德作为建立在经济基础之上的意识形态必须去适应和服务这一客观的历史进程。如果不能适应和服务社会主义市场经济，甚至与之产生尖锐的对立，那只能说明道德的滞后或缺位，而不能去否定社会主义市场经济本身。社会主义市场经济内在地体现了市场主体的自由意志，但这种自由不是随心所欲地把自己的意志和欲求强加于人，或者把良心和道德也拿来自由交换，它有自身的阈限，在这个阈限中，除了“看不见的手”的牵动外，这种自由恰恰是有约束、有规范的自由。作为契约经济，除了法的他律的保证外，还内蕴着道德上的自律要求。在社会主义市场经济的运行中内生出新的道德因素，它表现为以下几个方面。第一，社会主义市场经济要求市场主体以独立、自由、平等的身份进行交换和竞争，这必然要求个人从封建传统的人身依附和等级尊卑关系中解放出来，它孕育和催生了人们追求并尊重个性的独立、自由、平等、进取等现代道德观念和品格。第二，社会主义市场经济所体现的契约关系的特征，首先是立约的公平和正义。这种公平和正义既必须体现交换和立约双方的自由意愿、相互平等和相互尊重，又必须体现双方的权利和责任。其次是对契约的信守和履行，这就需要一种信用和守信的道德精神予以支持和保证。而且，市场经济还从制度、立法、规则和规范等方面来保证契约的信守和履行，亦给这种道德精神的产生提供了制度环境。同时，社会主义市场经济还在“看不见的手”的意义上使市场主体因守约而获得边际效益或使他因违约而产生损失。否则，如果守信的“老实人”吃亏，老实人也会变得不老实。而社会主义市场经济一旦失去信用和守法精神，其运行也难以为继。第三，现代市场经济凸显一种新的道德价值因素，即个体追求自身利益的最大化行为有利于增进群体的利益。在经济交往中，由于交换双方优势资源互补、合作协调而产生的比较效益产生互利互惠的“双赢”的结果。可见，市场经济并非不讲道德，现代市场经济的主体不仅是“经济人”，也是“道德人”，现代市场经济内在地蕴涵着自由、平等、公正、守法、守信、权利、责任、合作、进取和社会公德、职业道德等现代道德要求。这种道德精神的缺位，是我们当前“道德滑坡”的最主要原因。因此，不能简单地把当前“道德滑坡”归因于社会主义市场经济，而必须从积极的意义上来理解社会主义市场经济内蕴的现代的、进步的道德要求，把社会主义市场经济所蕴涵的现代道德精神提炼出来，建构适应社会主义市场经济要求并保证其健康发展的现代道德原则和道德规范。

二

道德建设从心灵深处塑造和提升人们的灵魂和精神，道德建设问题不能希望"毕其功于一役"，寄之于一场轰轰烈烈的思想道德改造运动，搞人人思想过关来解决。这种"灵魂深处闹革命""狠斗私字一闪念"的思想检讨、思想汇报和思想灌输，使思想道德建设成了大话、假话、套话、空话的话语定式。在思想运动中见诸文字的汇报、小结、典型经常是在政治权力运作和约束下的群体性"剧场"行为，它造成虚伪的道德作秀和人格分裂，以及人与人之间失去真诚的相互恭维或相互猜忌和斗争。而在运动过后，则以某种反弹的方式来释放在运动中积累的紧张的心理能量，这种反弹又造成新一轮的道德沉沦。道德建设也不能在统计学意义上来把握，不能通过树多少道德典型、做多少场事迹报告、有多少人次参加来说明道德建设的成效和道德水平的高低。道德建设必须持之以恒，深入人心，需要一代甚至几代人的长期努力，才能更新社会的道德精神风貌。要使道德建设富有成效，必须在制度安排上有所作为。

制度、法律、规则的"他律"与道德的"自律"是调控人们社会行为的两种相辅相成的方式和手段。制度性的他律既内蕴着道德价值取向，又有赖于道德自律的支持，而道德自律的养成有赖于制度环境的规导、滋养和保证。如中国传统制度和规范蕴涵着"三纲五常"、等级尊卑的宗法伦理关系，西方资本主义社会法律和制度体现了维护资本主义社会关系的道德要求，我国社会主义制度体现了集体主义价值观，等等。甚至有些制度和规则所体现的内容直接就是道德规范，诸如"切勿偷盗""爱护公物""保护环境""文明行为"等公德意识直接通过法律、制度、规则表现出来。如果说制度是社会成员权利与责任的一种客观性安排，道德意识则是其主观性自觉。这种主观性自觉的养成有赖于客观性的制度安排。制度安排对个体来说是外在的他律，但同时也是一种最基本的社会动员、行为选择以及抑恶扬善的激励和规导机制。社会成员在社会生活和交往过程中，产生和强化了对制度和规则所蕴涵的道德价值的认同，逐渐形成个体心理结构和选择图式，他律就转化为自律。因此，道德问题不仅仅只关涉个人内在性的思想品德，我们必须把道德价值取向置于制度环境中来认识。一个社会倡导的道德原则要落实到个体身上成为个人美德，就需要把这种道德原则置入制度安排中，使个体在这样一种制度环境中长期地、现实地得到道德价值的规导、激励和滋养。可见，制度与道德并不是两种互不关涉的调控手段，而是内在关联的，制度安排不仅产生某种规则，同时产生出道德精神。

以往当我们普遍感到社会发生了道德问题和危机时，总是把它归结为是个体行为操守和思想作风问题。把社会关系、体制、传统道德当作无须检讨质疑的前置。事实上应当是：社会制度、法则的合乎道德的客观公正性→个人应当践履的主观自觉性→个人向善的道德品性。这里突出的是社会制度环境在现实逻辑上对于个人道德的优先性。而且，以往的道德建设实际上是提出抽象的“信念伦理”——超越现实条件的道德理想和信念，而不对其前提进行反思，不去考量其适用的条件和范围，通过各种外在的灌输和宣传运动来强化道德理想和信念，并把这种抽象的道德理想和信念当作道德的真实和主流，把宣传数据当作道德建设的实际绩效，而不去反思这种理想和信念是否真正能够在人民中间“生根、开花、结果”，道德理想和信念成为一种普遍的道德真实。事实上，在复杂而又快速变迁的现代社会，首先必须根据社会发展的客观要求和个体在社会关系中的角色来考量和厘定个人的社会责任和义务，并以此来论证道德规范的合理性，从而确立其具体可行的“责任伦理”。这样，道德就不再是少数伦理学家思辨的理性的产物或宣传家们树起来的典型，而是社会成员的实践理性可以厘定和践履的现实选择和责任，而这种现实可行的责任伦理的实现，必须在制度安排中置入并强化这种“责任”的履行。

概而言之，道德建设的制度安排既基于对以往道德建设的经验教训的反思，又基于这样一个理性逻辑：有理性能力的人，始终处于社会习得的过程中，他既可以在社会生活和交往的“游戏规则”中发现并学会遵守行为规则，变得文明、自律，也可以发现并利用“游戏规则”中的缺陷来为自己谋利。道德品性和素质的养成不是一朝一夕的“毕其功于一役”，而必须是经常性的、相对稳定的、长期的过程，这只能通过制度性的安排来实现。

三

道德的制度安排所考虑的是在制度法规中置入道德规范并通过制度和法规予以保障，从而形成一种制度规导的个体行为稳定的选择图式和责任意识：在自觉考虑社会和他人利益、遵从社会行为规范和职业要求的背景中考量个人的正当利益。使个体在这种制度性规约、激励和导向中激发和养成向善的品性，自觉地确立起善的行为和交往方式，从而实现社会整合的目的和德治的目标。人性有向善的因素，道德的制度安排就是要激发引导这种向善的因素；人性同时也有可能为恶的因素，道德的制度安排就是要抑制为恶的因素。

当然，道德的制度安排并不就是把道德规范和要求直接作为制度和法规本身，而是说在制度和法规的创设中内置道德价值和内容。这不仅有形式和程序方面的区别，而且并不是所有的道德规范都能够通过制度化安排来实现。把那些大而无当、远离实际、抽象空洞的道德许诺置入制度和法规中，只能导致社会行为的扭曲变形和虚假作风盛行。只有那些体现社会发展要求，社会生活和交往关系中现实的、普遍的、被社会成员所认同的基本的道德规范才能置入制度和法规中。在我国社会现代化转型过程中，公正、信用和守法的精神作为一种制度的文化供给，还没有稳固地建立起来，不管在“市场”还是在“官场”都出现信用缺位的状况。“民无信不立”，我们必须在制度安排上尤其重视加强信用制度建设，制定有效的信用奖惩机制，使守信者和失信者在市场博弈和“官场”竞争中分别获得制度性的支持或惩治，公正和守信的现代伦理精神就会在这样的制度环境中滋长。我们还必须构建使社会资源在社会成员之间合理公正分配、保障社会成员的权利和责任的社会制度和程序；建立和完善民主、法治、廉政的体制及其监督机制；建立和完善在公共生活领域的文明行为规范；在司法制度中置入正义的原则；建立国家公务员行政伦理培训制度和官员引咎辞职制度；建立见义勇为基金和扶助弱者的救助机制，以及把社会公德、职业道德、经济伦理、行政伦理、生态伦理、生命医学伦理、网络伦理等作为道德制度安排中基础性和优先性的内容，在客观上创设形成持续稳定的制度环境，使社会成员在其中体认、感受到制度的公正合理性，形成对这种制度所蕴涵的道德价值的情感和理智双重认同，从而使道德制度转化为社会成员内在的道德品性和道德自律。

（本文原载于《中共福建省委党校学报》2001 年第 12 期）

文化作为一种分析框架何以可能?

文化作为一种分析框架何以可能？这是一种康德式的提问，蕴涵着理性的反思精神。不过，在本文的主旨里，这种提问不是否定式的反思，而是肯定性的论证：在给出文化作为一种分析框架的意义和理由之后，来阐明文化作为人类社会文明历史进程的分析框架是可能的。

一　文化作为一种分析框架何谓?

"分析框架"（解释框架）是近年来学术界的一个耳熟能详的常用词，但其出处、来源、本义以及确切的学术规范不详。笔者从对"分析框架"的各种使用中概括出其相对普适的含义：用以研究、分析、把握某一领域及其演化过程的视界、逻辑、范式。它既规定了这一领域问题的内容和边界（问题域）以及提问的方式，又提供了理解、分析、解决这些问题的基本概念、基本思路、基本原则和基本方法。如库恩在《科学革命的结构》一书中用以分析和建构科学发展模式的核心范畴——"范式"，弗洛伊德的精神分析理论中的"无意识"，马克思哲学的"实践辩证法"等，都可以理解为是这样一种分析框架。本文的"文化作为一种分析框架"即是用文化作为分析、把握人类社会生活及其历史进程的基本视界、基本范式和基本维度。

在思想史上，分析、把握人类社会及其历史进程有许多不同的分析框架，在西方思想史上远如柏拉图的“理念论”，近如现代西方的“现代化理论”，中国传统思想更多地从人性的伦理维度来解释社会历史，马克思主义则从物质生活资料的生产和再生产出发，给予社会历史以唯物而又辩证的解释框架。20 世纪，在历史哲学中一个较为突出而又普遍的倾向就是以文化作为分析框架来解释人类社会文明的历史进程。在西方有以斯宾格勒的《西方的没落》和汤因比的《历史研究》为代表的“文化形态史观”，雅斯贝尔斯的“轴心期”理论，马克斯·韦伯从西方宗教改革中去寻找西方资本主义形成发展的精神动力，丹尼尔·贝尔等人对西方资本主义现代化进程中的文化矛盾的揭示和批判，亨廷顿用“文明的冲突”来分析后冷战时代的国际关系，兰德曼、卡西尔等人的文化哲学人类学，把文化理解为人所创造的体现人与动物根本区别的、体现人的自由与创造本性的类特性，从人的生存与活动的背景、成果和方式意义上去揭示人与文化的内在关系，等等。尽管他们对文化的具体理解和使用各有不同，但也都可以理解为是以文化为分析框架来分析人与人类社会历史过程及其现象的具体表现。而中国从近代开始经五四新文化运动到 20 世纪 80 年代的思想启蒙、文化比较和文化争论，对中国传统和历史的反思与批判，对中国社会现代化的建构等，更有一种“文化上行”即从文化上来分析中国由传统走向现代的社会转型和历史变迁的深层动因。显然，文化已成为 20 世纪世界范围内思想学术界的一个具有普遍意义的分析框架，一个用以分析人类文明历史进程的基本范式。对此，简单地套用“唯物主义”和“唯心主义”的二维分析框架把这种横贯东西方、纵贯 20 世纪的思想现象归之于“唯心主义历史观”而加以否定，不是一种公正的、科学的学术态度。

问题在于，人们在把文化作为一种基本范式和视界来分析社会历史现象和过程时，都有意或无意地忽略了“文化作为分析框架何以可能”这样一个元问题。而“文化作为一种分析框架何以可能”这种提问即是要求给文化作为分析框架提供理由和意义，这是一个前提性的元问题。如果这一问题不解决，用文化来分析人类社会历史进程就没有了立论的前提和根据。问题还在于，这一前提性的元问题本身并不是“清楚明白”“不证自明”的，这既缘于文化这一概念本身的歧义性，还由于在我们已经习惯于用“唯物主义”和“唯心主义”来划分历史哲学的思想性质、分析立场和评价尺度的政治与学术场景中，更需要我们对文化作为一种分析框架给出理由和根据来。

由于文化概念内涵众多，不同学科、不同学者在用文化来分析和把握人类社会历史进程时，对文化含义的理解、规定以及在何种意义上使用文化概念都不尽相同。本文无意就诸多文化的概念做学理上的分辨，本文对文化概念所着意的是这样的一个问题：能够作为人类社会文明历史进程的分析框架的"文化"概念，它的性质和内涵必须是什么？就此做如下几点分辨。①它必须是具有一般性、普遍性的概念，即哲学性质的文化概念，而不是某一具体的人文社会科学学科领域的文化概念。②这种哲学性质的文化概念是在"历史唯物主义"与"历史唯心主义"的非此即彼的二维分析框架之外的一种具有理论和逻辑自洽性的分析框架，也就是说，文化就是文化，它既不是"唯物的"，也不是"唯心的"，它就是人类自己用以把握人类文明历史进程的一种范式、一种视界、一种尺度、一种分析框架。③这种哲学性质的文化概念，如丹尼尔·贝尔所说的应该为人类生命过程提供诠释的系统，它内源、内隐于人的自觉能动的意识性、超越性和创造性（如兰德曼所说的"主观精神"），外化、外显于人的社会生活和实践及其对象化的成果和样态中（如兰德曼所说的"客观精神"）。它既源于人和人类生存与发展的本性和要求，又体现人和人类生存与发展的价值和意义，并内蕴于人的活动之中，历史地凝结生成为人与人类社会生存与发展的方式、样法（如梁漱溟的"人类生活的样法"，胡适的"人们生活的方式"，本尼迪克特的"文化模式"）。只有这种具有哲学生存论意义的，体现人与人类生存与发展的本性、内容、功能、价值和方式的文化概念，才能作为人类文明历史进程的分析框架。

就"文化"在何种意义上用作分析框架而言，有三种分析向度：一是生存论的，把文化作为不同的民族（或文明）的生存特性和方式；二是价值论的，强调文化之于人类生存、活动及其历史进程的功能；三是历史哲学的，把文化作为分析和把握人类文明历史进程的基本尺度，从文化的分析、比较着手来把握人类文明的历史进程。本文所着意的不是这三种分析向度是怎样分析的，而是它是何以可能的。

二　文化作为一种分析框架何由?

从文化的属人本性和功能的角度来看，文化作为一种分析框架有如下几点理由。

(1) 从文化的本质与人的本性和存在方式之间的关系来看，人是文化的存在，文化是人所特有的存在方式。当代文化哲学人类学把人置于更为广阔的文化、社会、历史和传统中加以思考，从人的本性出发来揭示文化的生成和本质以及人作为文化的创造者和文化产物之间的内在关系。哲学人类学家兰德曼认为，只有从精神文化领域出发，不仅把肉体和精神，而且把整个文化世界都视为人的存在，才能建立完整的人的形象。

所谓人是文化的存在，一方面，人是文化的创造者，人的创造性本质就是文化的本质。文化内源于人的超越和创造的本质力量而外显于这种本质力量的对象化的成果和形态中。另一方面，人又置身于自己所创造的文化世界之中，生活在特定的文化环境和文化模式中，接受其教化，形成行为规范和对是非、善恶、美丑等文化价值标准的认同，养成人的思想、感情、人格特征，人又是文化的产物。"我们首先是文化的生产者，但是，由于一种反作用的结果，文化也产生了我们。在一个'强有力的因果循环系统'中，我们决定了文化，而反过来也体验到文化对我们的'塑造'。"①这是一种以人的创造性本质为轴心的同构关系，而不是一种历史生成中逻辑上的前后关系。这体现了人作为文化历史的实践主体和价值主体内在关联的两个方面：作为文化历史实践的主体，他是文化的创造者；作为文化历史的价值主体，他是文化的价值、目的和意义之所在，他又被文化所塑造。

从发生学意义上来揭示文化的本性及其生成，德国学者阿尔诺德·格伦从人的"未特定化"的生物人类学的视界所给出的理由是富有启发意义的。他认为，从生物学意义上来看，人与动物最大的区别是未特定化。自然把未完形赋予人，没有使他成为最终定论的存在，人必须在应付环境的

① 〔德〕夏埃尔·兰德曼：《哲学人类学》，张乐天译，上海译文出版社，1988，第217页。

挑战中不断提高自身的生存能力，并运用这种能力在生存与发展的活动中补偿自己的缺陷，激发和运用自己潜在的创造性去完成实现自己的完整性。正是这种补偿人的未特定化的生物性匮乏和不足的活动，不仅提供了人在生物学范围内同动物相区别的关键，而且构成了人类文化生成的全部前提。在这个意义上，未特定化使人由自然的存在走向文化的存在。其逻辑在于：人的未特定化使人面临生存的挑战，人为了生存就必须激发和运用自身创造性的能力和力量去创造一个属人的世界，文化就是这种凝结着人的超越性和创造性力量的对象化的世界。可见，人的未特定化是文化生成的生物学前提，而人的超越自身生物本能的创造性力量则是文化生成的内在根据。

人作为文化的存在，体现了人之存在的本质特点。

人是有意识的存在。马克思说："蜘蛛的活动与织工的活动相似，蜜蜂建筑蜂房的本领使人间的许多建筑师感到惭愧。但是，最蹩脚的建筑师从一开始就比最灵巧的蜜蜂高明的地方，是他在用蜂蜡建筑蜂房以前，已经在自己的头脑中把它建成了。"① 意识一方面指向于外，把自然万物当作意识的对象，即对象意识；另一方面又指向人自身，把人自身当作意识的对象，即自我意识。无论是对象意识还是自我意识，都表明人自觉地把自己从动物自然界中分离超拔出来，超越对象的自然和自身的自然走向文化的存在——对象的自然和自身的自然的人文化。对象自然的人文化即自然的人化，自然成为人的认知对象、意欲对象、审美对象、崇拜对象、形上终极追求对象。自身自然的人文化是人对自身的超越、升华和创造，如人性的知情意升华为真善美。意识性是人作为文化存在的内在根据，人自身内在的需要、目的、意志、情感、理智、理想、信仰等意识活动通过人的对象化活动建构起一个超越动物自然界的属人的文化世界。

人是符号性的存在。人的存在是由人所创造出来的特定的符号和意义系统所表征、显现、敞开的"此在"。文化人类学家卡西尔认为，人之为人、人的本性、人与动物的根本区别，即在于人能创造文化，而符号形式正是人类文化的表现形态，文化就是一个人所创造的由各种符号来表达和象征的意义系统。既然人是以符号为工具来创造文化的动物，人就可以被

① 《马克思恩格斯选集》第2卷，人民出版社，2012，第169～170页。

理解为符号的动物。动物与自然的联系是一种本能的直接的联系，动物对自然界的刺激只能本能地直接做出反应。而人与自然的联系则具有间接性，即人以语言、神话、艺术和知识等符号形式和意义象征系统为中介与自然发生关系，“人不再生活在一个单纯的物理宇宙之中，而是生活在一个符号的宇宙之中。语言、神话、艺术和宗教则是这个符号宇宙的各部分”①。只有把人看作符号的动物才是对人的本性的最真实的揭示。“只有这样，我们才能指明人的独特之处，也才能理解对人开放的新路——通向文化之路。”② 正是借助于符号的中介，人类超越了对自然的刺激仅仅被动地直接做出反应的界限，使自己的行动具有自主性、能动性和创造性，从而使自己既能主动地作用于自然而与自然发生更为紧密的关系，又能自觉地把自己从自然中分离和解放出来，实现人对对象的自然和自身的自然的双重超越。而且，人的能动性、创造性和超越性的劳作和实践正是以人对符号形式的创造和利用为前提和特征的，“正是符号思维克服了人的自然惰性，并赋予人以一种新的能力，一种不断更新人类世界的能力”③。在这个意义上，文化人类学家格尔茨引用马克斯·韦伯的话，说“人是悬在由他自己所编织的意义之网中的动物”④。

人是一种社会性的存在。“人的本质不是单个人所固有的抽象物，在其现实性上，它是一切社会关系的总和。”⑤ 海德格尔认为，“此在”的基本存在结构是“在世”，个人不能孤立地存在，总是处于世界中，与他人共在。任何人都生活于特定的社会关系和社会群体中，存在于与他人、群体的相互联系、相互作用的社会互动中，通过不断社会化认同特定的社会群体组织、利益、价值、传统的生存模式，形成他自己的思想、能力、个性、心理和行为模式，从而塑造和实现一个社会化的自我。在兰德曼看来，“如果人被看做一种社会存在，那么，他也是一种文化存在”⑥。因为，人作为社会性的存在表现为人处于社会生活、实践、交往的关系和互动中，一方面，这种关系和互动以特定的语言、符号、思维、情感、行为方

① 〔德〕卡西尔：《人论》，甘阳译，上海译文出版社，1985，第33页。
② 〔德〕卡西尔：《人论》，甘阳译，上海译文出版社，1985，第34页。
③ 〔德〕卡西尔：《人论》，甘阳译，上海译文出版社，1985，第78页。
④ 〔美〕克利福德·格尔茨：《文化的解释》，韩莉译，译林出版社，1999。
⑤ 《马克思恩格斯选集》第1卷，人民出版社，2012，第139页。
⑥ 〔德〕夏埃尔·兰德曼：《哲学人类学》，张乐天译，上海译文出版社，1988，第219页。

式这些文化的内容和形式为媒介、工具和手段来沟通和建构；另一方面，这种实践和交往关系又以文化的样态积淀成为特定的地域、民族、社会形态内在的文化特质和文化模式，而这样一种文化特质和文化模式又塑造了生活在这种社会形态中的相互交往和互动着的个体，使之成为社会化的自我。可见，人作为社会性的存在是在文化中被把握的，人的社会关系是以文化的方式来建构的，也是通过文化被显现和被反思的，人的社会生活的内容和方式蕴涵着文化的特质和模式并积淀为文化的样态，而人生活在社会中同时就是生活在文化的样态中，文化乃是“人类生活的样法”。

人的存在是一种实践性的存在。“全部社会生活在本质上是实践的”[①]，人与人类社会是人通过人的劳动、实践活动而生成和发展的。由实践活动所生成和建构起来的人与自然、人与人（社会）的关系是人之存在的本质关系的两个基本的维度，生成和发展了人之存在的基本方式和丰赡的生存内容。实践是表征着人的生命活动本质特征的主体性、意识性、自觉性、能动性、创造性和超越性的对象性的活动，文化就是在这种对象性的实践活动中形成和建构起来的体现上述生命活动本质特征的成果和形态。人类文明和历史，“是一本打开了的关于人的本质力量的书，是感性地摆在我们面前的人的心理学”[②]。从这个意义上来说，没有对象性的实践活动，就没有文化。另外，①实践的主体性、意识性、自觉性、能动性、创造性和超越性以及实践的目的和价值等本质特性，正是人的内源性文化之表现，也就是说实践的本性与文化的本性是同源同构的；②实践活动过程正是在这种内源性的文化作为本质力量参与和指导下才成为与动物生命本能活动相区别的属人的对象性的活动；③实践活动所建构的人与自然、人与社会的关系是通过文化之网来编织的；④实践的对象化的结果和形态正是这种人之内源性的本质力量的确证和显现，是“感性地摆在我们面前的心理学”；⑤而这种内源和外显的“文化”又历史地生成积淀为任何一个时代实践的基本前提。从这个意义上来说，没有文化也就没有人的实践。因此，说人的存在是一种实践性的存在与说人是一种文化的存在是同源同构的，具有内在的统一性，只不过前者是从实践生存论角度来说的，后者是

① 《马克思恩格斯选集》第1卷，人民出版社，2012，第135页。

② 《马克思恩格斯文集》第1卷，人民出版社，2009，第192页。

从文化哲学人类学意义上来说的。

人作为文化的存在体现了人之存在的自由和必然的统一。人创造文化表征的是人的自由自觉的超越性和创造性的类特性，自由就是人能自觉地根据自身的尺度和自然界的尺度并把二者结合起来去创造属人的文化世界。而人存在于文化世界中，被文化所塑型，则表明了文化对人的规定性、制约性、必然性。

可见，从生存论的角度看，文化体现了人之生存的本质、内容和方式，体现了人之存在的价值和意义，它涵盖了人的生存与发展的各个方面，人类生活与实践无不打上文化的印记，人与自然的关系、人与社会的关系是以文化的方式来建构生成的，也是通过文化来显现和被把握的，人对自然和社会的认识和改造是以文化为媒介、为价值尺度、为成果形态的，人与自身的关系是通过自我意识这种文化反思的方式来建构的。在这个意义上，文化作为分析人之生存与发展的基本框架是基于、契合于人的生存与发展的本性，是可能的。

（2）从文化的历史学意义上看，文化是人之历史性存在的前提和结果、塑型和显现，是连贯人类文明历史进程从而使人类文明保持其连续性和绵延发展的纽带。历史不是自然时间的流程，而是人的文化生命时间的绵延。

人的存在是一种历史传统性的存在。人作为一种历史传统性的存在不是在自然生命过程的意义上来说的，而是以人的文化生命过程为内涵，是以人的文化存在过程来规定和显现的。人的历史传统是人在生存与发展的活动过程中以文化的内容和方式凝结生成和流转的，文化是人类历史地生成、凝结和传承的生存方式，人也在这样的生存方式中被塑型为一个具体的历史传统性的存在。说人创造了自己的历史传统，这种创造是以文化的内容和方式生成、积淀、传承为人的历史传统；说人是由历史传统所创造的，这种创造同样是以文化的内容、条件和方式把人规定和塑造为历史传统中的人。因此，人作为历史传统性的存在，是以人作为文化的存在为内涵并通过文化的存在来显现和被把握的。在这个意义上，兰德曼反对萨特的“存在先于本质”、人一开始就注定是自由的观点，认为人首先必须接纳早先的文化成果，从祖先那里接受客观精神的礼物，才能后天地发挥主观精神的才智，这是我们在充满困难的世界上生存的唯一方式。

文化通过语言、文字等符号系统和传媒工具记录、存储并传递人类社会生活和实践的经验、知识和价值观念，使得人类创造文明的经验与智慧、知识与价值能够世代相续、累积发展，使每一代人的历史生存和创造总有一个文明的基本条件和平台——这是人们得以生活在特定的文明历史阶段而无须从远古洪荒状态中开始生活和创造的必要前提。“人们自己创造自己的历史，但是他们并不是随心所欲地创造，并不是在他们自己选定的条件下创造，而是在直接碰到的、既定的、从过去承继下来的条件下创造。”[①] 文化借助于教育、传授等社会的获得性遗传方式世代赓续、绵延，又借助于人的不断创新而变化发展，由量的积累到质的飞跃，从而氤氲化育形成人类文明历史长河，记载着人类文明进化的历史轨迹。在这样一个历史进程中，继承与创新互为条件、互为前提、相互转换，铸就了人类史与文化史同一的历史过程。

正是由于这种继承和创新的转换，文化发展才能持续不断，并形成不同地域和不同民族的文化特质和文化传统，进而形成该地域、该民族人民的精神气质、文化性格、思维方式、价值取向、行为特点、生活样法等文化人类学称之为“文化模式”的东西。这样一种文化模式，是一个民族在生活、实践的历史过程中的精神、智慧和创造性力量的积淀、结晶，它内在地表征了一个民族文明历史的特质和发展水平，是一个民族认同的标识、身份的标识。本尼迪克特认为，文化在本质上是趋于整合的，各种文化特质形成一种具有内在统一精神和价值取向的文化模式，把每一个体的行为统摄于文化整体中并赋予其意义。“文化行为同样也是趋于整合的。一种文化就如一个人，是一种或多或少一贯的思想和行动的模式。”[②] 生活在不同的文化模式中，人被形塑为不同族性的不同文化性格的人。

可见，文化史与人类史是同一的过程，文化史体现了人类史区别于自然史的特质，涵盖了人类史的内容和方式，显现印证了人类史的进化力量和水平。在此意义上，人类历史是“一群伟大文化组成的戏剧”，“世界历史是各种文化的传记”。我们可以通过对作为“生活的样法”的不同文化模式的比较研究，在共时性的维度上，比较不同民族文化的异同，如中国

① 《马克思恩格斯选集》第1卷，人民出版社，2012，第669页。

② 〔美〕本尼迪克特：《文化模式》，张燕、傅铿译，浙江人民出版社，1987，第45页。

近代以来的中西文化比较，为中国社会的变革与发展提供了一个不同于传统文化的新的参照系。在历时性的维度上，我们可以通过对文化模式转换变迁，来透视不同文明的历史演进及其规律，如“在原始文明时期，占主导地位的是由神话、图腾、巫术等构成的，物我不分的表象化、直觉化的文化模式；在农业文明时期，占主导地位的是由经验、常识、习俗、天然情感等构成的自然主义、经验主义的文化模式；在工业文明时期，占主导地位的是以科学、知识、信息等为主要内涵的理性主义的文化模式”①。据此，文化作为对不同文明进行比较分析以及对同一个文明的不同历史发展阶段进行历史比较分析的基本尺度和基本框架是可能的。

（3）从文化的价值论意义上看，文化之于人与人类社会的功用，不是某种外在的或所谓“第二性的”力量加之于人与人类社会，而是源于人与人类社会自身能动的自组织和创造力量所具有的特殊本性和功能。文化有如下几种功能。

认识功能。即人能够运用历史上继承下来的文化——知识、方法、价值观念等“客观精神”和作为内源性的文化——思维、情感、意志和价值诉求等“主观精神”，并通过语言、文字、逻辑、方法等符号系统、意义象征系统和工具系统的媒介，来反映、把握、表达客观对象及其规律。

信息记存和传递功能。从信息论的角度看，人类历史就是人类在社会生活、实践和交往中形成的各种信息的加工处理、记存、传播和反馈的过程，而文化正是这种人类文明的各种信息的记存和传递的承担者。人类在社会生活和实践中形成的社会经验、知识、习俗、规则、价值观念等信息是以文化的内容和方式来表达、加工、存储、复制、交流和传递的。文化的这一功能使人类文明的经验、知识和价值能够世代相续，也使每一代人能够从对文化所荷载的文明信息的比较分析中去认识和考量文明发展的特质和水平。文化蕴涵着人类文明的发生学密码和遗传学密码。

规范和调节社会生活和行为的功能。即文化通过其知识系统、规范（规则、制度和习俗）系统、价值系统对人的社会生活和行为进行调控、规范、整合、引导，使之在一定的规则、秩序中进行，并朝着这一文化系统所导引的方向发展。文化是告知、规训和指导人们如何进行社会活动的

---

① 衣俊卿：《文化哲学十五讲》，北京大学出版社，2004，第66～67页。

知识、经验、意义等信息、符号、象征和原理的体系，它给人们的社会生活和行为提供知识、规则、价值尺度及评判标准。例如，什么是真的，什么是假的——知识调节；什么是善的，什么是恶的——道德调节；什么是美的，什么是丑的——审美调节；什么是合法的，什么是非法的——法律和规则调节；什么是有意义的、应该的，什么是没有意义的、不应该的——价值调节。文化的这一调节功能，使人们的社会生活和行为正常有序，有意义、目标和方向。如果没有这种调节，社会生活将处于无序和混乱的状态，人们的行为失去了规则、方向和目标而相互冲突和内耗，人类就会回到野蛮状态。

创新功能。文化本身无论在内隐或外显形态上都是人的自由自觉、创造和超越本性的体现。文化的这种创造本性表现为人们在特定的文化系统所提供的知识条件和价值导向下，能够突破、超越历史（传统）和现实的局限进行知识和观念的创新，并用这种创新的知识和观念指导实践，导致实践创新，由实践的创新形成新的社会状态，进而导致人的创新——创造出人的新的素质和新的生活。文化的累积使人类文明历史得以传承，文化的创新使人类文明历史得以超越发展。在累积和创新的统一和转化中，人类文明历史呈现为一个新陈代谢、绵延流长、发展壮大的文化历史过程。这也印证了：人作为文化的存在的根本意义不在于显现着“存在”，而在于显现着“存在的扩展的可能性”。

教化和塑造功能。文化从其本质上看是“人化”，文化从其功能目标上看是“化人”。任何一个人都生活于特定的文化环境中，他一出生就落在一个社群或社会成员所共享的知识和意义构成的象征符号体系的文化世界之中，文化通过教育、传授、交流、规训和范导等社会获得性遗传方式，用其所蕴涵的知识、经验、习俗、思维和行为的取向与方式、价值观念和信仰体系教化生活于其中的每一个个人，把他们形塑为具有特定文化人格的人。在这个意义上，我们也可以把本尼迪克特的“文化是外显扩大化的人格”这一著名的命题倒过来来读解：“人格是被形塑于个体心理的文化。”英国著名的人类学家马林诺夫斯基（又译为马凌诺斯基）说：“世间没有‘自然人’，因为人性的由来就是在于接受文化的模塑。”[①] 在中国

① 〔英〕马凌诺斯基：《文化论》，费孝通译，华夏出版社，2002，第106～107页。

传统的语境中，文化的基本含义和基本功能就是文治教化，以文化人，达至人文化成的道德礼治的文明社会和文明人的境界。从文化哲学的人类生成和发展的一般性意义上说，文化是把人从动物自然界中提升塑造为人的根本原因和标志，这种提升和塑造作为最基本的价值蕴涵贯穿于人类发展史中；从文化人类学的个体文化人格和文化族性生成的特殊性意义上说，文化模式塑造了生活在其中的个体的文化族性，并成为不同民族或地域之间认同和识别的标志。

行文至此，已从存在、历史、价值三个向度对“文化作为一种分析框架何以可能”这一提问给出了肯定性的根据和理由。

余论：文化作为一种分析框架何意?

“文化作为一种分析框架何以可能”是文化分析的一个前提性的元问题。从文化哲学的角度提出并解决这一问题，无论在学理上还是在实践上都有着深刻的意义。

从学理上看，首先，这一问题的提出和解决，表明了对文化的研究以及从文化上来研究人和人类社会及其过程的自觉和成熟。因为一门学科的形成和发展从不自觉到自觉、不成熟到成熟的一个重要标志就是反过来对这一学科前提性的元问题进行反思并予以解决，从而为这一学科的进一步发展提供学理和逻辑上的支撑。同样，对文化现象进行研究以及从文化上来把握人类社会生活及其历史过程的诸学科的产生已有相当时日，需要做出学理上回溯性反思的一个元问题就是用文化作为基本范式来分析人与人类社会的生活及其历史过程是否可能。人们有意或无意地忽略了这个问题。但是，如果不解决“文化作为一种分析框架何以可能”这一元问题，直接用文化来分析人、社会和历史，就会因缺乏一种学理和逻辑前提的支撑而悬于空中。其次，把文化作为基本范式来分析社会历史，常常会受到“这在实质上是‘唯心主义历史观’”的批评和责难，这使得在文化分析上总是受制于一种非此即彼的价值预设而显得底气不足，无法深入。如果我们为文化作为一种分析框架给出了充分的理由，提供了恰当的证明，就可以对这种诘难做出学理性的回应，从而为这种分析提供一个坚实的前提。

从现实的社会生活与实践上看，文化体现在人类行为、社会生活、实践和交往及其历史过程的方方面面，社会的经济、政治、制度、运行方式等无不打上“文化”的印记。人类社会作为一个有机系统具有高度的自组织、自调节能力，这种本质上不同于自然系统的自组织能力，从根本上说是来自人的主体性、意识性、自觉性、能动性、超越性和创造性——“主观精神”，正是这种“主观精神”通过对象性的活动对人和世界的关系的把握、引导、建构、创造而对象化为“客观精神”，从而使人类史演化呈现为一个与自然史不同的自觉能动的人类文明历史递进的过程。因此，文化之于人、社会、历史的作用，不是某种非本质的、外在的力量加之于人、社会和历史，而是源于人自身内在的能动和超越的自组织力量所具有的特殊功能。同时，随着人类文明历史的累积和发展，无论是纵向的不同文明的历史发展到现代化水平，还是横向的不同文明之间的交往发展到全球化的水平，无论是作为一种朝阳产业、一种综合国力，还是作为人类生活从日常生活的愉悦到对生活意义的真、善、美、圣的价值诉求，文化对人类的存在和发展都具有整全性的意义，人类在真正的意义上生活生存于自己编织的文化之网上，我们还有什么理由拒绝从文化上去反思、度量、把握自身呢？

如是，文化内源于人的自由自觉、超越创造的本性，体现了人之存在的价值和意义，对象化为社会的物质的、制度的、观念的成果形态，凝结生成为人的生活方式、行为方式（实践与交往方式）和思维方式，成为不同民族和地域的文明历史和传统。它既无形又有形，既抽象又具体，可进行哲学的思辨，亦可进行人类学的实证，作为一种人类存在与发展的内在尺度和外在尺度，文化作为一种分析框架是可能的。

（本文原载于《东南学术》2006 年第 6 期）

文化自觉、文化自信与当代中国文化主体性的重建

近代以来中国社会在精神文化上面临的最大焦虑是由文化认同问题所带来的文化主体性失落，而建构具有自由自主自决的中国文化主体性，则需要深刻的文化自觉和坚定的文化自信。从一个长时段的文化历史视域来观照近代以降中国文化的现代转型，是一个与中国社会追求现代化的历史实践过程相伴而生的由文化蒙昧走向文化自觉、由文化自卑走向文化自信，并在文化自觉自信的前提下重构中国文化主体性的过程。

一　从文化蒙昧走向文化自觉

讨论文化问题的一个基本前提是给所讨论的文化内涵做一界定，因为“文化”的含义在学界有太多歧出，很难有共同认可的界定。本文所论说的“文化”的内涵，选取泰勒在《原始文化》中从文化人类学角度给文化所下的定义为据：“文化，或文明，就其广泛的民族学意义来说，是包括全部的知识、信仰、艺术、道德、法律、风俗以及作为社会成员的人所掌握和接受的任何其他的才能和习惯的复合体。”① 并认为“文化的核心部分是传统的（即历史地获得和选择的）观念，尤其是它们所带的价值”②。

① 〔英〕爱德华·泰勒：《原始文化》，连树声译，上海文艺出版社，1992，第1页。

② 转引自吴克礼主编《文化学教程》，上海外语教学出版社，2002，第50页。

走向21世纪的中国出现了“国学热”，陈来先生认为：“国学热的出现是中国现代化成功发展的文化表象。……提示着中华民族自我意识的觉醒，体现了民族自尊与自信的高扬，开启了民族文化的自觉。”[①] 他在这里把“国学热”理解为建基于当代中国现代化成功的文化自觉自信和主体意识自我伸张的一种文化表象。从20世纪90年代初费孝通先生提出“文化自觉”概念始，“文化自觉”已经成为一个谈论文化和研究文化问题的具有普遍解释力和应用性的概念。从中国近代以来长时段的文化历史以及当代全球化和中国社会现代化转型——一种纵横交错的维度来分析把握中国人在这跌宕起伏的历史时代中的文化心路历程，文化自觉这一概念确实具有非常强的文化历史的穿透力和普遍的解释力。

费孝通提出，文化自觉是指：“生活在一定文化中的人对其文化的‘自知之明’，明白它的来历、形成过程、在生活各方面所起的作用，也就是它的意义和所受其他文化的影响及发展的方向，不带有任何‘文化回归’的意思，不是要‘复旧’，但同时也不主张‘西化’或‘全盘他化’。自知之明是为了加强文化发展的自主能力，取得决定适应新环境时文化选择的自主地位。”[②] 他认为：“文化自觉是一个艰巨的过程：首先要认识自己的文化，根据其对新环境的适应力决定取舍。其次是理解所接触的文化，取其精华，去其糟粕，加以吸取。各种文化都自觉以后，这个文化多元的世界才能在相互融合中出现一个具有共同认可的基本秩序和形成一套各种文化和平共处、各抒所长、联手发展的共同守则。”[③] 按他的形象概括就是：“各美其美，美人之美；美美与共，天下大同。”[④] 如上所述，文化自觉包含四层意蕴：①对自身文化的形成、特点、价值的认知和认同、自省和自尊，能够自主自觉地选择适合自己特点和时代发展要求的文化发展道路；②对他人文化的认知、欣赏和尊重；③不同文化之间和谐相处，和而不同，共创人类文化未来的大同；④对自身文化的认同但不是文化“复古”，对外来文化取其精华地吸收但不是“西化”或“他化”。费孝通提

① 陈来：《中华文明的核心价值：国学流变与传统价值观》，生活·读书·新知三联书店，2015，第113页。

② 费孝通：《文化的生与死》，上海人民出版社，2009，第172页。

③ 费孝通：《文化的生与死》，上海人民出版社，2009，第172～173页。

④ 费孝通：《文化的生与死》，上海人民出版社，2009，第173页。

出文化自觉任务，是因为在全球化时代，我们需要分辨自身文化与他人的同与不同，以及在获得自身文化认同和文化选择的主体地位的基础上与世界其他文化展开平等交流，建立一种相互理解、相互尊重、相互借鉴、各抒所长、和而不同的关系，来应对全球化时代文化交流中所面临的问题与挑战。

人生活在自己所创造的文化传统中，接受其滋润、化育，形成具有相对稳定的文化心理，并获得一种生存意义的价值根荄和精神家园的归属感的文化身份认同。这正如本尼迪克特在《文化模式》中借一个印第安人之口来形象地说明文化的差异："一开始，上帝就给了每个民族一只杯子，一只陶杯，从这杯子里，人们饮入了他们的生活。但是他们的杯子不一样。"① 问题在于，不同文化传统给生活在其中的人提供了认识与把握世界的独特的视界、知识以及生活的价值和意义——这是文化给人的指引和开显，但这种指引和开显由于其特定的视界也同时给生活在其中的人造成了文化上的偏见和遮蔽，这可以理解为一种文化视角盲点——一种自足性的文化中的人用自己的文化视角来看他人文化时存在的盲区。文化传统造成的文化盲点会使人形成一种自足封闭的文化心态，造成一种"身在此山中"式的自我迷失，导致一种文化上的愚昧无知的"文化蒙昧"现象，它既表现为对本地域和族群以外的其他地域、其他族群文化的无知和偏见，又表现为对自身文化缺乏自觉的理性反省和批判精神，缺乏自知之明，持一种封闭、僵固、夜郎自大、自我中心的文化心态。这种文化蒙昧现象在不同文化的历史过程中都不同程度地发生过，它表现为人类文明历史上所出现的文化封闭、文化专制、迷信崇拜等现象。如西方中世纪、中国近代出现的文化蒙昧。在人类文明历史进程中的大部分时间，各种文化大多处于一种对自身文化的"身在此山中"的不自觉的自在状态，只有当这种文化在外部冲击下和内部衰败中面临生存和认同危机，文化自觉才会摆上文化历史的台面。

15 世纪后，西方社会经环球航行、文艺复兴、宗教改革、思想启蒙，开始由中世纪文化蒙昧的漫漫长夜走向文化的理性自觉，走向思想、知识

① 〔美〕露丝·本尼迪克特：《文化模式》，王炜等译，生活·读书·新知三联书店，1988，第 23 页。

创新，开拓了西方资本主义文明的世界历史体系。而同一时期的中国既缺乏在时代势位上理性地反观比较自身文化的优劣，又缺乏对域外文化以及世界文化发展大势的理性洞悉和洞见。西方现代文化负载着资本主义工业文明的“奔马之用”挟着太平洋汹涌浪潮拍岸东来。在“历史向世界史转变”过程中，近代中国的“落后挨打”已是势所必然。

中国知识精英在中西文化碰撞和比较中开始理性地意识到自身文化与西方文化之间的时代性落差，开始以西方现代文化为标准，从器物至制度至文化再至文化传统积淀而成的国民性——对中西文化进行全面的逐层深入的比较，一方面把对文化的理性反思的触角指向文化传统尤其是儒家文化；另一方面则试图通过文化上的“开国进取”，学习引入西方现代文化以补中国现代性之阙如。五四新文化运动之所以被称为现代中国的启蒙运动，就在于它的一只手“打倒孔家店”，另一只手引入西方的“德先生”和“赛先生”，是中国知识精英试图把国民从文化蒙昧中唤醒而走向现代文明的文化自觉的集中体现。当中国启蒙精英醉心于西方现代文明并希冀以此推动中国文化由传统向现代转型时，第一次世界大战的“弹烟血雨”使欧游回来的启蒙巨子梁启超一改初衷，要用东方精神文明来拯救西方物质蛮力文明，从而转向文化保守主义。而第一次世界大战后国际分赃中“强权战胜公理”，则使一部分中国先进知识分子开始转向马克思主义。这样，经“五四”思想启蒙和文化自觉洗礼后中国社会在走向现代文明的文化选择中主要有三条路向：一是“全盘西化”的自由主义，二是回归传统并试图以内圣开出外王的文化保守主义，三是以人类解放为鹄的马克思主义。中国共产党人把马克思主义与中国实际（这种“实际”蕴涵着文化传统的优秀因子）相结合，使这种文化自觉与文化选择结出丰硕果实，解决了近代开始的“落后挨打”的问题，实现了中华民族在浴火中的重生。

20 世纪 70 年代末思想解放和改革开放，再一次对文化传统的反思批判、思想启蒙和思想解放达至一种新的思想文化自觉。中国共产党人探索出一条适合中国国情的中国特色社会主义现代化道路，推动了中国经济社会由传统向现代的转型，解决了“贫穷挨饿”的问题，实现了中国经济社会的快速发展和崛起。

20 世纪初的五四新文化运动与 20 世纪 80 年代的思想解放和改革开放，两次思想启蒙和解放达至两次由文化蒙昧走向文化自觉，对中国社会的进步发展起了至关重要的历史作用。

但是，在从传统向现代转型过程中，精神文化方面出现了价值失范和认同危机。这种价值失范与对两种传统的批判和解构有关：一是对儒家文化传统的批判，二是对革命理想主义传统和对苏联社会主义模式的批判。这种批判作为新时期的思想启蒙和文化自觉，对于中国社会改革开放、由传统向现代的转型、重建新的文化价值系统有着巨大的解放和进步意义。但这种批判所运思的思想与价值资源斑杂且有西化之嫌，因而陷入一种“上不着天，下不着地”的尴尬境地，它无法建构一种适合于本土的原创性的新的价值意义系统，从而导致一种“旧辙已破，新轨未立”的价值失范和认同危机。思想文化、价值观念呈现一种中与西、古与今、雅与俗、传统与现代、社会主义与资本主义的多元的、相互冲突的场景，人们对如何确定自身的文化身份感到一种无可名状的“选择的忧虑”。这是其一。

在全球化时代，西方世界作为全球化的主要推动者和主导力量，所追求的已经不再仅仅是一个开放的全球市场，还包括西方政治和文化价值的推广，使西方制度模式和文化价值观成为压倒一切的意识形态，这就在很大程度上把全球化导向一场霸权色彩浓厚的文化帝国主义、文化殖民主义的扩张运动，从而构筑起文化的中心（西方）—边缘（发展中国家）世界文化体系。同时，苏联解体，冷战结束，西方著名学者如亨廷顿等人又构筑了一个文明冲突的全球文化版图，从而把在全球化时代的“我是谁”的民族文化身份认同问题给凸显出来。中国社会在走向全球化时代如何凸显自身文化价值和特色，守住五千年传承下来的文化传统根脉并加以创造性发展？这是其二。

其三，现代化是一个充满悖谬的历史进程：一是理性—知识—现代技术与资本—市场—现代工业的耦合以前所未有的规模和速度实现着自然的人化，创造了巨大的物质财富，但在自然的人化过程中导致了全球性的能源、环境和生态危机，使人类生存与发展陷入困境；二是理性启蒙与祛魅使人从蒙昧和迷信中解放出来，确立了人在社会中的主体地位，但个人在获得了主体地位和独立性的同时，越来越变成一个“单子”式的自我而日益与他人、社会相疏离，人之生存意义的虚无和无根状态使生存成为不可承受之轻。而在中国的文化传统中，它所提供的诸如人与自然和谐、人与人和谐的价值理念，为解决现代性的悖谬提供了东方文明的生存智慧。那么，应该怎样认识、梳理和传承文化传统中的这些基本价值理念并根据时代的要求加以创造性转换，从而为诊疗当代现代性问题提供中国价值和中国智慧？

其四，随着中国经济、政治、社会的全面变革和发展，如何在文化上获得与之相应的大国地位，在文化上伸张自我，重塑中国文化的主体性，对内保持中华民族的文化认同和对外获得话语权——用中国话语讲好中国故事？

上述四个方面是当代中国提出文化自觉的基本语境，这一语境规定了文化自觉的根本意旨在于：通过对中华优秀传统文化和中国特色社会主义先进文化的认知和认同来确认我们的文化身份，来重拾我们对自身文化发展生命力的信心和信念，从而在当代重新建构中华民族的自觉自为自由自主的文化主体性。

二　从文化自卑走向文化自信

文化自觉是理性的自觉，文化自信是这种理性自觉在文化心理、态度、情感、意志、信念上的体现。唯有对自身文化有着高度的理性自觉，才能达至文化自信，文化自觉是文化自信的思想前提。离开对自身文化的特点及其发展生命力的理性认知的文化自信，只能是一种盲目偏执的文化自负。文化自信并不是对自身的文化持一种自我中心的孤傲自大的文化心态，而是在对自身文化有着理性认知的文化自觉前提下，对自身文化的选择、文化价值的肯定和对其发展生命力持有坚定的信心和信念。对于当代中国来说，文化自信就是对在五千多年文明发展中孕育的中华优秀传统文化、对在党和人民伟大斗争中孕育的革命文化和社会主义先进文化的充分肯定和认同，以及对其发展的生命力持有坚定的信心和信念。习近平在哲学社会科学工作座谈会上的讲话中提出的“要坚持不忘本来、吸收外来、面向未来”① 是对这种文化自信的生动而又集中的表达。

从近代开始，一种对自己文化传统的失望、焦虑、怀疑、否定乃至自

① 习近平：《在哲学社会科学工作座谈会上的讲话》，人民出版社，2016，第16页。

暴自弃的文化自卑心态与民族积弱、国运衰败、落后挨打的历史处境相伴而生。中国社会在长期农耕文明中创造了辉煌的中华文化，形成并传承着独具特色的以儒家文化为主脉的融儒释道为一体的文化传统。这种文化作为农耕文明典型的早熟文化在文明历史上具有先进性、成熟性、包容性与本土性、狭隘性、封闭性的双重特点，使其在与其他文化的交流碰撞中总是持一种居高临下的文化姿态和具有文化优越感，或者把外来文化作为化外蛮夷文化予以拒弃，或将之纳入自己的诠释系统中加以归化和同化，并由此形成了一种自满自足、自我中心、盲目自大、封闭保守的文化心态。近代清朝举国上下一开始就是以这种文化心态面对拍岸而来的西方现代文化。西方列强用坚船利炮敲开国门，也同时击碎了国人这种盲目自大的文化心态。随着民族危机的不断加深，唯我独尊的文化优越感也就随之一落千丈乃至丧失殆尽，鸦片战争、甲午战争……每一次的民族危机都深深地挫伤了国人的民族自尊心和自信心，加重了国人对自身文化的怀疑和失望，进而使国人产生一种自虐式的否定鄙弃自身文化和崇洋媚外的文化自卑心理，并由此导致文化认同危机。意大利传教士利玛窦在《中国札记》一书中这样说道："中国人在屡遭顿挫中产生了对自身文化认知上的自卑，甚至产生了对民族文化的罪恶感和'赎罪'意识。在中国这个历来以血缘为根本的宗法道德社会中，国人在潜意识中居然已经发展到对自身血统的鄙视，足见文化自卑程度之深了。"其实，在文化心理上，自大和自卑是一体两面一纸之隔的心理状态，在外在因素冲击下，这张薄纸就很容易被捅破，国民文化心理就会由文化自大急转至文化自卑。中国知识精英以西方现代文化为标准对中西文化进行全面比较，逐层深入地反思自身文化与西方现代文化之间的时代性落差和自身文化的不足，认为中国文化"百事不如人"，主张"全盘西化"，甚至连汉语的方块字也要改成拉丁字母，这种对自身文化的矫枉过正、急病下猛药式的文化否定，则进一步强化了文化上自虐与媚外共轭的自卑心理和对自身文化的极度不自信。

五四新文化运动对文化传统的批判在一定程度上加剧了国人对自身文化自信心的瓦解和认同危机。不过，从中国文化的现代转型和重建的意义上看，这种文化批判构成中国文化现代化转型进程中的由"破"到"立"的历史分界线，从实际历史效果来看，可以说是给中国文化的现代转型和重建廓清了地基，为中国在20世纪的文化选择提供了思想前提，从而为推动中国文化现代转换和重拾民族文化自信心提供了新的历史起点和时代契机。其实，文化发展的生机活力，恰恰来自它的自我批判和自我超越，正是在这种“凤凰涅槃”式的文化浴火重生的意义上，毛泽东把新民主主义文化作为五四新文化运动后中国人文化选择的结果。至中华人民共和国成立，在文化历史意义上，国人因国家独立民族解放而开始重获文化自信。

20 世纪 80 年代后，面对汹涌而来的西方现代文化，国人再一次感觉到自身文化的落后与西方现代文化的先进，再一次以西方现代文化为衡准进行中西文化比较和文化反思，从而再一次由文化自大跌入文化自卑，进而在中国特色社会主义现代化取得巨大成功基础上重拾文化自信，似乎又把中国近现代的由文化自卑走向文化自信的文化历史重走了一遭。21 世纪出现的“国学热”是国人重拾文化自信的一个突出表现。“经历了长期主要是对中国文化传统施以否定性批判之后，‘国学热’的兴起可以看做是中国现代文化建设中真正完成了从重‘破’到重‘立’的历史性转变的一个重要标志。”[①] 人们从国学经典中寻找精神家园、文化认同，寻找救治现代性之缺失的良方，以济时势之需要，从而重拾对文化传统的自信心。以现代化历史进程为轴心，陈来先生的这段话，可以说是对中国近代伊始由文化自卑走向文化自信过程给出一个科学的诠解：“后现代化国家处在现代化工程初期时，多采取启蒙式的文化动员，批判传统，引进西方文化；而在现代化受挫期，更容易全盘否定自己的文化传统，反映了追求现代化而不得成功的集体焦虑；当现代化进程驶入快速发展的轨道，经济发展取得成功之后，国民的文化自信便会逐渐恢复，文化认同也随着增强。”[②]

那么，当代中国为什么要提出文化自信问题？它有什么意蕴？

（1）文化自信是作为一个问题提出来的，它针对的是在当代中国出现的文化不自信现象。文化不自信缘由有三：一是历史原因的延续，近代以来落后挨打的历史事实，使文化自卑和文化媚外心理在当代中国一定程度上得到延续和表现；二是全球化时代西方文化的话语霸权，以及中国在国际关系中的“失语症”，使人们对本国本民族文化的认同出现动摇；三是在由传统向现代的社会转型过程中出现的意义失落、道德沉沦、物欲膨胀

① 李翔海：《中国文化现代化历程的哲学省思》，《中国社会科学》2002 年第 6 期。

② 陈来：《中华文明的核心价值：国学流变与传统价值观》，生活·读书·新知三联书店，2015，第 112 页。

和精神高地萎缩，以及腐败对主流文化价值的消解等，使国人对自身文化感到一种迷茫、怀疑、焦虑和失望，从而导致文化认同危机。因此，重塑国民文化自信，从根本上看是为了强化对中国文化的认同，形成精神凝聚力，从而能够以坚强厚实的文化定力从容应对外来文化的挑战，为中国特色社会主义现代化提供文化根基、思想支撑和价值范导。

（2）文化自信与文化本身的历史厚度、对时代要求的适应能力以及发展的生命力直接相关，但更与一定历史时期社会经济、政治、科技、军事等综合国力发展状况相关联。国人对自身文化的自信与否，不是一种空泛的宣传，首先直接取决于经济社会发展的现实状况。经济的迅猛发展，“加强了人们对本土文化的信奉……在社会层面上，现代化提高了社会的总体经济、军事和政治实力，鼓励这个社会的人民对自己文化的信心，从而成为文化的伸张者”①。一方面，当代中国现代化取得巨大成功，为我们重拾中华文化的自信心提供了现实基础，没有中国在经济社会发展上的“崛起”，也就没有什么文化自信可言；另一方面，虽然我们在经济上成为一个大国，但在文化上还没有获得与一个大国地位相称的话语权。因而，在文化上如何重拾自信，在全球化时代伸张一个体现大国气象的文化自我，改变“失语挨骂”的状况，就成为当代中国提出文化自信的根本意旨。

（3）文化自信也体现在以一种不亢不卑、从容淡定的心态面对“他者”文化，克服那种浮躁的、情绪化的、“暴发户”式的“我阔了”的文化心态，以积极的、建设性的态度了解、借鉴外来文化。一个国家对自身文化是否有自信心，还要看其以什么样的态度对待外来文化。越是不自信，就越是对外来文化抱着一种恐惧戒备的心理，也就越封闭自守盲目排外；越是自信，就越能积极地对待外来文化，以一种平等的、宽容的胸怀和从容淡定的文化定力在与外来文化的交流借鉴融合互动中推动自身文化的发展壮大。

（4）文化自信，不是故步自封的文化复古。即使中国人今天改穿长衫马褂，都来学京剧，读国学经典，也不见得能够复兴中国文化。不去适应

① 〔美〕塞缪尔·亨廷顿：《文明的冲突与世界秩序的重建》，周琪等译，新华出版社，1998，第 68 页。

新时代发展要求，没有创造性，传统文化很难衍生发展。传统文化要生生不息，关键在于面向现实与未来的新的创造。文化自信不仅来自自身文化历史的辉煌，更来自当今中国社会发展的蓬勃生机，来自对中华文化未来发展前景的信心和信念，来自我们的文化与新的历史时代发展的特点、趋势和要求相适应，从而实现中华文化的现代性转换和创造性发展。

(5) 习近平指出，要坚持中国特色社会主义的道路自信、理论自信、制度自信、文化自信，并提出文化自信是更基础、更广泛、更深厚的自信。① 文化是人类所创造并传承下来的知识、价值观和精神气质的复合体，一个社会选择什么样的发展道路，建构一种什么样的指导理论，设计什么样的制度规范，需要知识、经验的支撑，价值观的导引，精神力量的推动，以及文化传统和精神气象的涵化。如果没有对这种知识、价值、精神、传统的认同和自信，那么，对自身的发展道路、理论、制度的选择也就由于没有深厚的文化支撑而失去其底气和定力。正是在这个意义上，中国特色社会主义道路选择、理论建构、制度安排需要来自文化方面的深层支撑，文化自信是一种更基础、更广泛、更深厚的自信。

三　当代中国文化主体性的重建

文化自觉、文化自信所表征的是当代中国在文化领域自我意识的觉醒和文化主体性的确立。文化自觉、文化自信必须落实在文化主体性的重建上。中国文化主体性重建是与中国社会由传统向现代转型的历史过程相伴而生的时代历史性课题。这一课题的价值旨趣一方面指向当代中国文化自主权的确立，另一方面指向中国文化在当代的复兴与重建。

本文把文化主体性这一概念置于费孝通先生提出的文化自觉的语境中，以及中国近代以来以现代化为主轴的文化选择与文化转型的历史过程中来考量和抽绎，对文化主体性概念给出的思维进路是：

(1) 文化从本性上看是人创造出来的，是“人化”；文化从其功能目

---

① 习近平：《在庆祝中国共产党成立95周年大会上的讲话》，人民出版社，2016，第12、13页。

的来看是用来教化涵育人的，是“化人”。人是文化的主体。

（2）从文化人类学意义上来看，文化是一个整体性的概念，“文化是我们所做的事以及我们为什么做这件事的理由，……文化是我们的环境和我们适应环境的方式，文化是我们已经创造的世界和仍在创造的世界。文化是我们看待世界的方式和促使我们改变世界的动力。文化是我们了解自己和相互了解的方式……”① ——这个“我们”就是一个民族或国家中的“我们”，就是创造自己的文化并生活于这一文化中的文化主体。

（3）文化主体性在这里首先即是指文化的这种“我们性”而不是“他们性”。这种“我们性”即我们对自身文化及其发展道路的选择所具有的自觉性、自主性、自为性、自决性、自由性的主体地位，亦即文化自主权。

（4）文化主体性还意味着这个“我们”或“主体”所选择、所创造、所认同的文化在本国文化发展和交流中居于主导性的主体地位。

（5）当代中国文化主体性，一方面表现为我们对文化选择所具有的自主权，另一方面表现为当代中国文化（包括中华优秀传统文化、在党和人民伟大斗争中孕育形成的革命文化和社会主义先进文化的复合体）在我国文化发展中居于主导性地位。

费孝通认为文化自觉“是为了加强对文化发展的自主能力，取得决定适应新环境时文化选择的自主地位”②，“目的就是争取文化发展的自决权和自主权”③。他指出：“在人文重建的整个过程中，我们可以接受外国的方法甚至经验，但所走的路要由自己决定。文化自觉、文化适应的主体和动力都在自己。自觉是为了自主，取得一个文化自主权，能确定自己的文化方向。”④ 文化选择的“自主能力”“自主地位”“自决权”“自主权”就是指基于文化自觉的文化主体性。与近现代中国现代化历史进程相伴随，国人对中国文化由不自觉、不自信开始转向文化自觉、自信，由此产生对自己文化主体性地位的迫切期待。

在西学冲击下，近代中国被强制性纳入一个与之不同的文化参照系中

---

① 伯纳德·奥斯特利：《文化联系》，转引自〔加〕保罗·谢弗《文化引导未来》，许春山、朱邦俊译，社会科学文献出版社，2008，第1页。

② 费孝通：《文化的生与死》，上海人民出版社，2009，第172页。

③ 费孝通：《文化的生与死》，上海人民出版社，2009，第223页。

④ 费孝通：《文化的生与死》，上海人民出版社，2009，第396页。

来重新考量和识别自我，素来自成一体的中国文化逐渐丧失自身文化的自主自决的主体性地位。当我们以西方现代化为标准来观照自我，把传统的空间性的“华夷”观、“文野之辨”转变为时间性的古与今、落后与先进的分野，原来那种“华夏中心”的自信满满乃至孤傲自大的文化优越感，被一种极度不自信和极度自卑乃至崇洋媚外的文化心态所代替，怀疑甚至否定自身文化进而转向对西方文化的认同——文化上的“他者化”，从而逐渐丧失自身文化的主体性。西方的“他者”被过分美化为理想的榜样，近代中国把代表时代发展趋势的先进的、成功的东西都归之于西方文化；对自己文化进行过度的甚至是自虐式的反思，把所有的落后、丑陋的性质留给自己。既然西方是成功的，那么要成功就无非是把自己也变成西方，因此，在现代化语境中，“让自己也变成西方”或者说让自己学习、模仿、扮演西方这一“他者”就成为文化选择或认同的不二法门。这种文化的“他者化”、对自身文化的不自信而产生的文化认同危机可以理解为19世纪末20世纪初中国文化主体性失落的表征。但“反者，道之动也”，有失落，才有重建，有着五千年文化慧命绵延不绝的中华民族在经过欧风美雨的文化洗礼后凤凰涅槃式地重新确立起自己的文化主体性，新中国的成立为这种文化主体性的确立奠定了坚实的基础，新民主主义文化是中国文化主体性在经过失落后得以重建的主要成果。

那么，在当代，为什么我们还要提出文化主体性的重建？

（1）吉登斯形象地把全球化指认为“流动的现代性”，现代性文化在全球流动不可避免引起后发现代化国家文化认同危机，把西方现代化的知识和价值当作普适性的知识和价值。但实际上，后发现代化国家对现代化的适应性追求同样不可避免地受制于它自身的文化历史传统，是根据这种传统对现代化作出相应的调适。这样就会在传统与现代的相互作用中来重新识别、定位、安顿自我，来建构新的文化身份认同。这是我们考量当代中国文化主体性重建的时代历史语境。

（2）当代文化的全球传播正在创造一个“流动的空间，电子空间，没有中心的空间，可以渗透疆界和世界的空间”①，这使得文化身份认同——

① 〔英〕戴维·莫利、凯文·罗宾斯：《认同的空间：全球媒介、电子世界景观与文化边界》，司艳译，南京大学出版社，2001，第156页。

"我是谁"的问题日益凸现。面对西方文化扩张，发展中国家往往把对本民族和国家的文化认同作为维护自身存在的传统力量，从而产生一种捍卫本土文化主权的文化主体性意识。中国作为发展中国家在文化发展的选择上同样面临着西方文化全球性流动所带来的文化主体性的困惑和焦虑。在文化全球化过程中，如何捍卫中华文化的价值，重塑中华民族的文化主体性以加强对自身文化的认同和对自身文化的自觉、自信、自主意识，就成为当代中国必须解决的文化历史课题。

（3）中国特色社会主义现代化的成功，对现代化的中国特殊性、中国经验、中国模式、中国道路等"中国性"的强调，"中华民族伟大复兴""中国梦"的价值目标，强化了人们对中国本土文化的认同。中国特色社会主义现代化在文化意义上强有力地支撑了中国文化主体性的重建。这种重建不再是近代的那个"东亚病夫"对西方现代文化挑战的被动的文化回应，而是一个崛起大国在全球化时代对自身文化发展的主动的选择和创建。

（4）西方现代性所呈现的个体生存的意义危机和人与自然、人与人之间的对立与分裂的文化历史困境，则反证了中华文化在当代所具有的新的生命力，人们从中华文化传统中寻求救治西方现代性缺失的思想文化资源，这使得文化传统在现代化的语境中被重新激活。但这不是回归传统，而是在传统与现代相互作用、相互适应所形成的张力基础上的文化重构。

（5）当代中国虽然在经济上取得巨大成功，但在文化上还没有显现出一个古老文明大国在当代崛起的文化气象与文化格局，我们在由传统向现代社会转型中，文化认同问题还没有完全得到解决，影响世界的原创性知识与思想还比较欠缺，文化传播能力还很弱，还无法用中国的话语来讲好中国的故事，还没有创造出具有普遍意义的价值观念和话语体系以参与国际规则和议程的制定以及新的国际秩序的重建。

可见，当代中国文化主体性重建既有其历史必然性又有其现实必要性。

重建当代中国文化主体性的意旨在于在文化身份上塑造当代中国的一个"新的自我"。这种重建，首先，必须在充分的文化自觉和高度的文化自信的基础上掌握中国文化选择和发展的自主权，在全球化时代维护国家文化主权和观念性国家利益，强化民族和国家的文化认同，积极参与世界文化价值体系的重建，扩大中国文化软实力在世界的影响。其次，重建的主要内容，必须在价值观建构以解决文化认同危机问题，创新力激活以解决文化发展生机活力问题，真善美圣的涵化以解决国民素质问题，建构中国话语体系、讲好中国故事以解决国际话语权的伸张和失语挨骂问题，国家文化形象塑造以解决一个现代化的中国与世界的“和而不同”的关系问题等方面构成重建的问题域。

重建当代中国文化主体性，在文化哲学层面上，应在历时性的“传统—现代”互动所形成的张力、共时性的“民族化（本土化）—全球化”互动所形成的张力、“中—西—马”互动所形成的张力这三个相互蕴涵的视域中来审视和观照。在由传统向现代转型过程中，中国文化既延续了文化之民族慧命，又使中国文化形成现代文化的基质，从而在现当代实现了传统文化优秀因子与马克思主义、现代西方文化先进性因素的融合，形成中国特色社会主义文化，使中国文化实现了由传统向现代的创造性转换和融合创新发展。“关键是创造出一种建立在自己文化价值基础上，又密切回应时代和中国发展中出现的重大问题，能够成为中国人所愿意接受、有感召力和凝聚力，同时又反映和吸收整个人类共同利益的新的价值体系。”① ——社会主义核心价值观就是这种构造性重建和创造性综合的集中体现。

重建当代中国文化主体性，必须在文化自觉意义上抽绎出文化传统中有哪些价值元素在当代具有普适意义和活力。千百年来，时代的钟声不绝于耳，但悠久的文化传统所塑造的文明历史足音在当代仍旧铿锵有力。文化传统使我们拥有心有所属、魂有所安的认同感和归属感，获得走向未来的文化根基和精神力量。要“深入挖掘和阐发中华优秀传统文化讲仁爱、重民本、守诚信、崇正义、尚和合、求大同的时代价值。……实现中华文化的创造性转化和创新性发展”②。中国文化传统合儒释道为一体的精神结构，融心性悟觉、伦理体认、修身实践为一脉的精神修为，崇道尚德、仁义担当、知行合一的精神特质，慎终追远、和乐自在、文明以止的精神旨趣，天人合一、文明天下的精神境界，是中国人精神生活固有的底色和生生不已的精神命脉，蕴涵着当代人精神生活所需要的文化元素和文明精神，在新的时代条件下被重新激活和唤醒，以作为我们重构文化主体性不

① 赵剑英、干春松：《现代性与近代以来中国人的文化认同危机及重构》，《学术月刊》2005年第1期。

② 《习近平总书记系列重要讲话读本》，学习出版社、人民出版社，2016，第203页。

可或缺的底蕴和根基。

重建当代中国文化主体性，“他者”是一个必不可少的参考系。但文化之间不能用“我的主体性”去瓦解“你的主体性”，以确立自身的文化霸权。文化之间需要有“生成性对话”的沟通、交流和理解，需要建构一种互相尊重对方文化主体性地位的和而不同的平等和谐关系。由于西方对中国的“他者性”的偏见，重建当代中国文化主体性的一个重要方面在于讲清楚一个现代化的中国与世界的“和而不同”的关系。中国特殊性、中国经验、中国模式、中国道路并不是排他性的孤芳自赏，恰恰是全球化时代中国拥抱世界、提供给世界以应对现代性挑战的“中国方略”。中国当然与“他者”不同，但这并不是要排斥他人，拒绝全球化的共同价值，而是在多元的世界现代化进程中寻求价值共识的同时，坚持中国的特色和中国的道路。“强调本土文化价值的意义，并非是要拒绝全球性的价值。相反，特殊性本身是中国人拥抱世界的一个产物，一种姿态。中国人正是在接受马克思主义的过程中，发现了中国本土经验的重要性。同样，本土思想的价值只有与全球的问题背景相关联，才能生发出意义。”①

在全球化时代，保障自身的文化安全与对世界文化发展的影响力是正相关的，中国的经济、政治、社会和人的发展需要确立自己的文化形象来安顿自我，来说服世界。当代中国应该对自身文化的状况及其在世界文化交流和发展中的地位有一个理性的自觉的认知和反省，把握当代文化发展的特点、规律和趋势，在文化自觉、文化自信、文化认同中来重构当代中国文化主体性，树立和建构与复兴崛起的东方文明大国相应的文化气象和文化格局，确立起一个对当代世界文化发展有重大贡献和影响力的，一个在世界交往和国际事务中坚持和平、公正、平等、自由、人道、诚信的大国形象，来讲好一个有着五千年绵远悠长文明历史的国家如何走向现代文明的中国叙事。

[本文原载于《福建论坛》(人文社会科学版)
2016 年第 12 期]

① 赵剑英、干春松：《现代性与近代以来中国人的文化认同危机及重构》，《学术月刊》2005 年第 1 期。

诗性的乡愁：自然的人文追思

一　在生态文明语境中的“乡愁”

人只能以人的生存方式来把握自然，人的生存方式是实践的方式，人以实践的方式建构人与自然的对象性关系。而在以实践的方式建构起来的人与自然的对象性关系中，作为实践主体的人对自然进行着双重的价值建构：一是在生存适应性意义上满足人的自然生命需要的物质价值建构，二是在生存超越性意义上满足人的文化生命需要的精神价值建构。在物质价值建构的视野中，人主要是通过理性和技术的方式来把握自然，自然之于人是在功利、工具价值格位上。而在精神价值建构的视野中，人主要是通过伦理、审美的方式以及对自然的神秘体验与终极追思的方式来把握自然，自然之于人是在趣真、趋善、臻美、达圣的人文价值格位上。理性与技术的方式把自然当作一个认识、改造、征服、利用的对象，伦理的、审美的、终极追思的方式把自然当作与人的情致交融合一的天然和本然。以资本逻辑为主导和以技术理性为工具辐辏运演的工业文明的现代性活剧，彰显、放大了自然之于人的物质功利价值的维度，遮蔽、萎缩了自然之于人的人文价值维度。这在使我们从自然那里获得丰厚的物质财富的同时，也使自然日渐与我们疏离。这种疏离化使得当代人对自然怀着一种具有浓郁乡愁色彩的精神原乡的冲动。

“乡愁”不是一个理性的、规范的学术用语，它所表达的是人们的一种对故园或已经逝去的过往的悠远绵长的思念的情感状态。这种情感状态主要通过文学尤其是诗的形式给人们提供了一种具有柔性的、忧郁的情感色彩的意象化的审美空间，从而使“乡愁”具有了一种诗性的光芒。这种诗性的乡愁在中国古典诗词和台湾乡愁诗人余光中的作品中表现得尤为感人心扉。而在当代中国，我们在反思工业文明和建设生态文明的语境中提出“乡愁”一词，“乡愁”则超出了文学意象的边界，在哲学的高度上被赋予了一种当代人反思人与自然关系的人文价值意涵，体现了人对自然的一种浓郁的诗性的人文回望：对自然原始童趣般的惊异与好奇，对自然的本然亲缘的感恩情怀，对自然的天然合韵的审美体验，对自然的精神原乡的终极追寻。当代生态问题在本质上是一个具有普遍性意义的自然生态之于人的生存价值问题。反思工业文明和建设生态文明，在价值理念上要求我们必须超越以往的那种对自然单纯在满足人的自然生命需要上的纯粹物质功利的工具价值运思，从人文价值意义上彰显人对自然的这种趋于真善美圣的价值诉求。生态文明建设不仅仅是要在荒芜的土地上撒下绿色的种子，同时要在人类心灵中播种这种绿色的人文情怀。

二　探寻自然奥秘的趣真诉求

关于人认识自然的一个基本观念是：人类认识自然的目的在于改造自然，以满足生存与发展的需要。因为更有效地从自然中获取物质生活资料是我们不断地去认识自然现象和规律的一个基本动因。不过，这只是我们认识自然的一个动因，并非唯一的动因。不断地去探寻自然的奥秘既基于我们生存的功利心，又源于我们心灵深处的对自然的惊异与好奇。这种惊异与好奇是在超越功利心意义上促使人去追寻自然之真的原初的淳朴纯真的本真之意和本真之心，如同康德发自内心对头上星空的惊叹。

哲学的童年在古希腊那里，蕴涵着哲学运思真正契机的是对万物“始基”的追寻。这种追寻，与现实的物质功利无涉，完全出于对真理、对本原、对大全、对智慧的爱好。在原初的意义上，人面对与之休戚与共、变化万千、深幽神奇的自然总是怀着一种童真、童趣的好奇心，想去亲近她、了解她，试图撩开自然神秘的面纱，追根溯源去寻求自然的真谛，格物穷理，以达至心灵豁然无碍的自由。亚里士多德曾断言："古往今来人们开始哲理探索，都应起于对自然万物的惊异。"① 他把求知理解为人的天性而不服从于任何物质利益和功利目标。马克思曾通过考察德谟克利特和伊壁鸠鲁的自然哲学的差别，来说明人只要掌握自然界的客观理性，只要建立起人与自然的内在联系，就能达到"定在中的自由"。也正是在这个意义上，恩格斯把自由理解为对必然的认识和对客观世界的改造。爱因斯坦把对自然规律的真理探求理解为出于人对神秘自然的好奇心。这种超功利的源于人的好奇心的为真理而真理的趣真诉求，正是在哲学和科学中所体现出来的人类探寻自然奥秘的一个原初的人文价值诉求。

如果说对自然的功利诉求是源于人对自然的机巧、机用之心，那么，对自然的趣真诉求则源于人对自然的本然意趣的惊异好奇的"赤子之心"和"自由之心"。人在文明历史进程中无限度地放大放纵了机巧、机用之心，遮蔽了这种纯真童趣的"赤子之心""自由之心"，用功利之维宰制、遮蔽了对自然的纯然求真之维。回归人对自然的趣真诉求之本性，是当代人的具有"乡愁"意蕴的精神原乡；澄明和重塑人之于自然的这种本然意趣的"赤子之心"和"自由之心"，是当代人超越对自然的机巧、机用之心的一个基本的人文价值维度。

三　对自然的伦理情怀和趋善诉求

生态伦理把人的道德关切从社会领域拓展到自然领域。对自然的道德自觉源于人对日益恶化的生存环境以及由此导致的生存与发展所面临的困境的忧思和关切。当代人反思人的生存方式的生态合理性，对人与自然的关系进行伦理的规范，要求人们对改变现存的生存方式和发展模式作出伦理的努力，伦理由主体间的人际领域进入"人—地"的种际领域。总的来看，当代生态伦理基本上还是从人的生存角度提出并以人类的长远利益为考量依据，以此出发要求人保护生态环境、善待自然和其他物种。主流的生态伦理还是在维护人类社会的可持续发展的意义上被认同的。当然，生

① 〔古希腊〕亚里士多德：《形而上学》，吴寿彭译，商务印书馆，1959，第5页。

态伦理还应该在更高的更本源的价值层面上来考量，从人与自然的天然亲缘关系而产生的感恩意识、责任意识和人性的内在善良意志的自由自觉的意义上来寻找其根由。

当代生态伦理有两种不同的价值立场。一是从传统的人类中心主义价值立场出发来考量生态伦理的必要性和合理性。对人与自然关系的道德反思与伦理建构，代内公平、代际公平等环境正义问题的提出，归根结底是建立在人类生存与发展尤其是可持续发展的价值根基之上。人之所以要对自然、环境、生态承担伦理责任，从根本上是从人本身生存与发展的需要这一目的价值中获得理由和根据，而不是出于对自然本身价值的道德关怀。事实上，康德就为这种道德立场提供了哲学支点，在康德看来，纯粹的自然界只服从自然律，无所谓自由律，道德只属于自由世界。自然如果不与人相联系，则无所谓伦理价值。只有进入人的世界，自然才可能获得伦理属性，人对自然的责任，是人对自由世界或对人自身世界的责任。与这一价值立场不同，当代生态伦理的一种新的价值立场是强调自然本身的伦理价值，试图从自然本身的内在价值中获得生态伦理的价值依据。新自然主义伦理学认为，“在生态系统的机能整体特征中存在着固有的道德要求”①。美国生态学家利奥波德创立了大地伦理学，从生态中心主义的角度考察人与自然的伦理关系。他在《沙乡年鉴》一书中，提出生态伦理的几个基本原则。①必须重新确定人类在自然界中的地位，人类并非自然界的主人、统治者，而是自然界中极普通的一员。②仅仅考虑人类的经济功利需要从而关心生态平衡是远远不够的，人类只有从自然的整体出发，而不是从自己的局部出发，才能正确认识自己与自然的交往行为正当与否。凡是有助于维护生态群落的完整性、稳定性的行为就是正常的，否则就是错误的。③要把权利这一概念从人类延伸到自然界的一切实体和过程。④要求政府和资源私有者都要对环境的良性发展尽职尽责。深生态学强调自然的内在价值和生物的绝对平等性，否认人的特殊价值，认为人类只是众多物种中的一种，每个物种在整个生态系统中都有自己的位置，人类世界与非人类世界没有区别和分界线，宇宙是一个不可分割的整体。

---

① 〔美〕霍尔姆斯·罗尔斯顿：《哲学走向荒野》，刘耳、叶平译，吉林人民出版社，2000，第7页。

从人本身或从自然本身来寻求生态伦理的价值根由各有其偏颇。生态伦理应当确立一种人与自然和谐共生的生态整体主义文化视野。生态系统具有内在的相互作用和相互依存的协同性，它使生态系统保持着动态稳定，使物种的生灭和环境的熵增与熵减形成基本平衡。生态系统的这种协同性是一种人应当仿效的生存智慧。只有确立地球是一个生命整体的理念，人才能真正感悟到与自然的切己关系，才能找到生态伦理的价值根由。里夫金等在《熵：一种新的世界观》一书中写道："人类文化与自然之间的人为分离是牛顿时代的特征，在未来的太阳能时代里，这两者将重新融合。'自然中的人'将取代'对抗自然的人'。"① 而在中国传统思想中，天人合一的辩证的整体性思维把世界看作一个相互作用、相互转化、大化流行、生生不息的整体，人与自然同属于这个整体，根株相连、共生共存于这个整体之中。无论是儒家的"赞天地之化育"、道家的"道法自然"，还是佛家的"众生平等"，都强调人与自然的整体协同、共生共存的天然本然关系。

生态伦理的一个重要特点在于它的单向性，即它是人作为道德主体向自然的单向度的道德承诺。这就要求作为道德主体的人必须具有高度的道德自觉、自省和自律。这种高度的道德自觉不能从人的生存与发展的功利价值诉求中去求得，而应该从人与自然的天然亲缘关系而产生的爱恋意识、感恩意识、责任意识和人性的内在善良意志的意义上来寻其根由。人对自然的伦理情怀和趋善诉求，源于人对自然作为人生于斯、长于斯、终于斯的生存家园的一种如同对母亲般的依恋、爱恋与感恩之情，如同游子对故园的一种精神乡愁。对我们生存家园的这样一种如同乡愁般的情感体验和心灵自由自觉，是我们建构与自然之间的伦理关系并能够自觉地肩荷起对自然的道德责任和义务的内在根据。"我们遵循我们所爱的事物，而对一种内在的善的爱总是一种道德关系……在这种价值论意义上，我们应该遵循自然，使自然的价值成为我们的目标之一。"② 对自然—大地—母亲的这种精神还乡，使得自然具有人格化的价值和尊严，尊重自然的价值，就是尊重人自身的价值。对自然的依恋、爱恋和感恩之情是人性内在的善

① 〔美〕杰里米·里夫金、特德·霍华德：《熵：一种新的世界观》，吕明、袁舟译，上海译文出版社，1987，第 211 页。

② 〔美〕霍尔姆斯·罗尔斯顿：《哲学走向荒野》，刘耳、叶平译，吉林人民出版社，2000，第 68 页。

良意志的体现，它是生态伦理的最基本的价值根由。所有的生态伦理或环境伦理的原则规范，诸如尊重自然、保护自然、珍惜自然资源、与自然融合共生等都源于这种对自然—母亲的永恒热爱和感恩的人文情怀。这正如利奥波德所说的："我们不能想象，在没有对土地的热爱、尊敬和赞美，以及高度认识它的价值的情况下，能有一种对土地的道德关系。"①

四 对自然的审美体验与臻美诉求

自然养育了人，也培育了人对自然的感恩情怀和对自然的审美情致。人欣赏自然、赞美自然、爱恋自然、敬畏自然正是这种审美情感的体现。自然的神秘、壮丽和天然韵律是人的审美体验和创造灵感的永恒对象与不竭源泉。人性的审美维度与自然之美的交感相应和天然合韵，是人与自然最有韵致也是最为美妙的一种关系。

德国哲学家谢林有言："客观世界只是精神原始的、还没有意识的诗篇。"② 人的精神的自由创造本性唤醒了自然之于人的这一审美诗篇。对自然的审美观照，使精神的自由创造本性与自然生命本体交感呼应，人从中体验并升华了生命的价值和意义，从而使人的精神达至自由理想的境界。自然美是艺术美的原型和始源，很难想象没有对自然美的感受力、理解力却能形成艺术审美力。建立在对自然美的原始、淳朴的感受能力基础之上的艺术审美是对自然美的超越和升华。但在工具技术时代，艺术审美越来越走向了技术化、抽象化和官能化。生态美则是在否定之否定意义上对自然美的复归和升华，是天与人的合一，情与境的交融，是自然之美与人性之美的交融合韵。对自然生态的审美意识，使人回到人与自然万物一体之本然境域，使精神获得一种返回家园之感。这正如海德格尔把诗人说成听到事物之本然的人。当代人怀着一种乡愁的冲动在寻找自己的精神家园，这种"乡愁"在审美的意义上是工业文明对农耕文明的一种诗性的回望，是当代人把已经逝去的过往的时间距离转换为审美的空间距离，也是精神

① 转引自刘大椿等《在真与善之间——科技时代的伦理问题与道德抉择》，中国社会科学出版社，2000，第278页。

② 〔德〕谢林：《先验唯心论体系》，梁志学、石泉译，商务印书馆，1976，第274页。

还乡般的对自然爱恋、思恋和回念。正是这种审美的时空距离为“乡愁”提供了如同蒹葭白露、伊人秋水般的情景交融的审美意象。

生态美不是自然美的独奏曲，而是人与自然的生命交感的和弦。自然之美、生态之美既是客观世界的美的对象、美的事物的显现，也必然相应于人作为审美的主体在对象化实践中所建构的对美的感受和体验的心灵之美，是主体心灵之美对自然之美的交感呼应，是作为审美主体的人与作为审美对象的自然之间的形成互动张力的间性之美，是主客体统一于实践的人与自然的和谐之美。“与天和者，谓之天乐。”① 在天人合一、天人交感、天人共美的审美体验中，人性得到舒展和升华，超越了对自然的物质功利的感官欲望，纯粹以审美观感的心灵去感受自然之美，达至自由与崇高的审美境界。如同庄子所追求的那种个人与自然融洽无间的自由境界，亦如同海德格尔所倾心向往的“诗意地栖居”。对于这种人与自然的和谐之美的审美境界，英国美学家李斯托威尔有过一段生动的描述：“美，有机界和无机界的明显界限，只有在这里才会消失：主体和客体看来是不可逾越的障碍，只有在这里才会崩溃，只有在这里，物质才会上升到精神的水平，而精神也会降附到没有生命的物质的水平，只有在这里，人类灵魂中感性的东西，它的本能的、理智的和道德的能力，才会自然而又和谐地合作起来，像一个欢天喜地的合唱队所唱出的不同的声音。”②

“天地有大美而不言”，乐山与乐水，仁者与智者，自然是人类永恒的审美主题，也是孕育人的美的心灵的不竭源泉。美丽中国，是生态之美与心灵之美的圆融相应、和谐共美。

五　对自然的形而上的精神原乡与达圣诉求

现代人从生活到心灵开始走上回归自然之旅。对自然作为生存摇篮的依恋，对自然脐带亲缘关系的精神乡愁，对自然神秘力量的崇拜和终极追寻，这既是人性中最原始的精神崇拜，也是人性升华到最本真处对精神家

---

① 《庄子》，中华书局，2010，第 207 页。

② 〔英〕李斯托威尔：《近代美学史评述》，蒋孔阳译，上海译文出版社，1980，第 238 页。

园的归依。如同喜马拉雅山之于藏族人民、内蒙古草原之于牧民，自然不仅是人们生活于其中的生存家园，同时又是人的精神在终极处祈求与追寻的神圣的、永恒的精神家园。自然之于人的至真、至善、至美的价值意蕴，已然使自然之于人具有了至圣的生命本体意义的价值与尊严。

人从来都是站在地球上来看地球。一旦站在地球之外回眸地球，他就会产生一种全新的观念：一种在茫茫的宇宙中我们只有一个地球、也只属于一个地球的永恒的孤寂；一种对人类生存家园的刻骨铭心的眷念；一种回归家园的终极冲动。第一个登上月球的美国宇航员阿姆斯特朗，在他从登月舱向月球迈出第一步时说：这一步，对个人来说只是小小的一步，但对人类来说却是巨大的飞跃。这显然是指人类登月成功是人类征服自然的又一胜利的象征。但他回望几十万公里之外的一颗蓝色的星球，发现它在茫茫的太空中是如此的孤寂。然而，它却是我们唯一的生存家园。家，存在，本体，这种地球意识就会油然而生。

1852 年，美国西部印第安人部落首领西雅图在得悉政府要向他们购买一些土地后这样表达他的态度："华盛顿的总统先生派人表达了想要购买我们的土地的意思。但蓝天与大地怎么可以买呢？这想法对我们来说太奇怪了。这新鲜的空气与闪亮的河水并不为我们所有，那你们又怎能买这些东西呢？这土地上的每一个角落对我的人民都是神圣的。……我们是大地的一部分，大地也是我们的一部分。散发着清香的花是我们的姐妹，熊、鹿，还有雄鹰，都是我们的兄弟。岩石的山顶、草地中的汁液、小马的体热，还有人，都属于同一个大家庭，……它与它所支撑的一切生命共有一个灵。"① 汤因比曾说，世界上所有宗教都有一个长处，"就是把自然的力量视为神圣的东西。通过灌输对自然的畏惧思想，在某种程度上抑制了人们利用自然的贪婪冲动"②。

现代自然文学中的"荒野"意识体现了隐藏于人类心灵深处的这种神圣的生存无意识。美国自然文学家西格德·F. 奥尔森的《低吟的荒野》是自然文学的经典之作。美国荒野保护协会会长乔治·马歇尔说奥尔森"让荒野和生活吟唱"。奥尔森在美国明尼苏达州与加拿大安大略省交界区的一片点

---

① 转引自刘耳《从西雅图的信看美洲印第安人的自然观》，《学术交流》2002 年第 5 期。

② 〔英〕汤因比、〔日〕池田大作：《展望二十一世纪：汤因比与池田大作对话录》，荀春生、朱继征、陈国梁译，国际文化出版公司，1997，第 381 页。

缀着璀璨的湖泊、裸露着古老的岩石、覆盖着原始森林的荒原湖区边缘的小城伊利安家，与荒原终生厮守，直至去世。他从这古朴的荒野中寻到了一种抵抗现代生活诱惑的心力，一份与天地万物圆融无间的安宁与富足。在荒野中，他体验到“宁静”、“孤寂”和一种“未开化的环境”，感受到与万物通灵交感的那种神秘与神圣。奥尔森从原始古朴的荒野中感受到自然对人性的呼唤，自然之声与人的心灵的呼应。荒野的吟唱，就像从悠久岁月中传来的回音，勾起我们对已经逝去的江河湖泊、高山草原的心驰神往，对大自然的神秘与伟岸的敬畏和崇拜。而这一切随着现代文明的进程日渐远离我们而去，在现代化生活节律中我们的心灵显得躁动不安，听不见这种静穆的回声。在奥尔森看来，聆听荒野由此成为我们生活的需要，低吟的荒野已经成为一种无价的精神之源，它呈现给我们的是古朴的自然之美、宁静的自然之美、祥和的自然之美、刚强的自然之美、神圣的自然之美。这样一种“荒野”意识，并非出于一己之得的一种精神乌托邦式的浪漫和虚构，而是人对渐行渐远的精神故土的留恋和回望。这使得这种荒野意识蕴涵着一种浓郁的乡愁色彩和生命的诗性光芒，并升华为一种具有普遍意义的人类寻找精神故乡的形而上的冲动。因此，这种荒野意识，是自然与人文的交融际会，在荒原中使心灵获得美的感动，达至圣洁的境界，倾听神圣的自然生命本体永恒的召唤：万物休戚与共，生命周而复始。

海德格尔以其特有的哲学睿智与深刻对自然予以形而上的、诗意的追思。在他看来，对自然的领悟就是对存在的领悟，只有从存在的角度领悟自然，或从自然的角度领悟存在，才是本真的思想。而人并不是存在的主人或中心，而是存在的“牧人”，这个“牧人”被存在召唤来看护存在。也就是说，人的本真的存在不是作为自然的主宰，而是与自然融合在一起，不能把人置于宇宙的核心和支配地位，而只能当作众多的存在者之一。必须把人由自然的统治者、主宰者变成世界上其他一切存在的倾听者、守护者。人应当悉心聆听自然的声音，在对自然的应答中，人诗意地栖居在大地上。“诗人的天职是还乡，还乡使故土成为亲近本源之处。”①海德格尔在这里道出了人对自然的哲学的、人文的沉思的两个维度：存在

① 〔德〕海德格尔：《人，诗意地安居——海德格尔语要》，郜元宝译，上海远东出版社，1995，第87页。

的追问和审美的追问。

而在马克思那里，自然是“在人类历史中即在人类社会的形成过程中生成的自然界，是人的现实的自然界；因此，通过工业——尽管以异化的形式——形成的自然界，是真正的、人本学的自然界”①。这种“人本学的自然界”，在资本逻辑主导下的工业文明历史进程中日渐与人相异化。因此，在社会实践中实现人与自然和谐统一就不单纯是一个如何按照自然本身的规律来合理地利用自然的问题，更重要的还是一个如何克服不合理的生产关系的“社会批判”问题。他对未来社会人与自然的和谐统一有着这样的理想寄望：“这种共产主义，作为完成了的自然主义，等于人道主义，而作为完成了的人道主义，等于自然主义，它是人和自然界之间、人和人之间的矛盾的真正解决，是存在和本质、对象化和自我确证、自由和必然、个体和类之间的斗争的真正解决。它是历史之谜的解答，而且知道自己就是这种解答。”②

海德格尔和马克思，这两个伟大的哲人，一个对自然予以深沉的形而上的追思和诗意的领悟，一个对理想社会人与自然的和谐相融予以理性的演绎和深情的寄望，蕴涵在其中的是对自然的人性化和人性的自然化的人文关切。在今天，当自然日渐与我们反向疏离而去的时候，哲人的思想显得尤为贴近、深切。而所有的这一切对自然——我们生于斯、长于斯、终于斯的生存家园的关切和追思，对自然的诗性的乡愁般的真善美圣的关切和追思，归根结底是对我们自身生存、命运的人文关切和追思。

[本文原载于《福建论坛》（人文社会科学版）
2014 年第 12 期]

① 《马克思恩格斯文集》第 1 卷，人民出版社，2009，第 193 页。

② 《马克思恩格斯文集》第 1 卷，人民出版社，2009，第 185 ~ 186 页。

中国特色社会主义生态文明何以可能？

——福建长汀生态文明建设经验启示

中国特色社会主义生态文明何以可能？这是一种康德式的设问，需要在逻辑上析出这种可能的必要条件，在经验中找到能够实证这种可能的范例。

一　经验范例

在当代中国，“绿色发展”成为社会发展的一个基本理念，“生态文明”成为社会实践的价值目标。在发展的宏观层面上，“十八大”把生态文明建设纳入中国特色社会主义“五位一体”的总体布局。在指导思想上，习近平从人与自然的关系、保护生态与发展生产力的关系、生态环境与民生福祉的关系以及生态红线、生态系统观等方面提出了具有中国特色的生态文明思想和生态实践观念。所有这一切，意味着在当代中国围绕生态文明建设的价值理念、发展战略、改革方案、制度安排、实践路径等一系列顶层设计的基本框架已经形成。与生态文明建设的这种发展战略相对应，生态文明建设在现实实践层面上也在方兴未艾地展开。

在生态文明发展战略与实践的互动过程中，福建省的绿色发展可谓远见卓识，先行先试，根深叶茂，蔚然成风。早在2000年，时任福建省省长习近平提出建设生态省的战略构想，并担任生态省领导小组组长对这一战略加以实施。2014年，福建省被国务院确定为全国第一个生态文明先行示范区，而长汀县则是这块实验区里最具地方性范本意义的一块试验田。

长汀县地处福建西部，为闽、赣两省的边陲要冲。土地面积3099平方公里，其中山地面积约占85%，为典型的“八山一水一分田”山区县。长汀是我国南方红壤地区水土流失最严重的区域之一，新中国成立前，就与陕西长安、甘肃天水并称为中国水土流失最严重的三大地区。据1985年遥感普查，长汀县水土流失面积达146.2万亩，占全县面积的31.5%。光秃的山岭红壤裸露形成赤红色的“火焰山”，成了长汀一道特色的“风景”。

如今，红壤裸露的荒山野岭已是绿色葱茏，长汀的“红色”已经催生出一片绿意盎然，昔日的“火焰山”如今变成绿色飘香的“花果山”。全县水土流失面积已经由1985年的146.2万亩降至2015年的39.6万亩。森林覆盖率达到79.8%，全县植被覆盖率达81%，空气环境质量达国家一级标准，基本上解决了水土流失之患。长汀水土保持和生态建设的实践被水利部誉为“不仅是福建生态省建设的一面旗帜，也是我国南方地区水土流失治理的一个典范”。长汀“红壤丘陵区严重水土流失综合治理模式及其关键技术研究”成果，荣获第四届中国水土保持学会科学技术奖一等奖。近年来，长汀被评为全国生态文明建设示范县、全国现代林业建设示范县、全国水土保持生态文明县、全国科技进步县和福建省生态县，农村乡镇省级生态乡镇创建率达100%。在党的领导下，几代长汀人筚路蓝缕，用数十年的努力，发扬“滴水穿石，人一我十”的精神，给百万亩“火焰山”披上绿装，创造了水土流失治理的“长汀经验”。并在生态治理成果的基础上，提出业兴民富、山清水秀、客风古韵、和谐宜居、幸福安康的生态家园的建设目标，规划生态文明示范县建设的“五大体系”和汀江生态经济走廊建设的“六大板块”，实现从生态治理到生态家园建设的转型升级，成为中国水土流失治理的典范，福建生态省建设的一面旗帜。

长汀这一片红土地铸就的红色精神高地，在长汀人民的生态治理与生态家园建设的实践中，孕育造就出一方青山绿水的新天地，也为我们研究当代中国社会绿色发展的理论与实践提供了一个鲜活的地方性的经验范本。长汀既有生态治理成功的经验，又有如何把握住绿色发展的战略契机由生态治理迈上生态家园建设新台阶的理念转换和实践构想，同时也面临观念习俗、体制机制、利益协调、生态公正、保护与发展、技术人才以及具体的乡村文明、垃圾处理、河流治理等各种问题与挑战，这为我们进一步深入研究有中国特色的社会主义生态文明建设提供了一个总体的、丰富的、可追踪研究的问题域。

长汀在生态治理的实践中，探索出“党政主导、群众主体、社会参与、多策并举、以人为本、持之以恒”的水土流失治理的“长汀经验”，这一经验涵盖了生态治理的主体、机制、方法、宗旨、价值和精神。它启迪我们去思考：党和政府的领导，绿色理念的烛引，社会制度的安排，对于有中国特色的社会主义生态文明建设的意义何在？

同时，长汀这一实践范例也引发我们思考马克思当年在《1844 年经济学哲学手稿》中提出的人与自然和解的哲学命意——在一个新型的社会关系中去考量人与自然的关系，来回答一种康德式的设问：如果按照资本本性的逻辑演化，生态环境的“公地悲剧”将是人类文明的宿命，那么，中国特色的社会主义生态文明何以可能？

二　经验启迪

作为社会主义生态文明建设的一个地方性经验范本，长汀的水土流失治理和生态家园建设实践给我们以诸多的启示。

生态文明建设，首先要解决好发展的价值理念问题。文明的实质首先是一种精神洞见和精神秩序，这种精神洞见和精神秩序的核心在于引导文明发展方向的价值理念。发展理念引导发展方向，有什么样的发展理念，就有什么样的发展。社会主义生态文明建设，首先必须超越传统工业文明的发展理念，确立新的发展理念。这种新的发展理念，从“可持续发展”、“科学发展”到“绿色发展”，都是指在生态环境容量和资源承载力条件的约束下，通过保护自然环境实现可持续发展的新型发展模式和发展理念。长汀县曾经为那种以杀鸡取卵、竭泽而渔的方式求经济增长和生活温饱付出惨重的生态环境代价，严重的水土流失既是“天灾”，更是“人祸”。改革开放以来，长汀人向往绿色，梦想着自己的家园绿满枝头，并在实践中把这种梦想变成现实。水土流失治理，长汀人给裸露的红壤秃岭换上了绿装；生态家园建设，长汀人给发展的蓝图注入了绿的底色。他们自觉地把生态保护作为经济发展的底线、红线，保护水土，保护生态环境，保护汀江母亲河，是长汀谋发展的前置条件。他们在生态治理成功经验的基础上，以绿色发展理念引领经济社会发展，推动生态文明建设由水土治理向生态家园建设转型升级，以绿色发展为价值理念谋篇布局，优化生产、生活、生态的空间布局，发展绿色经济，建构生态美、百姓富的绿色家园。绿色发展的价值理念，已经深植在长汀人民的心里，成为推动生态家园建设的坚定信念。

绿色发展是一个以人的发展为价值轴心的生态、生产、生活三位一体的绿色循环进程，绿色发展要处理好经济发展、生态保护和人民生活三者之间的辩证关系，在三者之间保持互动的张力，以人为本，走生产发展、生活富裕、生态良好的可持续发展道路。生态文明在一般意义上是人类在保护生态环境前提下的文明发展形态，是生态环境保护与经济社会发展相互涵容、相互促进的新文明形态。发展与保护的关系是生态文明建设所内蕴的本质关系。离开环境保护、突破生态阈限的发展，是不可持续的发展。人类应当学会在自然的阈值边界内寻求生产和生活之道，以此作为生存与发展的底线。绿色发展，是以生态保护为红线、为前提的发展，是由绿色、生态来定义的发展，是以生态经济、生态产业、生态技术为支撑、为机遇的低碳发展、循环发展、可持续发展。同时，离开发展来讲生态保护，这种保护也是不现实的、一厢情愿的。离开经济社会发展来实现人们的利益，单纯的生态保护将失去内在动力和经济社会的支撑而变成既无意义又不可持续的保护。长汀生态文明建设的一个重要经验就是把生态家园建设与经济社会发展辩证统一起来，使二者进入良性的互动循环，把生态优势转化为经济优势，用经济社会发展来保证青山绿水的永续常驻，在这种互动张力中实现生态保护和经济社会发展的双赢。他们在水土流失治理中引进利益机制，使人们能够在治理水土流失中获得利益，在环境保护中实现发展。如林权制度改革，“谁治理，谁投资，谁受益”的政策导向，就吸引了广大群众和众多公司参与造林，把治理水土流失与发展经济林业结合起来；通过推广“草牧沼果”的循环种养发展生态农业，既保护了水土，又促进了经济发展和群众利益的实现。他们以生态保护为红线，根据汀江流域生态环境的特点来规划汀江两岸的发展蓝图，来优化生态、生产、生活的空间布局，在经济社会发展中注入生态环境保护的内涵。当然，山区县域经济社会发展与环境保护之间并非没有冲突，经济发展与生态保护之间的矛盾是生态文明建设最基本的矛盾。但问题在于，在中国社会现代化进程中面临严峻的资源和环境压力下，保护生态环境已成为中国社会发展道路的一条底线，那么，就应该转变发展思路，把绿色、低碳、循环发展作为中国发展的不二法门，将绿色工业、绿色农业革命看作新的经济发展引擎，把资源、环境约束转化为绿色发展的机遇，把保护生态环境与发展生产力统一起来，从而实现生态环境保护与经济社会发展的双赢。

绿色发展是在以人为本的价值目标中注入发展的生态意蕴，来创建一种符合生态规律的发展模式，它是新的时代背景下对以人为本的可持续发展理念的全新诠释。无论是生态环境保护还是经济社会发展，其价值轴心是人民生活的幸福安康。蓝天白云，青山绿水，环境优美，空气清新，是人民对美好生活的共同向往，良好的生态环境本身就是最公平的公共产品和最普惠的民生福祉。在由人与自然的共生共融所构成的生态系统中，生产节律、生活节律、自然节律是循环互动的，自然只有在与人类生产和生活相互关联和相互作用的辩证关系中才被赋予了生态的意义。当我们把“自然”转换为“生态”，就赋予自然以人类文明的价值背景。离开人类文明历史抽象谈论自然，把人类文明进步与自然对立起来，进而把生态文明理解为回归到人类屈从于自然的自在生存状态，是浪漫主义的生态中心主义。生态文明是超越工业文明的新型文明形态，它并不排斥技术进步和经济发展，反倒要以技术进步和经济发展为基础、为前提。生态文明并非回到穷乡僻壤的生存状态，也不认为在这种状态下人与自然的矛盾就得到解决。山清水秀但贫穷落后，不是美丽福建；殷实小康但资源枯竭、环境污染，同样不是美丽福建。福建省提出的“机制活、产业优、百姓富、生态美”的生态省建设的战略目标，体现了生态文明建设是一个以人为本的生产、生态、生活三位一体的互动进程。长汀生态家园的构建，贯穿着生态为先、发展为重、民生为本的建设理念，在抓好山上水土流失治理的同时，着力做好山下兴业富民工作，让群众在参与水土流失治理的同时，分享生态环境改善带来的成果，在共建中共享，在共享中共建，共建共享一个生态好、产业兴、百姓富的生态家园。

生态文明建设，要推动经济社会发展方式的双重变革，即在绿色发展理念指导下，推动传统的粗放的工业生产方式向技术先进、集约高效、低碳环保的现代工业生产方式转变，推动传统的封闭落后的农业生产方式向开放、绿色、低碳、循环的现代农业生产方式转变。生态环境压力在农耕文明社会就已经存在，“美索不达米亚、希腊、小亚细亚以及其他各地的居民，为了得到耕地，毁灭了森林，但是他们做梦也想不到，这些地方今天竟因此而成为不毛之地，因为他们使这些地方失去了森林，也就失去了水分的积聚中心和贮藏库。阿尔卑斯山的意大利人，当他们在山南坡把那些在山北坡得到精心保护的枞树林砍光用尽时，没有预料到，这样一来，他们就把本地区的高山畜牧业的根基毁掉了；他们更没有预料到，他们这样做，竟使山泉在一年中的大部分时间内枯竭了，同时在雨季又使更加凶猛的洪水倾泻到平原上”①。传统落后的农业生产方式和生活方式，并不像现代的一些生态浪漫主义者对农耕文明诗意的回望那样是人与自然融洽无间的生存方式。实际上，农耕文明中的落后生产和生活方式也是生态环境恶化的一个重要原因。长汀水土流失既与传统粗放的工业生产方式（如小水电截流对汀江生态的破坏等）有关，又与传统的农业生产方式和生活方式（如砍伐森林、山地造田、生活垃圾随意丢弃等）有关。长汀水土流失治理有很长一段历史，但效果并不好，一个主要的原因在于，这种治理是在不改变原有的传统农业生产方式和传统粗放型的工业生产方式的条件下进行的，依然沿着传统的农业生产和粗放型小工业生产及其能源消费模式，在一个相对封闭落后的经济社会系统中实施治理，它不可能从根本上改变人地之间，生产空间、生活空间与生态空间之间的矛盾紧张关系，而只能是一种头痛医头脚痛医脚、治标不治本的治理。传统生产方式和生活方式的循环，使土地负载过重，水土流失严重，然而在这种生产方式和生活方式条件下进行治理，使得治理与恶化循环往复，生态环境很难有根本上的恢复，这种治理从根本上看是没有出路的。长汀在新时期水土流失治理取得成效，与新型工业化、城镇化进程促进农业劳动力和人口向非农产业转移，从而极大地减轻了水土流失地区生态承载压力，使人地关系的紧张态势有所缓和直接相关（如推进生态移民造福工程，通过人口集聚减轻水土流失区农业人口对生态的承载压力，让更多的农民从土地和传统农业生产中解放出来，进而促进产业集聚等）；也与深化农业生产经营方式改

① 《马克思恩格斯选集》第3卷，人民出版社，2012，第998页。

革、转向现代农业生产方式、实施能源替代战略、发展生态农业经济等密切相关。可见，绿色发展必须推动如上所述的经济社会发展的双重变革，只有建立在先进的农业和工业生产方式之上，生态文明建设才有一个坚实牢靠的基础。长汀由水土流失治理走向生态家园建设正是建立在经济社会发展的双重变革之上的，是在标本兼治意义上使生态文明建设有了厚实根基的支撑。当然，作为一个底子薄的山区县域来说，实现这双重变革还需要各种条件的支持，需要一个长期的历史过程。

绿色发展，是涉及价值观念、生产方式和生活方式的整体性、长期性、根本性的绿色变革，要确立辩证的、系统整体的思维方式，着眼长远、谋划大局、整体协调，为生态家园建设谋篇布局，促进人与自然的和谐共生，推动经济社会的可持续发展。生态文明建设的系统整体思维，有两个层面。第一个层面是哲学形而上层面。人类为了自身的生存，通过结成群落并进而结成社会的形式，以自身的生产劳动在与自然界进行物质变换过程中从自然中分离超越出来逐渐形成文明社会，在这一过程中形成并积淀了一种无意识的类意识：把人与自然分离出来甚至对立起来的人类主体意识和自然客体的对象意识——被现在众多生态中心主义者认为是生态问题产生原因的“主客二分”的思维方式。这种思维方式在人类文明历史过程中，自有其产生的必然性和合理性，这一点无须赘言。问题在于，当人类开始寻求超越工业文明走向生态文明时，我们就必须超越这种思维方式，在一个更为宏观整体的层面上来把握人与自然、社会系统与生态系统的辩证统一的整体性，把人理解为从自然中分化出来但须臾也离不开自然生态系统，并归根结底是自然生态系统的组成部分或自然生命共同体的成员，并在宇宙生命整体生生不息过程的永恒的意义上来体认人从自然中走出，又回归于自然，并生成生存于自然过程中展开的永恒的生命循环与轮回。这种人与自然共融共生的系统整体性与历史过程总体性的观念，正是我们今天在生态文明时代处理人与自然的关系、推动绿色发展的哲学形而上或本体论层面的根据。哲学形而上层面的整体性观念，必须也应该体现落实在第二个层面即实践观念层面上，“生态系统观”和“可持续发展观”作为当代全球生态文明的核心实践理念，分别从空间维度的系统整体性和时间维度的过程持续性来架构生态文明。长汀的生态治理和生态家园建设，正是在这种实践观念的层面上把这种辩证整体的思维方式落在实处。

自然生态的山水林湖田是一个生命共同体，它们相互依存又互相激活，反映了大自然生命过程的内在关联。在实践观念上，必须按照生态系统的整体性进行整体保护、系统修复、综合治理，以增强生态系统循环能力，使生态的生命共同体生生不息。水土流失治理是一个涉及自然生态系统和人工社会系统及其辩证关系的复杂系统过程，不仅要从山水林湖田的自然生态系统整体中把握生态修复的内在关联，防止“头疼医头脚痛医脚”的治理方式；又要从人工社会系统的价值观念、生产方式、生活方式、消费方式以及制度安排、政策导向、社会动员、科技支撑、利益协调等各方面统筹兼顾、综合治理、整体推进。长汀人至今还念念不忘福建前省委书记项南给长汀留下的治理水土流失的“三字经”，他把系统整体的治理经验总结为通俗易懂、切实有效的实践观念。建设生态家园，无论是规划生态文明示范县建设的“五大体系”还是布局汀江生态经济走廊的“六大板块”，都是根据长汀自然生态系统的区域特点，以一种系统整体的思维方式来谋篇布局，来划分主体功能区域，来合理调整优化生态、生产、生活的空间整体性布局和规划可持续发展的过程整体性布局。

生态文明建设之于我们这个时代，不仅只是问题与挑战，还是一种发展的机遇和新的可能性空间。要善于把握和利用时势和契机，把生态环境的问题与挑战转变为绿色发展的机遇和条件。绿色发展首先是针对环境之于人类生存发展的问题与挑战而言的，资源枯竭、环境污染使当代人面临生存与发展的危机与困境。但正如汤因比在《历史研究》中把文明的起源与生长理解为人类对生存环境的挑战所作出的成功应对一样，人类对资源和环境危机挑战的应对可能孕育着一种新的文明——生态文明。因为人类在应对这种新的问题和挑战中激发了新的创造潜能，通过创新生存与发展的价值理念、新的思维方式、新的生产方式、新的生活方式、新的技术与制度创新，人类生存发展跃入一种新的文明发展形态。如在当代中国，已经开始将绿色革命视为新的经济发展引擎，把资源环境约束转化为绿色发展的机遇。绿色发展为经济社会发展提供新的动力；绿色循环低碳产业是当今时代最有前途的发展领域，为经济创造新的投资和发展空间；绿色农业与现代电子商务的结合，使绿色农业走向品牌化、规模化、现代化；绿色经济作为经济发展的一种转型、提升和创新发展，开拓了一条将生态优势转变为经济优势、把生态资本转换为发展资本的新的经济发展道路；同时，新常态下经济增长动力转换和结构优化以及绿色化的生活方式和消费方式，也为绿色发展、绿色产业链的形成打开了巨大的市场空间。长汀从水土流失治理到生态家园建设的过程生动地体现了这种把问题与挑战转换为发展机遇的辩证法。长汀人民善于抓住和利用绿色发展作为国家发展战略所提供的机遇，如习近平对长汀水土流失治理的长期关注、国家政策提供的条件等机遇，来引导和推动生态治理和生态家园建设；他们利用城镇化为治理和保护农村生态环境提供有利的条件和空间，通过推进生态移民造福工程和人口集聚减轻水土流失区农业人口对生态的压力，让更多的农民从土地和传统农业生产中解放出来，优化了生产、生态、生活空间布局；他们依托乡村生态和人文环境、资源禀赋，来谋划发展特色产业，绿色品牌产业，培育林下经济的产业链，发展电商、物流业，发展绿色休闲旅游业等，既保住了乡村的青山绿水，又推动了经济社会的发展，同时还富了一方百姓。

生态文明建设，是涉及政府、市场、企业、社会和个人等各种力量的一项整体性和长期性的事业，要充分发挥党政系统在社会动员、政策支持、制度保障、组织力量和整体协调方面的优势，统筹兼顾、持之以恒地予以推进。美好的生态环境是一种公共物品，而公共物品之于市场主体、社会主体和个体主体来说则具有外在性的特点，这就需要政府着眼于整体利益和长远利益来率先发动，可以说政府是生态文明建设的第一推动者。长汀水土流失治理和生态家园建设取得成效的一个重要原因，就在于政府把给社会和人民提供良好的公共环境这一公共物品当作自身的职责来加以担当和践履，以“功成不必在我”的胸襟坚持不懈、持之以恒地予以推进。党政部门高度重视、整体规划、全力推动、提供制度和政策保障、全面协调、常抓不懈是取得成效的重要经验。当然，在生态文明建设中，政府不能唱独角戏，实际上，党政系统在长汀水土流失治理中充当第一推动力，同时，充分依靠群众、动员群众、组织群众和教育群众以及发挥市场机制的作用，也是实现有效治理的重要支撑。随着治理实践的深入和向生态家园建设的升级，市场、社会、个体主体的力量和机制正在形成并发挥越来越重要的作用。绿色的可持续发展从根本上看要着眼于自身的“造血”功能，而不能一味地依靠外在的“输血”。如果说政府作为第一推动力在初期的作用主要是通过政策和经费的支持而体现为一种“输血”功能的话，那么，培育各种新型专业合作社、专业协会、种植大户，引进建立现代物流、电商业，畅通市场渠道，从而形成新型的现代市场主体和现代绿色产业链，这样一种内在的“造血”才能使长汀的生态文明建设具有恒久不竭的动力和生命力。

生态文明建设是美丽家园与美丽心灵相互涵育的过程，要把绿色理念植入人们的心中，成为人们的价值取向、思维方式和生活习惯，使在生态泽被下的文明，有永续发展的自觉和底气。生态文明不是外在于人的文明，而是内化于人的文明。绿色化不仅是自然环境的绿色化，也是人的精神的内在绿色化，美丽的环境需要美丽的心灵相映衬、相涵育。只有将绿色发展理念内化于心，才能在生产、生活、行为实践中将绿色发展理念外化于行。在生态文明建设过程中，最难的也是最需要我们长期注目的是公众生态意识的涵育。“美丽中国”的一个根本性内容是以人与自然和谐共生的价值观为核心的生态文化的养成。只有这样，生态文明建设才会成为人们自觉的行为。长汀在机关、企业、学校、社区、农村通过各种形式广泛开展生态文明建设，培育人民爱绿、造绿、管绿、护绿的主动性和自觉性，增强全体社会成员参与生态家园建设的使命感和责任感，提倡健康、绿色、环保、文明健康的生活方式，营造一个关心和支持生态家园建设的文化氛围。当然，人们生态环境意识和公共生态意识的养成是一个长期的过程，这既与我们长期形成的传统的生活方式和行为习惯有关，也与个体利益与公共利益、眼前利益与长远利益之间的复杂关系有关，不可能期望通过运动式的宣传毕其功于一役来完成，而只能通过人们在参与生态文明建设的实践过程中来逐渐地涵育和确立。

三　何以可能?

通过对长汀水土流失治理和生态家园建设的实践经验的总结，我们还可以在一个更高层面上瞩目：长汀实践和经验初步地回应了一个具有前提性和根本性的问题——中国特色的社会主义生态文明何以可能?

对现代社会生态危机的解释，大致有两种思路：一种撇开现代社会的制度因素，把生态危机看成工业化、技术化、城市化等现代化之结果；另一种则把生态危机看成资本主义生产关系的产物，是源自资本逻辑逐利本性和资本主义私有制的制度性缺陷而非人类文明发展的胎记，是“资本主义制度导致人类与自己劳动及其自然家园相异化”①。第一种思路为现代工业文明打上原罪的烙印，使生态困境成为与人类文明发展相悖的无解问题。第二种思路则为解决生态困境提供了积极的思考方向：通过对生产关系、社会制度的调适使人与自然的关系、发展与生态的关系达至和谐共生、良性互动的平衡与循环。也就是说，必须在一个新型的社会关系中来考量人类走向生态文明时代何以可能。人与自然的关系是以社会关系为中介的，必须在社会关系的历史变革中来考量人与自然的关系。“自然是一个历史范畴。这就是说，在社会发展的一定阶段上什么被看作是自然，这种自然同人的关系是怎样的而且人对自然的阐明又是以何种形式进行的，因此，自然按照形式和内容、范围和对象性意味着什么，这一切始终都是受社会制约的。”② 在马克思那里，人与自然的关系是社会历史地生成和变化的，“在人类历史中即在人类社会的形成过程中生成的自然界，……是真正的、人本学的自然界”③。但是，这种“人本学的自然界”，在资本逻辑主导下的资本主义工业文明历史进程中日渐与人相异化。因此，“对自然的支配”问题在马克思那里就不单纯是一个如何按照自然本身的规律来合理地利用自然的问题，更是一个如何克服不合理的生产关系的“社会批判”问题。“我们这个世纪面临的大转变，即人类同自然的和解以及人类本身的和解”④，马克思是从人与人之间的和解来观照人与自然的和解的。

对于资本逻辑运演之于人类文明的生态困境，生态马克思主义作出了全面而又深刻的分析批判，这里无须赘言。而中国在工业化进程中也正受资源枯竭、环境污染之苦，也并非处在生态困境之外的一方世外桃源。但为什么西方社会的一些有识之士却把解决生态困境的希望目光投向中国呢？如美国后现代主义者菲利普·克莱顿认为：“由现代欧洲和北美主导的破坏环境的文明，正在终结；而一种新的生态文明正在诞生，它就在我

① 〔美〕菲利普·克莱顿、贾斯廷·海因泽克：《有机马克思主义——生态灾难与资本主义的替代选择》，孟献丽、于桂凤、张丽霞译，人民出版社，2015，第69页。

② 〔匈〕卢卡奇：《历史与阶级意识》，杜章智、任立、燕宏远译，商务印书馆，1999，第318～319页。

③ 《马克思恩格斯文集》第1卷，人民出版社，2009，第193页。

④ 《马克思恩格斯选集》第1卷，人民出版社，2012，第24页。

们身边。……要建设新文明，在世界各国中，中华人民共和国发挥的是引领作用，这是她的特殊使命。”[①]美国学者斯科特·斯洛维克指出：“我们生活在诸如美国这样的国家完全是被公司和资本主义体系所控制，而资本主义根本不能‘变成绿色’，因为环境保护主义的规则不是它的思考方式。”[②]那么，中国特色社会主义能否“变成绿色”？“环境保护主义的规则”能否成为它的“思考方式”？

逻辑地分析生态文明之可能的因子或条件可简约为：①绿色、低碳、循环的生态技术的进步并得到普及应用；②以人与自然和谐、人类整体利益和长远利益为价值取向与以公众生态理性取代以个人主义为核心的经济理性，成为人们普遍的思维方式和行为方式；③在一种社会关系与社会制度体系下，生态文明成为该社会发展的价值目标，并能够通过制度安排和政策支持来动员组织各种社会力量、协调统筹各种利益关系来解决生态环境问题。

在资本逻辑所涵贯的社会关系中，①一项生态技术的应用和普及是以这项技术能否带来利润为取舍标准的，如果一项生态技术不能带来利润或在收益方面不可预期，或在短期内的投入产出比未达到一定标准，那么，这项生态技术是不可能得到应用和普及的；②无论是面对市场还是面对人与人之间的关系、人与自然之间的关系，通行的思维方式和行为方式是，遵循以个人主义为价值轴心的“经济人”的理性算计的经济理性，而不是以社会整体的和长远的利益为价值轴心的“公共理性”和生态理性；③社会制度设计是围绕如何保护私有制和自由市场以及个人自由权利，政府动员组织各种社会力量、协调统筹各种利益关系来治理生态环境问题的力量弱小、能力不足。可见，生态文明、环境保护不是资本主义社会价值目标的通行原则，它不可能从根本上解决人类文明的生态困境。

而在社会主义条件下，“社会化的人，联合起来的生产者，将合理地调节他们和自然之间的物质变换，把它置于他们的共同控制之下，而不让它作为一种盲目的力量来统治自己；靠消耗最小的力量，在最无愧于和最

---

① 〔美〕菲利普·克莱顿、贾斯廷·海因泽克：《有机马克思主义——生态灾难与资本主义的替代选择》，孟献丽、于桂凤、张丽霞译，人民出版社，2015，第9页。

② 〔美〕斯科特·斯洛维克：《论自然与环境》，施经碧译，《鄱阳湖学刊》2015年第3期。

适合于他们的人类本性的条件下来进行这种物质变换”[①]。①以生态文明为社会发展和民生福祉的目标取向使生态技术的发明应用获得不竭的动力，一项生态技术的应用和普及不再以利润多少为取舍的根据，而是以资源的节约、环境的改善、可持续的发展以及社会的整体利益和长远利益的实现为根本目的；②以个人利益最大化为出发点的“理性人”和个人主义价值观不再成为社会行为的主导性原则，社会通行的是以人与自然和谐、人与人和谐的理念，是以社会发展整体利益和长远利益为取向的绿色化可持续发展的生态理性，是在“绿色命运共同体”的视界中来考量人类文明的走向，把“个体价值观”转换为“绿色命运共同体价值观”；③社会制度安排和政策设计是围绕如何促进和保证人与自然的和谐和人与人的和谐来考量的，是以社会发展的整体利益和长远利益为根据的，政府动员组织各种社会力量、协调统筹各种利益关系来治理生态环境问题的力量强大且有效。

还可以从文明传统来看，中华文明传统蕴涵着丰厚的生态哲学与生态伦理思想，它建立在中国古代的人类与天地万物同源、宇宙生命一体的直觉整体意识基础之上。如，儒家的“仁者以天地万物一体”“仁民爱物”，道家的“天地与我并生，而万物与我为一”，佛家的“法界缘起”“万物有性”“众生平等”，儒、道、释都把天地万物与人类看作一个和谐共生的整体。这种“天人合一”直觉整体论意识，以古代先民的直接生存经验为基础，通过对流变不滞的自然节律和生物共同体生存秩序的体悟，具体而又真切地体证了人类生存与自然界的有机联系，把天地万物不仅当成可资利用的生活资源，也当成一体相关的生命根源，它表征了天人一体的宇宙情怀，“赞天地之化育”的宇宙生命生生不息循环演替意识，人与自然的和谐之道，体现了古老东方文明的生存智慧和精神境界。我们知道，马克斯·韦伯曾从一个独特的视角把新教伦理所体现的现世的禁欲精神、努力劳动观念、理性的生活方式等看成资本主义文明的文化动力，韦伯这一论断的蕴意——任何一项事业或文明的背后需要文化精神力量的支撑富有启发意义：如果说生态文明作为人类一种新的文明进步形态，它背后的文化精神力量是什么？应该不是什么新教伦理，而是上述东方生态哲学智慧在

① 《马克思恩格斯文集》第7卷，人民出版社，2009，第928～929页。

中国特色社会主义条件下的现代转换。

可见，资本主义生态文明之不可能与社会主义生态文明之可能具有理论逻辑推衍的必然性。而在现实逻辑上看，中国特色社会主义正在把社会主义生态文明的逻辑必然性转换为实践的必然性，把生态环境的问题与挑战转换为经济社会和人的发展的机遇与条件，把人与自然和谐发展的生态理性转换为绿色发展的实践理性，进而把这种实践理性转化为生态文明建设的现实的实践进程。而福建长汀正是这一实践进程的一个经验范本，它初步回应了中国特色社会主义生态文明何以可能这一康德式的设问。

四 问题与思考

长汀生态文明建设的实践和经验给我们带来诸多的启示，当然也引发我们对一些深层次问题的思考。诸如如何进一步处理好环境保护和经济发展之间的关系，把生态优势转化为产业优势、经济优势、发展优势，从而真正实现绿色、低碳、循环的可持续发展？如何处理好生态文明建设中的“输血”与“造血”之间的关系，实现由外在的“输血”到内在的“造血”的转换，从而使生态文明建设获得恒久的生机活力？如何在生态文明建设中推动产业结构的优化、转型、升级，实现传统的工业、农业生产方式向技术先进、集约高效、低碳环保、绿色循环的现代工业、农业生产方式变革，从而使生态文明建设获得坚实牢靠的产业支撑？如何在生态文明建设中处理好城镇化与美丽乡村建设之间的关系，既推动农村城镇化进程，优化生产、生态和生活的空间布局，又留住青山绿水，留住乡愁？如何综合运用政府、市场和社会的机制与力量来协调解决好局部利益和整体利益、短期利益和长远利益的关系，从而真正确立和实现生态环境的和谐与正义？如何通过制度安排、市场引导、技术创新、人才支持、社会化服务等，为生态文明建设提供可靠的支持和保障？如何用绿色发展理念、生态哲学、生态伦理、生态美学等绿色生态文化来滋润涵养人们的绿色的美丽心灵，将之转化为人们的生存理念和生存方式，从而使生态文明建设有永续发展的人文自觉和绿色底蕴？

面对这样一些生态文明建设的宏观的深层次的问题，我们可以从长汀这块“试验田”中得到启迪，但更为重要的是它激发我们去进一步深入探索生态文明建设中需要面对和解决的问题及解决问题的边界条件是如何形成的，而不是提供现成的答案。在这个意义上，如马克思所言：“一个时代的迫切问题，有着和任何在内容上有根据的因而也是合理的问题共同的命运：主要的困难不是答案，而是问题。因此，真正的批判要分析的不是答案，而是问题。”① 而“问题是时代的格言，是表现时代自己内心状态的最实际的呼声”②。长汀作为生态文明建设的“试验田”给我们提供了中国在社会主义生态文明建设过程中需要面对、研究和解决的问题域，而中国社会正是在探索和解决这些问题的过程中走向社会主义生态文明的新时代。

（本文为作者在福建长汀生态治理与生态文明建设调研过程中形成的文稿，原载于林默彪主编《美丽中国的县域样本——福建长汀生态文明建设的实践与经验》，社会科学文献出版社，2017）

① 《马克思恩格斯全集》第1卷，人民出版社，1995，第203页。
② 《马克思恩格斯全集》第1卷，人民出版社，1995，第203页。

生存哲学的价值关切：以人为中心的和谐与发展

在中国的思想与学术场景中谈论生存哲学，并以此来观照中国现代性以及人的生存价值和意义问题，是否受到“海德格尔幽灵”的影响？或者说是一种对西方生存哲学话语的平移错植？我认为，在哲学生存论视域中来观照中国现代性问题，并非凌空蹈虚式地借用海德格尔的“幽灵”来说事。其实，马克思哲学有着深刻的实践人本学意涵，中国传统哲学有着丰厚的关于人的生存的价值形而上的思想资源，在中国现代化社会转型中人的生存价值和意义问题凸显，当代中国共产党人以人为本的执政理念和实践，这一切，都意味着建构当代中国的生存价值论或生存哲学的语境已经生成。在生存哲学的视域中：人作为主体出场，以生存实践为生存方式；生存实践活动在空间与时间中展开其内容与边界，建构起人之生存的时空关系，生存是一个向时间和空间展开的历史实践问题，生存实践赋予时间和空间以人本学意义。生存哲学是对在生存实践活动中生成展开的人之生存的本质、内容、价值和意义的哲学反思。

一　生存哲学：实践人本学和价值形而上

人的生存表现为人本身切己地经历、感受着的生活现实。生活现实不是抽象的“实体”，而是人在时空场域中展开的实践性、关系性的生存内容和过程。人的生存的生命向度是人在社会生活和实践的对象性活动中生成、展开和证成自身的生存关系和过程。人在生存的对象性活动中生成和展开的关系是多维度的。这种多维度的对象性关系归结起来有四重：人与自然、人与社会（他人）、人与文化、人与自我的关系。这四重关系构成人之生存活动的内容和边界，它们分别表现为人之生存的自然空间、社会空间、文化空间和心灵空间。在这多维度的对象性关系的生存空间中生成、展开、拓植出人之生存的丰富多彩的内容和价值。人之生存活动的多维度的对象性关系的生成、展开、拓植呈现为人的生命的连续性与创发性、适应性与超越性辩证统一的动态过程，这种过程构成了人之生存活动的时间性和历史性维度。这样，我们就在生存哲学的视阈中把人之生存理解为由人的对象性活动所建构起来的人与自然、人与社会（他人）、人与文化、人与自我四重关系构成的生存空间和这四重关系的展开过程构成的生存历史时间的统一。生存空间和时间不是悬置于生存活动之外的先验的、抽象的、匀质的实体，不是人一头扎进空间和时间的“黑洞”中从而获得生命的时空尺度。相反，空间和时间是从属于人的生存活动的，“空间—关系”与“时间—过程”是由人的生存活动所建构起来的生存的“时空坐标”，是在生命活动的对象性关系及其展开过程中获得其根据、本质、内容和尺度的。正如列宁所指出的，“运动是时间和空间的本质”①，人之生存活动是人之生存时空的本质。由人的生存活动所建构起来的“生存时空”或生存境域是围绕着“人”这一价值主体轴心旋转的。

就作为存在论而言，生存哲学是一种本体论哲学；就作为对人的生存的本质、价值和意义的哲学诠释与反思而言，生存哲学是一种人学本体论；就把人的生存理解为以对象性的实践活动为生存方式展开并证成人的生存本质内容和价值意义而言，生存哲学是一种实践人本学；就注重人之生存的人文生命向度的意义和价值并试图为人之生存提供某种祈向于真、善、美、圣的超越性和终极性的价值理念和价值系统而言，生存哲学是一种价值形而上学。

人之生存的人文生命向度意味着生存超越于动物自然生命而趋于真的、善的、美的、圣的、好的价值向度，在这种价值向度上形成真的、善的、美的、圣的、好的价值形而上理念，这种价值理念作为“虚灵的真

① 《列宁全集》第55卷，人民出版社，2017，第217页。

实”烛引着生存过程具体的真的、善的、美的、圣的、好的经验价值，并赋予人的生存以永恒真实的价值和意义。黄克剑先生不无智慧地透露出人之生存的价值真际：“所谓人的生命活动的性质在于自由，不是说人在经验的可感世界里可以为所欲为，而是说人在生命活动中可以依其价值取向赢得比此一经验世界更具价值的彼一经验世界。人所以能够期望无限制地超越既得经验世界的局限而进到更具魅力的又一经验世界，是因着他在拥有一个为他所选择或为他所遭遇的现实世界的同时，也拥有一个永远观念地存在着的可祈想的世界。自由不在于鄙弃可感的真实，而只在于把可感的真实时时关联与虚灵的真实。理念式的可祈想的世界可能永远在现实世界的彼岸，但那彼岸却永远此在于人的境界所在的企慕着的心灵。”[①] 人在生存活动中建构起趋向于真的、善的、美的、圣的、好的价值图景，人在这种价值向度中为自己拓植出生存的价值和意义，培壅出生命的高度和厚度。

以人为根本目的和以人为一切价值的价值源泉、价值主体、价值中心和价值标准是生存哲学的根本意旨。人必须以人的方式尊重人自身，而不能以非人（包括神与物）的方式来对待人。将人作为人自身，就是摆脱从神的角度或从物的角度来理解人性，来对待人自身。对生命自由、人道情怀的高扬，对个性的尊重，对多元价值的宽容，对人类互助互爱、幸福和理想的追求等，哲学、艺术、道德、宗教乃至科学都围绕着一个彼此呼应的“人文”主旋律：着眼于人性与个性的探赜，集中于人生与人际的索隐。生存哲学确认人是一切价值的价值源泉、价值主体、价值中心和价值标准。离开了人的尺度，离开了对生存价值的确认，离开了对生存意义的甄别和呈现，对现代性的追逐就可能走向人为物役的困境。必须为现代化的社会转型确立一种人的价值尺度和目标，并围绕这一尺度和目标来构建个体乃至社会行为的价值和意义系统。

二　生存关系（空间）：以人为本的“和谐”价值

实践人本学和价值形而上的视界是一种以人为中心的追求人之生存的

① 黄克剑：《人论（纲要）》，载黄克剑主编《问道》第一辑，福建教育出版社，2007，第46页。

整体和谐的视界，和谐是人的生存的一个最基本的人文价值理念，和谐是我们这个时代发展的本质要求。

人之生存活动的空间性以对象性关系为其根据和内容，对象性关系在人与自然、人与社会、人与文化、人与自我的四维关系中展开，构成一个以人为价值中心的整体性关联的生存空间，这种生存的整体性关联以“和谐”为普适性价值旨趣。也就是说，人的生存自然空间的和谐状态、社会空间的和谐状态、文化空间的和谐状态、心灵空间的和谐状态，对人的生存来说，是一种趋向于真的、善的、美的、好的价值。而一旦这四维空间关系处于一种不和谐、相疏离甚至是激烈的矛盾对抗的状态，就意味着人的生存出现了内在的分裂和矛盾而处于一种异己化的与人的生存价值诉求相悖的生存状态。在这个意义上，马克思当年所说的“任何解放都是使人的世界即各种关系回归于人自身”①，并不是说在“解放”之前人失去了“人的世界”和“人的关系”或人不处于这种生存的“世界”和“关系”之中，然后通过一种“解放”使人重新获得这种“人的世界和人的关系”或重新处于这种“人的世界和人的关系”中，而是在价值意趣上说的：对于人的生存来说，“解放”的要义就是要把人从生存关系的异己化状态中解放出来，使这种“世界”“关系”重新成为人的生存的趋向于真的、善的、美的、好的——“和谐”的本己性价值关系。

从生存哲学视角析取“和谐”作为人之生存的普适性价值理念的基本要义：①“和谐”从一般的意义上是指以人为价值主体的人的生存活动中展开的对象性关系处于一种比例适中、均衡有序、相济相成、协和共生、辩证统一的状态和过程；②从它的内容和边界来看，它涵盖了人之生存的四重对象化关系，体现为人与自然、人与社会、人与文化、人与自我关系的平衡互动状态；③这种关系状态对人的生存和发展是必需的、有益的，体现了人之生存的趋于真、善、美、圣、好的价值。

当代中国社会人之生存有两个基本的视域：一是国内的社会变革与社会转型，二是全球化时代的中国与世界。从“问题意识”角度，这种生存境域是以问题呈现的。

从国内社会转型来看，社会在新旧同一体转换过程中，无论是社会结

① 《马克思恩格斯文集》第1卷，人民出版社，2009，第46页。

构失衡、社会失范、两极分化和社会不公，还是人与自然、人与人（社会）、人与文化、人与自我的矛盾和分裂，都表明在转型过程中的中国社会处于一种不和谐的状态。能否有效地解决这些问题，是当代中国社会能否顺利地实现向现代化社会转型的关键。这也就相应地提出了摆脱这种不和谐社会状态而达到一种新的社会和谐的时代历史要求。

从全球化时代中国与世界关系来看，资源和环境问题成了全人类共同面临的重大问题，人类与自身赖以生存的家园出现了日益加深的矛盾和疏离；在全球化进程中，当西方人还没来得及庆祝历史以资本主义的最终胜利而“终结”时，“文明冲突论”则再一次拨动了人们脆弱的神经，宗教之间、种族之间以及不同的价值观念之间夹裹着利益的冲突甚至以一种极端的形式——恐怖主义和反恐怖主义战争表现出来，使人感到世界在雅尔塔体系解体后又面临一种新的文明之间的“冷战”；不同民族、国家的交流与冲突、融合与竞争在一个新的全球范围的坐标和平台上展开。全球化与逆全球化的悖反，表明全球化时代的两面性特征：既存在人类整体相关性和统一性，又存在不同民族、国家之间的利益、文化、价值等方面的冲突和分离性。这就相应地要求人类必须克服一己之偏私，通过沟通协调达成全球性的共识，来协调解决人类所面临的共同问题，同时还要以公正、平等的态度和原则来对待和解决文明之间的关系。全球化时代并不是一个和谐的时代，却是一个最需要和谐的时代。

在中国传统思想中，天人合一的辩证的整体性思维把世界看作一个相互作用、相互转化、大化流行、生生不息的整体，人与自然、人与社会、自我与他人同属于这个整体，根株相连、休戚与共、共生共存于这个整体之中，个体必须在天人、群己、人我之间，在整体关联中来证成人的生存方式和生存意义。而“和谐”则是这种整体性关联的一个最基本的价值诉求。“和谐”价值观念通过历史的积淀和传承，造就了中国人崇尚和谐、爱好和平，主张多民族和睦共存，多元文化融合共生，重视人与自然、人与社会、人与人、身与心的和谐统一的人文传统。在社会转型和全球化时代，在把握和处理事关人类生存与发展的重大问题——诸如人与自然、人与社会、人与文化、人与自我的关系以及国家之间、民族之间、文明之间的关系问题过程中，这种人文传统将重新焕发其独特的价值和生命力。

人类行为受价值观念的指导，价值观念决定了解决这些问题的方向。

当代中国共产党人提出构建社会主义和谐社会的社会发展价值目标，提出“和谐世界”的价值理念作为一种全球性的价值共识和全球治理的目标和方向，提倡不同文明、文化之间的相互交流、平等相处、相互尊重、借鉴互补、和而不同、共存共荣的关系准则，提出坚持以人为本，促进经济、政治、文化、社会、人与自然的相互协调、可持续发展的科学发展观，提出“人类命运共同体”——这样一个体现当代乃至未来人类所面临的共同问题、共同利益、共同命运需要人类携手共同应对的普适性的基本范式和分析框架。这些体现“和谐”诉求的价值创设，既是基于中国自身文明的优秀人文传统和特质，又顺应了时代发展的客观要求。“和谐”，成了时代之于中国和中国之于时代的一个关键词。

三　生存过程（时间）：以人为本的“发展”价值

实践人本学和价值形而上的视界是一种以人为中心的追求人的发展的视界，发展是人的生存的一个最基本的价值理念，发展是我们这个时代的本质要求。

人之生存的生命向度是人在社会生活和实践的对象性活动中生成、展开和证成自身的生存过程。这种过程构成了人之生存的时间性和历史性维度。人之生存的时间性不是在生物学意义上的由出生到死亡的个体生命时间（寿命），而是呈现为一个有目的的价值追求、价值创造和价值实现的人文化生命过程（发展）。

我们通常在哲学的一般的意义上把发展理解为事物由小到大、由简单到复杂、由低级到高级、由无序到有序、由旧质到新质的运动变化过程，并赋予这种运动变化以进步的、上升的、进化的意谓。也就是说，我们既把发展理解为事物本身运动变化的客观过程，还赋予发展以事物本身趋向于有益的、进步的、好的价值意谓，这是一种价值哲学立场。但问题在于，这种有益的、进步的、好的价值意谓只有相对于人而言才有意义，宇宙自然本身无所谓有什么有益的、进步的、好的价值意谓，有什么发展不发展的问题。如果没有确定的参照系，我们就无法确定自然界运动变化过程的性质哪些是发展的，而哪些是倒退的，宇宙万物的生成死灭、新陈代谢、循环往复更适合以“生长”“运动”“变化”“过程”这些客观的中性词来描述。在这里，一种康德式的视界转换可以使我们跳出关于“发展”的传统的客观主义思维困境，赋予“发展”以人为主体的“价值形而上”的构境，来把握“发展”的人本学意谓。“发展”一词无论是用来把握自然万物的运动变化，还是用来把握人与社会的运动变化，都蕴涵着哲学人本学的语境，都蕴涵着一个以人为主体的价值背景：宇宙自然的“发展”是在它与人的关系中由人赋予它以对人来说趋向于真的、善的、美的、圣的、好的价值意谓；社会历史的“发展”是在它与人的关系中由人赋予它以对人来说趋向于真的、善的、美的、圣的、好的价值意谓；文化的“发展”是在它与人的关系中由人赋予它以对人来说趋向于真的、善的、美的、圣的、好的价值意谓；自我的“发展”是在人与自我的关系中赋予自我以趋向于真的、善的、美的、圣的、好的价值意谓。宇宙自然万物的运动变化、社会的变革与变迁、文化的传承与嬗递、自我品性和素质的完善，这一切只有在与以人为主体的肯定性的价值关联中，才具有“发展”的意谓。“发展”是作为客观世界运动趋向与主体需要的肯定性价值关系的范畴，它在本质上不过是人赋予世界的一种价值关系。因而，任何所谓的发展都是以人为价值主体、以人为目的的发展，以人为本是发展的价值形而上之根由。

在古希腊哲学家自然哲学的形而上思辨中，“发展”被赋予一种世界目的论的意涵，柏拉图、亚里士多德等人认为世界的终极目的是不动不变的“善”，整个世界的运动就是向着“善”这个目的的发展过程。达尔文的生物进化论赋予生物的生命过程以“进化”的含义，把生物的进化理解为在生存经验意义上的生物物种对环境的适应和自然选择的结果。斯宾塞把这种进化论的思想概括为“物竞天择，适者生存”，并进而把它引入文化领域，使进化具有文化社会学和文化人类学的意义。对发展问题的实证和定量研究并把发展理解为经济增长的观点在20世纪五六十年代西方经济学家的著作中得以凸显，他们把发展片面地物化为一些具体的经济指标，而无视发展问题与人之生存的整体关联性以及发展的元价值。这种发展观见物不见人，从根本上忘却了发展的根本目的和价值在于人本身，在实践中导致了一种“畸形的发展”，这种发展观与资本逻辑的结合，对环境、资源的急功近利、杀鸡取卵、竭泽而渔式的攫取利用，造成了日益严重的生态危机和人的生存危机。

20世纪70年代后，发展的元价值、人本价值开始在发展问题的研究中回归，建立在对当代发展困境深层反思基础上的新的人道主义和人本主义发展观开始得到认同，对发展问题研究的一种综合哲学、伦理学、政治学、社会学、人文学、美学等整体性的方法与视野开始取代了实证的方法和单向度的经济学视野。“罗马俱乐部”的创始人奥雷利奥·佩西指出，任何发展和进步，如果不同时导致道德、社会、政治以及人的行为的进步，就毫无价值可言。法国学者佩鲁从哲学上提出一种新的发展观，把人的全面发展作为评价发展尺度和发展目的。发展是“为了一切人和完整人的发展”①，进步、发展是根据人类获得自由的程度来衡量的。新的发展观与人的全面发展和人的自由解放内在地关联起来。20世纪80年代以来，“可持续发展观”逐渐成为全球性共识。它是从发展的共时性和发展的历时性的角度来观照发展的全人类关联，赋予发展以公平正义的价值诉求。

不过，在资本主义世界历史时代，由资本逻辑所决定的“发展”目标从根本上看是落在资本的增殖上。这种“物化”发展首先体现为商品与货币的循环，人的生存发展则被这样一个物的世界所宰制，“物的世界的增值同人的世界的贬值成正比”②，作为目的的人，“异化”（马克思语）、“物化”（卢卡奇语）为工具和手段。其次，这种“物化”发展造成了人与人之间的对立、资本与劳动的对立、有产者与无产者之间的对立，造成社会发展的不公正、不和谐，使社会陷入严重的分裂和冲突之中。最后，这种“物化”发展，在资本增值驱动下对自然资源进行掠夺性的开采和利用，造成了人与自然之间陷入严重的分裂和对立之中。马克思正是在对这种资本的本性和逻辑以及由此所导致的人的异化的揭示和批判中确立了他的发展理念。马克思的社会发展理论涉及对资本主义社会资本逻辑的批判、对社会历史发展的一般规律和社会发展形态更替的揭示、对建立在生产和再生产实践基础上社会历史辩证法的阐发、对未来共产主义社会的展望，而所有的这些方面的内容都一以贯之以人的全面而自由发展为价值轴心和价值目标。“代替那存在着阶级和阶级对立的资产阶级旧社会的，将

① 〔法〕弗朗索瓦·佩鲁：《新发展观》，张宁、丰子义译，华夏出版社，1987，第4页。

② 《马克思恩格斯选集》第1卷，人民出版社，2012，第51页。

是这样一个联合体，在那里，每个人的自由发展是一切人的自由发展的条件。”① 以人的发展为价值轴心，马克思揭示了人类社会发展的三种形态：“人的依赖关系（起初完全是自然发生的），是最初的社会形式，在这种形式下，人的生产能力只是在狭小的范围内和孤立的地点上发展着。以物的依赖性为基础的人的独立性，是第二大形式，在这种形式下，才形成普遍的社会物质变换、全面的关系、多方面的需要以及全面的能力的体系。建立在个人全面发展和他们共同的、社会的生产能力成为从属于他们的社会财富这一基础上的自由个性，是第三个阶段。第二个阶段为第三个阶段创造条件。”② 建立在社会生产力高度发展的基础上，扬弃资本主义条件下资本逻辑给人带来的异化和物化，把作为社会历史主体的人通过生存实践活动所建构起来的人的本质和人的关系还给人本身，达到人与自然、人与社会、人与文化、人与自我之间的高度和谐，从而实现个人全面而自由的发展——这就是马克思赋予社会历史发展以“人道主义”的价值目标和价值关切，而一切所谓的发展都必须围绕“个人全面而自由的发展”这一价值轴心并向着这一价值目标行进才具有发展的真实意涵。

中国社会的改革开放解放了生产力，也激发了人们追求财富的欲望和潜能，在“发展是硬道理”的导向下，中国社会创造了前所未有的经济增长奇迹，成为世界第二大经济体。但在这一过程中，也存在着以 GDP 增长为主要尺度的片面追求经济增长的“发展”偏颇，导致了经济社会发展的结构失衡、社会两极分化、社会公平问题凸显、物欲膨胀、生态环境恶化和资源枯竭等诸多问题。因此，在生存哲学的视域中，必须使“发展”回归其本义，回归马克思主义的发展人本学的价值立场，重新发现并确立发展的属于人、为了人、依靠人的本质和价值。当代中国共产党人提出以人民为中心的发展思想，提出创新、协调、绿色、开放、共享的新发展理念，既是对当代发展问题的回应，又是对马克思的发展价值理念的回归，但这不是简单地回到马克思价值观的原点和对这种价值观的重申，而是基于当代中国社会发展的实践和问题，对马克思发展价值观的当代诠释和践履。

---

① 《马克思恩格斯文集》第 2 卷，人民出版社，2009，第 53 页。

② 《马克思恩格斯文集》第 8 卷，人民出版社，2009，第 52 页。

人的发展在马克思那里，既意味着人从资本主义生产方式的异化状态中解放出来，又意味着在现实的历史过程中“人的本质现实的生成”，并走向“建立在个人全面发展和他们共同的、社会的生产能力成为从属于他们的社会财富这一基础上的自由个性”[①] 的理想目标。在当代中国发展观中的以人为本的“人”主要是指“人民”。“以人为本”理念的特定含义就是要始终把实现好、维护好、发展好最广大人民的根本利益作为党和国家一切工作的出发点和落脚点，尊重人民的主体地位，发挥人民的首创精神，保障人民各项权益，走共同富裕道路，促进人的全面发展，做到发展为了人民、发展依靠人民、发展成果由人民共享。那么，如何在马克思的“个人全面发展”“自由个性”与当代中国发展观中的“人民”之间打开通道，从而使我们能够在马克思的人类解放理论的叙事逻辑中来观照“以人为本”的现实逻辑，从而使科学发展观体现、蕴涵着马克思人类解放的历史与逻辑的统一？

“人民群众”在传统的马克思主义哲学教科书中是一个具有阶级性意涵的、与领袖人物相对应的、作为推动社会历史发展根本动力和历史的创造者的群体性集合范畴。我们过去就是在这种语境中来理解和运用这一范畴的。这里存在两个问题：一是片面强调其阶级性和意识形态化使得这一概念的指称具有主观随意性、狭隘性和政治实用性特点；二是以“白马非马论”的机巧把群体与个体割裂开来，片面地强调群体性而弱化甚至抽去个体性，从而使其抽象化和虚置化。而在当代中国社会的语境中，“人民群众”这一概念的阶级性和意识形态的意谓已逐渐淡化，趋向于“公民性”的意涵而具有广泛性和全民性；把群体与个体统一起来，强调并落脚于具体的个体使之具有现实具体性和可操作性。正是在这个意义上，以人为本的发展观中的“人”“人民群众”，是在落实到现实的、具体的、个体的人的意义上与马克思的每个人的“自由个性”的全面发展的思想之间打开了融摄互通的通道，从而使当代中国社会发展的核心价值理念与马克思的人类解放的叙事实现了历史与逻辑的统一。因此，在当代中国的历史实践中贯彻“以人为本”的价值原则和发展理念，本质上就是马克思人类解放理论在当代中国的具体的、历史的诠释方式和实践方式。“以人为本”

① 《马克思恩格斯文集》第8卷，人民出版社，2009，第52页。

成为一种价值共识，成为执政理念，成为发展的价值目标。人的尊严和价值、人的权利和诉求不再被某种抽象的宏大叙事所虚置。

诺贝尔经济学奖获得者阿玛蒂亚·森认为，发展更多的是关于人类能够拥有的生活质量，收入仅是帮助人们生活得好的基本资源之一，基本资源除了收入还有其他更为广泛的“基本品”，包括“权利、自由和机会、收入和财富，以及自尊的社会基础”。他认为发展有两种类型：一是社会支持导向型，二是增长助推型。从实践经验来看，增长助推型的发展速度更快，但是社会导向型的发展说明发展中国家可以通过政府积极的公共政策和行动促进社会的公平和发展，而不必被动地等待富裕以后再关注社会保障和人的自由权利。① 阿玛蒂亚·森的这种思想对中国社会发展富有启发意义，作为一个发展中国家，中国可以综合运用这两种方式，一方面依靠市场机制保障人们能够平等自由地使用自身的劳动、资本、知识、技术、土地等经济资源；另一方面可以通过制度安排来解决市场机制所造成的新的不公平，创造基本的社会机会如公共教育、基本的医疗保健、就业保障、生活保障等。在保障人民权利、摆脱贫困、倡导和保证机会平等、消除两极分化、促进社会和谐的经济社会发展过程中，使民众的福利得以持续改善和增进，最终实现自由与发展。纵观中国社会近年来的变化，“幸福”“民生”“包容”“生态”等成为热词，2004 年，“国家尊重和保障人权”被写入宪法；2007 年《物权法》颁布施行。以人为本，民生为大，增进人民福祉，提升群众幸福感已经被提到了前所未有的位置。正如自由是法治下的自由一样，发展首先应该是使每个人的潜能、个性都能够得到张扬和发挥的发展，而且这种个性化的发展又不以损害他人和社会的发展为前提，进而在个性化发展的基础上促进人的自由而全面的发展。

余论：实践生存论的逻辑与价值

如上所述，我们在生存哲学的视域中，析出“人本”“和谐”“发展”这三个最基本的生存价值理念。

① 〔印〕阿马蒂亚·森：《以自由看待发展》，任赜、于真译，中国人民大学出版社，2002。

（1）生存是人的生存，人是目的。

（2）生存是人的生命活动，实践是人的生命活动的基本方式。

（3）人的生存实践活动建构主体（人）与客体（对象）之间的关系，即人的生存关系，这种生存关系在人与自然、人与社会、人与文化、人与自我的四维关系构架中展开，构成人之生存活动的空间结构——人的生存的自然空间、社会空间、文化空间和心灵空间。

（4）以建构这种生存关系为内容的人的生存活动的展开，呈现为人的生存的时间性即过程性和历史性，这种过程性表现为人通过生存实践活动将生存需要和目的（应然）转化为生存现实状态（实然），又在新的生存现实状态（实然）中产生新的生存需要和目的（应然），进而又通过新的生存实践活动将这种“应然”转化为“实然”的这样一个不断转化、辩证统一的历史进程；这一过程体现了人之生存的可能性与现实性、适应性与超越性的辩证统一。

（5）人的生存关系和生存过程是围绕着以人的需要为内在价值尺度建构起来的。价值关系意味着对人的生存是有意义、有用的、有利的，以及趋向于真、善、美、圣、好的关系。就人的生存活动建构起来的生存关系（人与自然、人与社会、人与文化、人与自我的关系）而言，就是追求“和谐”，就人的生存过程而言，就是追求人的“发展”。

（6）“和谐”的本质在于主体内在价值尺度与客体外在尺度、合目的性与合规律性的辩证统一的关系；“发展”的本质在于主体内在价值尺度与客体外在尺度、合目的性与合规律性辩证统一的过程；“和谐”与“发展”互为条件：“和谐”是“发展”中的“和谐”，“发展”是“和谐”的发展。

（7）“和谐”与“发展”是以人为主体、以人为中心、以人为价值尺度建构起来的表征着主客体之间最基本的价值关系的范畴。

（8）以人为中心的和谐与发展正是我们这个时代的价值关切的主题。

（9）实践生存论——马克思主义哲学的一种诠释维度。

（本文为作者在第16届全国马克思主义论坛上的发言稿，原载于“全国马克思主义论坛丛书”第15辑《马克思主义与新中国70年》，重庆出版社，2020）

中国现代观念史研究视域与方法探略

哲学与人文社会科学研究，从具体历史的语境“由史入论”开展思想史层面的梳理反思乃是进行理论和话语建构的必要前提。近些年，在中国现代思想史研究中，观念史研究成为一个热门路径。那么，观念史研究何谓？何以？何为？

一　观念史还是概念史？

一种思想、理论、话语体系由一些基本的和核心的观念组合、推衍而成，观念是表达思想的关键词，是组成思想理论体系（意识形态）的基本要素。“意识形态”一词的本义就是观念学，即关于观念推衍逻辑的学问。一种思想、意识形态作为社会制度创设的正当性、合理性基础以及指导社会行动的理论系统，是建立在一系列核心观念之上的。观念在具体历史语境中传播流布，涵化为一种思想意识，并为某种意识形态建构提供思想和话语基础。从更广泛的文明史意义来看，观念并不只是抽象的东西，而是活在人们的心灵中和行为中，在人类某一文明历史时代流行的观念可以左右人们的政治、经济、道德、审美、情感的意识与行为，引导、激励、影响着人们的活动，形塑着人们的生活，进而作为人类文明历史进程中主导性、能动性的因素参与了社会历史变革和人类文明的塑造。如雅斯贝尔斯关于轴心时代人类思想巨匠所提出的思想观念（如中国的“道”、古希腊的“逻各斯”、印度的“佛”、希伯来的“上帝”等）对人类文明的塑造，文艺复兴、宗教改革、启蒙运动那些基本观念对西方现代文明的塑造，马克思主义思想观念对现代中国社会的塑造。“任何一个人类文明，其最具特色的生活方式和文化产品都是它特有观念模式的镜像。若要理解某个文明的特性，就有必要在历史的框架之中辨析其主导性观念模式。”① 观念犹如勾连思想、理论、话语之网的纽结，尤其是那些在思想史中居于重要地位的核心观念。只有弄清这些观念在历史语境中的由来以及在传播过程中意义的增减和变迁，才能真正进入思想史研究的境域，以此连接贯通思想历史的经纬。而这些观念作为流布于特定历史时期的关键词，由于时代历史的变迁，有的可能已经从当下思想舞台的表层淡出，但作为影响思想历史的核心观念，在历史变迁和传播过程中逐渐被人们所接受，潜移默化地，它已经沉淀在人们的文化心理中而成为一种具有普遍意义的习焉不察的观念无意识，在每一个“当下”都拓印下自己独特的思想痕迹，无形地影响着人们面对时代与未来的思考与言说。

观念史研究，顾名思义，就是研究我们的精神世界变迁中的那些基本的、普遍的观念生成和衍变的过程。“观念史力求找出（当然不限于此）一种文明或文化在漫长的精神变迁中某些中心概念的产生和发展过程，再现在某个既定时代和文化中人们对自身及活动的看法。”② 美国哲学家阿瑟·奥肯·洛夫乔伊在 20 世纪 20 年代末开创了现代观念史研究，奠定了观念史研究理论和方法论基础。他提出“观念单元”来表示构成西方思想传统的那些基本的、经久不衰的、人们在某个领域进行思考时所必须依赖的基本观念，认为思想史研究不应该只是简单地去追踪思想体系的演变，而应该聚焦于这些作为人类思想演进中的“伟大环节”的、影响或决定人类思想发展的“观念单元”。20 世纪 60 年代开始，以昆廷·斯金纳为代表的剑桥学派对观念史研究提出批评，斯金纳认为思想史研究是一种历史性研究，以往观念史研究是非历史性地试图去把握观念或概念的一成不变的“基本意涵”，存在着研究者的预期和成见（思维定向）从而导致各种谬误。遵循这种观念史研究方法，我们不可避免地要根据某些模式和先入之

---

① 曹意强：《什么是观念史》，《新美术》2003 年第 4 期。

② 〔英〕伯林：《反潮流：观念史论文集》，冯克利译，译林出版社，2002，第 5 页。

见来组织和调整我们的知觉和思想，这样得出的结论并非真实的历史，而是“神话”。在批评观念史研究的同时，他提出将政治思想史中的“概念”作为研究中心，认为概念是政治论辩和斗争的关键因素，而同一概念在不同历史时期和不同的思想家那里有着不同的含义，因此必须关注概念在不同历史时期意义的变化，把握其历史内涵，从而开创了从观念史到概念史研究范式的转换。斯金纳受语言哲学家奥斯汀的言语行为理论的影响，将之引入政治思想史研究，提出思想史研究的“历史语境主义”方法论，即把所要研究的文本置于一种历史语境和话语框架中，通过对历史语境的精细梳理来揭示思想家写作文本的意图，以及思想家形成文本所使用的词语和修辞手段，从而从此前只关注文本或思想的连续性转向关注特定的历史语境。将文本置于语境中来把握“意图”，一是要确定文本所关注的政治与社会问题是什么；二是要确定文本作者在展开论辩时所诉诸的思想资源是什么；三是要明确文本对当时的政治做了何种介入。这种“历史语境主义”成为近几十年来政治思想史研究中极具影响力的研究方法之一。当然，“历史语境主义”既适合于把握文本作者的“意图”，同样也适合于把握该文本传播流布到另一个具体历史的语境中所生发出来的新的意图和新的意义。斯金纳本人也指出：“唯一要写的观念史则为这些观念是在论证中被形形色色运用的历史。”① 研究观念的传播和流动需要重建两个层面的语境：观念原生语境和接受者的再生语境。观念史研究，既要厘清后人附加于观念之上的其他含义，尽可能地展现其本义，把握作者在特定历史语境中的“意图”；也同样要理解和把握观念在时空传播流动过程中意义的增减，在另一个具体时空中是如何被理解和运用的，诠释者和运用者在其“历史语境”中诠释和运用该观念的意图和目的是什么，反躬自思在当下历史的地平线赋予这些观念什么样新的意涵，关注“思想的形形色色使用以及它们的社会、政治功能”②。

其实，概念史与观念史之间并不存在一种严格的、明确无误的界限，斯金纳也称自己是位“观念历史学家”。问题并不是应该研究观念还是应该研究概念，而在于不能孤立地就观念研究观念或就概念研究概念，不能

① 转引自李宏图《观念史研究的回归——观念史研究范式演进的考察》，《史学集刊》2018年第1期。

② 王汎森：《中国近代思想与学术的系谱》，上海三联书店，2018，第4页。

把观念或概念置于一种静态的、意涵不变的视域中来研究它们，不能像以前的观念史家那样去思辨性地研究观念自身的逻辑推衍，追踪观念从一个哲学家到另一个哲学家的传承与变迁，而应该考察观念或概念与特定社会、文化传统、社会心态的关系，关注观念或概念意涵的流动性和具体历史性，充分考虑到观念或概念在不同历史语境中意义的变化和增减，不同的诠释者的主观性对观念或概念的多元的甚至相互矛盾的诠解和运用，注重观念或概念在空间传播过程中的开放性、被接受性、被实践性和意义被重构性，深入研究不同空间的人们是用何种观念以及在什么意义上用它来引导他们的社会实践和行动、认识和组织现实世界、建构社会规范和体制、形成社会心智和风气的。当代观念史研究不再就“观念单元”研究观念，其研究范式已经转换到探寻人们在创造、诠释、使用观念背后的意义世界及其表达方式（所谓“修辞”），研究观念在“历史语境”中意义的生产和再生产，探讨观念与人们的实践和社会建构的互动关系，等等。由此，引发观念社会史、文化心态史等思想史研究新的研究范式和研究领域的出现。

从以上视角出发，对中国现代思想史的研究，首先要去发掘构成现代思想史的观念群，从中去寻找思想建构及其流布变迁的内容和信息。“要理解中国现代思想，如果不弄清组成现代思想的基本观念，就如同只看房子而不看地基。而要理解甲午后中国思想的变迁，特别是五四新文化运动中马列主义和三民主义这两种意识形态的形成，首先便要梳理作为革命意识形态要素的那些当代基本政治观念的形成。”①

“观念”一词在一般意义上，指的是人们在社会生活和实践中形成的、反映和把握人与世界关系并用以指导和组织人们行动的、具有普遍意义的社会意识成果，是人们对事物、事件、事态、问题和矛盾的认识、看法和所持的观点。比起概念，观念的内涵更为宽泛，它是由一个（或几个）核心概念所表达的思想、观点、看法。概念是理性思维形式，通常在认识论、逻辑学或知识论意义上使用。但对某一术语或概念，人们不仅在知识论意义上知道它说的是什么，而且在价值论意义上知道它包含哪些价值取

① 金观涛、刘青峰：《观念史研究：中国现代重要政治术语的形成》，法律出版社，2009，第7页。

向方面的因素（诸如情感和意志、利益和需求、信念和信仰、态度和倾向、评价和认同等），也就是说人们不仅在知识论意义上而且在价值论意义上来使用它时，即可谓之为观念。如把握科学、自由、民主、平等、现代化、生态文明、科学发展观、人类命运共同体等范畴，在概念意义上是指我们对这些范畴的内涵和外延的理解和阐释，知道它们代表的是什么；而在观念意义上则不仅包含阐释这些概念的内涵，还包含我们对它们赞成和认同的态度，在这个意义上，它们逸出了知识论意义上的概念的内容和边界，被赋予了一种价值论意谓的意识形态修辞和建构力量。可见，观念并非一种纯粹智力上的抽象和创设，它背后蕴涵着社会心理、文化传统、利益诉求、价值取向、意识形态等复杂的社会历史因素，是社会历史过程的能动的建构力量，它会激发和驱动人们去建构某种理想目标和实现这种目标的社会规范和制度。“观念并非一种纯粹的智力上的构想；其自身内部即蕴涵着一种动态的力量，激发个体和民族，驱使个体和民族去实现目标并建构目标中所蕴涵的社会制度。”① 通过对这些现代观念的研究，我们能够更深入地理解近现代中国社会历史变迁，理解这些核心观念如何成为意识形态、社会体制和中国现代性建构的正当性理由和合理性基础。

如果就观念与概念的区别而言，近代以来的那些来自西方的现代性观念或概念，在中国语境中不仅仅是在理性的、知识论层面上被作为概念来理解和运用，更是在情感、态度、信念等情态和价值论层面上被作为观念来引进和认同。中国近现代知识分子从国家富强、民族振兴的家国情怀、历史担当和价值偏好来选择、引进、诠释、理解、认同和运用这些来自西方的现代性观念，这些观念构成了具有中国特色的价值观念、公共意识等“中国化”的现代性精神光谱和意识形态要素，中国近现代知识分子以此引导中国民众的社会实践和行动、建构社会规范和体制、促进形成社会心智和风气，重塑了中国社会，从而推动中国社会由传统向现代的转型。因此，对于中国现代思想史研究来说，从知识论与价值论相结合角度对观念的研究比起单纯从知识论角度对概念的研究更为切合思想与历史的实际和逻辑，也更有历史和现实的意义。其实，在中国的思想语境中，对观念与概念并没有做严格的区分。近些年来，中国现代观念史研究逐渐得到学界

① 高瑞泉：《观念史何为?》，《华东师范大学学报》（哲学社会科学版）2011 年第 2 期。

的响应，并初步形成一些研究成果，诸如冯天瑜的《“封建”考论》，金观涛、刘青峰的《观念史研究：中国现代重要政治术语的形成》，许纪霖、宋宏编的《现代中国思想的核心观念》，高瑞泉的《中国现代精神传统——中国的现代性观念谱系》，黄兴涛的《重塑中华：近代中国的中华民族观念研究》，孙江主编的以书代刊已出版4卷的《亚洲概念史研究》等，体现了中国现代观念史研究的理性自觉。

二 “中西古今”的视域融合

中国现代观念史研究的自觉，首先必须体现在方法论的自觉上。其实，斯金纳的“历史语境主义”、从观念与社会和文化互动的视角来把握观念的历史演进的观念社会史研究、文化心态史研究、观念史研究的“空间转向”、解释或实证的方法等，都可以理解为是思想史或观念史研究的某种新的视域和方法、分析范式和框架的创设，它深化和拓展了思想史和观念史研究的论域，推动了思想史与观念史研究的发展。

如果将启蒙运动以来的现代观念置于西方世界中来论辩其原生意义，那么，在“历史向世界史转变”直至今天的全球化时代，这种视野不免显得过于狭窄。现代观念史研究的开创者洛夫乔伊强调，不能将观念史研究局限在某一民族国家之内，认为“观念是世界上最具迁徙性的事物”。哈佛大学历史系教授大卫·阿蒂米奇提出把思想史研究与全球史研究结合起来，从全球性的视角来研究思想观念传播流动过程中意义的再生产。在时空转换的具体历史语境中，不同的地域、族群会按照不同的历史传统、心理习惯和实践需要来理解、诠释并赋予外来观念新的意涵。“正是这样全球性的思想观念及其载体在不同空间的流通所产生的变异，以及在不同的空间中人们如何使用这些思想观念来组织自己的现实世界，才突显出要从全球性的视角来展开考察的价值。”① 源自西方的现代观念群，在全球性传播翻译过程中会出现意义的增减和变异，观念史研究必须关注观念传

① 李宏图：《观念史研究的回归——观念史研究范式演进的考察》，《史学集刊》2018年第1期。

播的“空间转向”，在积极的意义上来考察观念的这种空间位移而创造性地衍生出的新的意涵和所起的作用，研究观念在跨地域、跨国界传播流动过程中意义的生产和再生产，并把它看作观念意义的丰富化；研究现代观念在时空流动中为何种特定的目的所使用，不同地域和民族的人们如何理解和使用这些观念来认识现实世界，引导和组织他们的实践活动，建构社会组织和制度，形成价值、心智和社会风气，从而塑造他们的现代社会和现代人。

那么，我们应该在什么样的历史语境中来把握构成中国现代思想史的那些核心观念及其意谓？

从宏观上看，绕不开“中西古今”这一大视域，以及这种“中西古今”的视域融合问题。近代以来进入中国思想界的现代观念，在中国的“历史语境”中，大都历经着中西古今的纠结与会通，传统与现代的断裂与连接。中国现代观念群蕴涵着“中西古今”的思想印迹，在“中西古今”的视域中涵化出中国现代观念的“中国化”和“中国性”的意谓。

“中西古今”是把握中国现代观念变迁的大势、全局的大视域。“中西古今”这四个字所运演的是中国社会在世界历史的现代化时代的变革转型、路向选择、价值重塑和文化认同问题。中国现代思想的观念群，囊括的大多是近代西学东渐——由西方传入的现代启蒙观念。张灏在《中国近代思想史的转型时代》一文中把 1895～1925 年看作“中国思想文化由传统过渡到现代、承先启后的关键时代”①。全面意义上的西学东渐，正是在这一时期发生的。胡适曾说新文化运动其实是新名词运动，这些新名词在中国社会“发挥了魔幻而神奇的效力”。中国近现代知识分子既从这些来自异域的思想观念中找到中国社会思想启蒙的话语资源，又借助文化历史传统和中国社会现实需要来选择、诠释和运用这些观念，掺杂进诠释者自身的价值期待和预设，在中国近现代的历史语境中赋予这些来自西方的思想观念以“中国化”的意谓。其实，文明在一定程度上都内化有他者的痕迹，近代以来，来自西方的现代观念，在中国的传播流布过程中已然蕴涵

① 张灏：《中国近代思想史的转型时代》，载许纪霖、宋宏编《现代中国思想的核心观念》，上海人民出版社，2011，第 3 页。

了中西方在认知和价值上的张力，其实际意涵已经打上近现代中国社会、政治、思想和传统变迁的印记，成为近现代中国社会历史进程的显示器和推进器。

所谓“中西古今”的大视域，指的是在近代以来进入中国的现代思想观念，蕴涵着中国与西方、历史与现实、传统与现代的视角的冲突与融合，而且这四重视角又相互交织重叠、互为中介，形成错综复杂的宏大视域。在这一宏大视域中蕴涵着中国社会由传统向现代的社会转型的历史进程中的时代问题和思想光谱，展开中国现代思想观念演变的种种聚讼纷纭，生成“中国化”的现代思想观念和意识形态，也留下诸如“中体西用”“综合创新”“创造性转换”“创新性发展”等文化选择和文化主张的未尽话题。只有在这样一种视域交叠和融合的张力中，才能真正把握中国现代观念的价值和意义。在这样一种宏观视域中，通过对中国现代观念群意义生成的理解，推衍出如下几重关系或方法论问题。

（1）中与西、古与今的比较问题。即西方现代观念原生语境和原生意义与这些观念在中国的再生语境和再生意义的横向比较，中国古代的、传统的思想观念与中国现代的思想观念的纵向比较。比较的内容主要有观念的语境、观念的内涵和观念的价值（意义）。这种比较构成中国现代观念史研究的纵横轴、坐标系，通过这种比较来察其全、会其曲、通其变，从中析出现代观念在中与西、古与今的不同语境中的同和异、通和变、互镜和互补。

（2）“中西古今”的比较而产生的视域融合问题。即中国人对来自西方的现代观念，总是在自己的历史语境中，带着自己的“前见”，立足于当下的现实情境，根据中国的问题，基于自身实践的需要，来选择、诠释、接受和运用这些观念，这样就形成了被诠释的观念、观念的诠释者、当下情境的不同视角的接触和交叠而产生的解释张力，即所谓“视域融合”。这种融合不仅是中国的视角与西方的视角的融合，也是传统与现代、旧视域与新视域的融合，在视域融合中形成对观念的新的理解、新的意义。

（3）“中西古今”的视域融合中观念的会通问题。视域融合过程呈现为实际的观念运动，这种观念运动是“古代传统、西方思想和现代人的创造之间的辩证运动的结果”[①]。在这种辩证运动中，传统性与现代性已构成观念的文化生命的连续体。这种视域融合的观念运动可以用中国传统哲学讲的“会通”来理解。《易传》有云：“圣人有以见天下之动，而观其会通。”（《易传·系辞上》）孔颖达把“会通”疏解为“观看其物之会合变通”，主张思想文化的融会贯通。“会通”即各种思想观念会合疏通，也就是调和其矛盾，寻找其交集，把握其通变，互文互释，异质互补，融合创新。如儒道会通产生了魏晋玄学，儒释道会通产生了宋明理学。梁启超用“新知附益旧学”来说明近现代中国知识分子会通中与西、传统与现代的路径，如他用康德的“自由意志”类比王阳明的“良知”，用培根的“工具论”比附朱子的“格物致知”。中国传统思想观念，在新的历史语境中“附益”上来自西方的“新知”而获得新的意蕴，传统的“旧学”原先隐藏的意义被现代的“新学”所显现、激活，但其实这些“旧学”已经附益上“新知”，是新旧两种“视界融合”而产生的“效果历史”。因此，在观念史研究中必须关注中西古今视域融合的会通问题，寻求中西古今之间互释的张力和交集，诸如论域的接轨与视域的交叉，在思想交锋中发现差异，在差异论辩中寻求共识，在异质互补中获得新知。

（4）“中西古今”观念会通中的知识（真理）与价值的关系问题。在中国的思想传统中，“天道”和“人道”是相通、相应、相和的。讲“天道”并非目的，而是用“天道”来解释、证成“人道”，用“自然”来推衍“人事”（如《周易》有云，“天行健，君子以自强不息”，“地势坤，君子以厚德载物”），给“人道”的价值关系寻找一个客观的、知识和真理性的根据，以便弘扬“人道”（价值）。同样的道理，近代以来中国知识分子引入西方的现代知识、思想观念之“公理”“真理”“科学”来观照中国社会的问题和因应之道，如用“进化论”的自然观来论证“变易”的天道观，再用“天道”与“人道”统一的观念来推出变动进化的历史观和人生观。西方的现代概念由工具理性之“技”进于价值理性之“道”，而成为中国人思考自己的处境和命运的工具，把握社会历史变迁大势的视界，解释和建构社会现实的观念意识形态。如“科学”“进化”“阶级”“革

① 高瑞泉：《中国现代精神传统——中国的现代性观念谱系》，上海古籍出版社，2005，第9页。

命”等观念都具有这种真理与价值、工具理性与价值理性融通性质。对于中国近现代知识分子来说，这些来自西方的现代观念，既是科学的真理，又给中国社会带来解放和进步，其真理性与价值性在中国的近现代历史语境（历史、现实和实践）中得到会通，是互文互释的一而二、二而一的东西。

（5）“中西古今”视域融合会通中的观念创新问题。观念创新有两种意谓：一是观念在新的历史语境中生发出新的理解、新的内涵和新的意义，二是基于中国现代实践而创造出新的现代观念。从诠释学的角度看，观念在中西古今的视域融合会通过程中形成新的理解、新的意义、新的视界，即可理解为一种观念创新。如“进化论”观念在与中国古代朴素的辩证思想以及近代社会实践的需要的融合会通中而衍生出“更新”“进步”“发展”等新的价值旨趣。张岱年等人提出综合创新论，创新的基础和前提是辩证的综合，说这种综合是辩证的，是因为它抛弃中与西、古与今、传统与现代二元对立的僵固思维模式，对中西古今思想观念的要素和结构进行科学的分析、筛选、综合和取舍，而这种综合和取舍的根据还在于中国社会现代化的需要。说它是创新的，是因为这种辩证综合所生发出来的思想观念其内涵和意义不是中西古今各要素的简单机械的相加，而是在克服和保留、同化和顺应、互补和增益过程中而具有新的内涵和新的意义。与“综合创新论”类似的是“创造性转化”一说。林毓生认为，这种“创造性转化”，“第一，它必须是创造的，即必须是创新，创造过去没有的东西；第二，这种创造，除了需要精密与深刻地了解西方文化以外，而且需要精密与深刻地了解我们的文化传统，在这个深刻了解交互影响的过程中产生了与传统辩证的连续性，在这种辩证的连续中产生了对传统的转化，在这种转化中产生了我们过去所没有的新东西，同时这种新东西却与传统有辩证地衔接”①。所谓“转化”，即西方的或传统的观念转化为中国现代观念，也就是说中国现代观念不是无中生有，而是从中西古今相互作用中转化出来的；所谓“创造性”，即在新的历史语境中所增益的新的理解和运用。可见，近代以来进入中国历史语境的现代观念，无论是综合创新还是创造性转化，从根本上看，说的还是中西古今视域的融合会通问

① 林毓生：《中国传统的创造性转化》，生活·读书·新知三联书店，1988，第291页。

题，在这种融合会通中，中西相应而化其西，新旧相资而新其故，从而产生“中国化”的新的理解和新的社会功能。其实，任何思想观念的创新都不是无中生有，中国现代思想观念也不是在“一张白纸”上涂鸦出来的，新观念总是刻印有“此前”与“他者”的思想痕迹。但现代观念也不是“西方”或“传统”的依样画葫芦式的照搬，而是附益上新的视界、新的理解和新的意义。如所谓“中国特色社会主义”就是对“社会主义”观念和模式的一种创新，“中国特色社会主义现代化”就是对“现代化”观念和模式的一种创新。近代以降，中国现代观念创新主要是在这一意谓上的创新。至于观念创新的第二种形式即基于现代中国社会实践而创造出现代新观念，随着中国特色社会主义现代化实践的深入发展，体现当代中国文化自觉和文化自信的观念创新已然具有其经济、社会和文明的厚实的基础，诸如“以人为本的科学发展观”“新发展理念”“人类命运共同体”“一带一路”等体现全球化时代发展要求的创新性观念正在得到普遍的认同。

（6）“中西古今”视域融合中的观念的中国主体性问题。对近代以来进入中国的西方现代观念总有一个“谁在选择”“谁在引进”“谁在理解”“谁在运用”的主体以及主体性问题，即对现代观念选择、诠释和运用的主体以及主体在选择、诠释、运用现代观念的自主性、自觉性、自为性和自创性问题。不管是“以西化中”还是“以中化西”，都是中国人基于中国的传统，根据中国的现实问题和中国的实践要求来引进这些现代观念，其理解和实践运用的主体是“中”而不是“西”。这种主体的性状及其作用使得现代观念实现了“中国化”而具有“中国性”。胡适早年曾用西方的文艺复兴来比附新文化运动，认为中国的文艺复兴正在变成一种现实。这一复兴看起来似乎带着西方色彩，“但剥开它的表层，你就可以看出，构成这个结晶的材料，在本质上正是那个饱经风雨侵蚀而可以看得更为明白透彻的中国根底——正是那个因为接触新世界的科学、民主、文明而复活起来的人文主义与理智主义的中国”。[①] 中国文化传统具有相当大的包容空间和“消化”系统。中国现代观念史就是一部对来自西方现代观念的包容、消化的历史。在观念史的“中西古今”的视域中，观念的选择、诠

① 胡适著，欧阳哲生、刘红中编《中国的文艺复兴》，外语教学出版社，2001，第151页。

释、理解、会通和运用的主体的主导性和决定性的作用不能被湮没，如果我们对近现代以来进入中国的现代观念只知道其“西方性”“现代性”，而不知其“中国性”，那是一种东施效颦式的本末倒置。学习他者并非复制他者，如鲁迅当年所言的那样，吃了牛肉羊肉，并不就会变成牛羊，而是为了强壮自身。中国现代观念史正是中国人根据自身的需要对西方现代观念选择和接受的历史，是运用这些现代观念来指导中国现代化实践和制度建构的历史，同时也是在中国社会的文化传统和现实实践的语境中来重建这些观念意义的历史。这些现代观念已“中国化”成为中国现代性的一个内部因素，成为中国现代性的“肉身”，成为中国现代性的一个内部问题，而不是外在于中国现代思想史或观念史的一个外部问题。西方的这些现代观念已然创造性地转换为中国现代思想传统的组成部分，在现代中国历史进程中发挥其作为思想力量的引导和塑造作用，并焕发出新的生机活力。亨廷顿认为当代世界“正从根本上变得更加现代化和更少西方化”①。现代化并非“西方化”，并非只有西方的属性、道路和模式，而是多样性的现代化、具有具体特色的现代化，如“现代化”观念及现代化发展道路在现代化的“中国道路”“中国模式”“中国经验”“中国方案”的“中国化”过程中被赋予“中国性”意谓。近现代以来，中国人正是以“中国性”的现代观念塑造了这种中国特色的现代化。

三　反思性诠解

在上述的“中西古今”视域融合中来考量中国现代观念史研究，首先要梳理和考辨近现代以来传入中国的被中国人所接受的，并成为中国近现代社会的理论和话语建构、生活和实践导向、组织和制度创设、精神和价值塑造的现代观念谱系。高瑞泉在《中国现代精神传统——中国的现代性观念谱系》一书中对“古代传统、外来的西方观念和近代中国人的精神创造三者如何互相纠结，逐渐形成的现代性观念谱系”进行研究。由孙江主

① 〔美〕塞缪尔·亨廷顿：《文明的冲突与世界秩序的重建》，周琪等译，新华出版社，1998，第71页。

编的《亚洲概念史研究》设想从“影响20世纪东亚历史的100个关键概念”入手，梳理这些概念的生成历史以及由此建构的知识体系。[①] 金观涛、刘青峰在《观念史研究：中国现代重要政治术语的形成》中把观念理解为由一个或几个关键词所表达的思想，把92个中国近现代政治术语归为十类，具体地考证、分析其在不同时期的含义和用法。[②] 从政治思想史角度来看，诸如科学、进化、真理、竞争、自由、民主、平等、法治、共和、立宪、人民、个人、权利、人道、经济、资本、工业、市场、发展、现代化、民族、国家、社会、世界、革命、改革、阶级斗争、主义、封建主义、资本主义、社会主义、共产主义、马克思列宁主义等，构成中国近现代政治思想的意识形态观念谱系，中国近现代社会正是根据这些核心观念来建构中国社会的现代性。

其次，必须在中国的历史语境中来考辨这些基本观念在什么意义上被接受和运用并涵化衍生出新的意义。观念史研究既需要学术意义上的梳理和考证，又需要思想层面上的诠释和反思，对进入中国历史语境中的现代观念的含义、意旨、扩延、变迁、再生意义等梳理、考量、理解，以把握其变迁的思想轨迹，这是观念史研究真正要做的基础性的工作。具体来看，中国对来自西方的现代观念的认同和接受是一个复杂的主体反思性诠解、选择和运用过程。

(1) 基于解决中国社会问题和满足实践需要这一价值目标对西方现代观念进行价值性、目的性的反思和选择。如赫胥黎的《进化论与伦理学》的本意是抨击社会达尔文主义，严复将其译成《天演论》，命名只取原著书名的前一半，对赫胥黎在该书中提倡的维护人类伦理观念、反对社会达尔文主义所鼓吹的“弱肉强食”的“丛林法则”的宗旨并未理解关注，相反，对赫胥黎所抨击的斯宾塞的社会达尔文主义思想大加颂扬。这正如史华慈所说的，严复发现的是斯宾塞而不是赫胥黎。严复之所以这样做，是因为在列强虎狼环视的近代中国，必须唤醒国民的生存竞争意识来应对挑战，这是严复选择性译解的目的，《天演论》因此而成为近代中国的醒世警钟。

---

① 孙江主编《亚洲概念史研究》第4卷，商务印书馆，2018，开卷语第1页。

② 参见金观涛、刘青峰《观念史研究：中国现代政治术语的形成》，法律出版社，2009。

（2）在目的性反思和选择的前提下对西方现代观念合理性、真理性、可信性的反思。而这种合理性、真理性、可信性的反思是对这些现代观念认同的思想前提。如将“进化”译为“天演”是在中国传统思想的诠释系统中，赋予“进化”以“天道”“客观”“必然”的意谓，来说明社会历史的“人道”也必然要顺乎自然“天道”。中国人对西方现代观念的选择和认同既要有价值层面的合理性考量，又要有事实层面的合理性的印证，体现了一种“实用理性”的精神特质。价值层面的合理性考量即上述所说的价值性、目的性的反思选择，事实层面的合理性考量则以“科学”的多重修辞意义来诠释。胡适当年说过：“这三十年来，有一个名词在国内几乎做到了无上尊严的地位；无论懂与不懂的人，无论守旧和维新，都不敢公然对他表示轻视或戏侮的态度。那个名词就是‘科学’。”① 对现代观念赋予“科学”的修辞，使这些观念当即获得了合理性、真理性、可信性、可行性、有用性、有效性指认。如科学的世界观、科学的历史观、科学的人生观、科学的发展观，马克思主义是科学，新民主主义文化是科学的文化，如此等等。“科学”在中国成为一种衡量现代思想观念的进步性、真理性的元叙事而被信仰，从而被赋予意识形态的修辞和建构功能。

（3）进而对被引进的西方现代观念与中国的文化历史传统、现实社会情境的同异性、适应性和修辞性进行比较和反思，厘清现代观念的本义、在中国历史语境中的附会义和引申义。李大钊当年就指出：“大凡一个主义，都有理想与实际两方面。例如民主主义的理想，不论在哪一国，大致都很相同。把这个理想适用到实际的政治上去，那就因时、因所、因事的性质情形，有些不同。”② 在这里，要关注观念传播在不同语境中可能出现歧义甚至误读误用等问题。如“法治”在西方语境中侧重于“治权”，在中国近现代语境中则侧重于“治民”。产生这种歧义或误解的原因，一是在译介的语言层面，西方的一些观念或概念很难在汉语中找到意义完全相同的对应词，从而出现“译不准”问题；二是中西方在思维方式、逻辑构造、思维定式上的不同，导致对西方观念或概念的误解；三是由于中西方历史传统、价值取向和生活经验的迥异，在译介引进西方现代观念时会出

① 《胡适文存》二集，黄山书社，1996，第140页。

② 李大钊：《再论问题与主义》，载《胡适文存》，黄山书社，1996，第170~171页。

现“我注六经”式的牵强附会，这种在生存论意义上的差异是更为重要的原因。因为在观念史研究论域中，生活世界的价值和意义归根结底处于优先地位，尽管在叙述和修辞的过程中它常常隐而不彰。

（4）对西方现代观念在中国社会运用（诸如社会动员和改造、组织和制度创设、社会风气和精神的塑造等）的实践性和效用性的反思。章太炎认为，价值观念的形成，需要经过“因政教则成风俗，因风俗则成心理”[①]的过程。一种新的观念在具体历史语境中成为社会变革的力量，并不只是停留在书斋里，而是要通过社会政治、法律、制度创设安排和教育宣传活动，由政治叙事变成大众话语，进入世俗社会的生活和实践中，成为一种社会风气，并积淀为一种社会心理。政教、风俗和心理所构成的社会整体才体现了某种观念在社会生活和实践中的价值有效性。如西方进化论观念，得到中国社会的普遍认同，成为近现代中国知识分子和社会精英观察世界、变革现实、追求民族独立和社会进步的一个核心的思想观念，也为此后唯物史观在中国的传播提供了思想和文化心理的准备。对现代观念的实践性和效用性的反思，还要看到现代观念在中国近现代不同历史时期的运用的效果。如“阶级斗争”观念在中国现代革命斗争和在“文化大革命”时期的运用的结果不仅不同，甚至相反。

（5）基于新的历史语境对现代观念的再反思。语境不是封闭的、完成的，而是未完成的、连续再生的，语境具有开放性、不确定性、变化性。同样，进入中国语境中的现代观念也必然随着历史语境的变化而衍生出新的意义。观念史不是那些旧有观念的历史档案馆，对观念的研究与诠解不能只是一种纯学术工匠式的“照着讲”，而应该是在新的历史条件和实践情境中用新的思想与方法把观念史读活，读出新意来，即要“接着讲”。如严复的《天演论》是以儒家经典《易经》和《易传》里的变易思想与斯宾塞普遍进化思想相接榫。《易传》里说的“天行健，君子以自强不息”，意在强调人应该以古代圣贤为楷模不断完善道德修养，而严复强调的“自强”则是基于近代中国的“危局”要求通过社会变革使民族国家进步富强。再如“发展”观念，最初的意涵主要是现代化的经济增长和社会变迁，随着中国社会改革开放和现代化实践的不断深入，发展观则逐渐超

---

① 《章太炎全集》第四卷，上海人民出版社，1985，第445页。

越了原有的意涵，被赋予“可持续”、“以人为本”和“创新、协调、绿色、开放、共享”等新的意谓。

经过上述这五种反思性的诠解，这些现代观念真正成为“中国现代观念”或“中国化的现代性观念”。在哲学层面上，我们可以把中国现代性建构看作一套源于理性的观念系谱重建和基于这种价值观念的社会发展模式设计：社会发展模式设计如当前纷呈热议的中国特色、中国经验、中国模式、中国道路——现代化的中国性；价值观念重建如社会主义核心价值观、人类命运共同体、生态文明、包容性全球化、和谐共享、合作共赢、以人为本的科学发展观、新发展理念等。观念史研究必须在时代的自我意识和文化自觉的意义上来开掘现代观念的丰富资源，通过反思性诠解，澄明这些现代观念在当下实践和生活中生发出来的意义和价值，从而为当代中国现代化建设提供思想和话语前提。

（本文原载于《东南学术》2019 年第 6 期）

当代中国哲学话语建构的若干问题*

第一，建构当代中国哲学话语体系，在思想、观念层面上塑造当代中国的思想自我，如黑格尔当年提出的让哲学说德语，让哲学说中国话正是当代中国哲学的根本使命。

第二，从哲学本性来看，理性与反思、自由与真理是哲学话语不可或缺的关键词。马克思当年就把哲学理解为“自由的理性行为”。哲学以思想的方式走进时代实践与现实生活，是哲学家以自由的心灵、理性的沉思以及对生活独特感受与深度理解去揭示、把握、反思我们这个时代所面临的至关重要的问题，从而为当代人的生存与发展提供核心理念。

第三，当代中国哲学话语建构必须建立在以往哲学成果基础上，把这些成果作为背景性因素融入哲学话语建构中，了解马克思主义哲学、西方哲学、中国哲学（狭义）在当代研究的问题与话语、特点和趋势，会通中、西、马，寻求三者之间互释的张力和交集。

第四，哲学话语体系建构，在方法论上有宏观、中观和微观三个层面的问题。

（1）从宏观上看，绕不开中西古今问题。要在当代中国语境中进行综合创新。要防止食洋不化、食古不化。

（2）从中观上看，要解决学术话语、政治话语、大众话语的区别与联系问题（我将之理解为理论理性、政治理性、大众理性的关系问题），即

* 本文为笔者在 2016 年全国党校哲学论坛上的发言提纲。

知识分子文化的意义形态、政治文化层面的意识形态、大众文化的意象形态三者的分与统问题，寻找其转换的通道。

（3）在微观上要解决一些方法、技术层面的问题，如语言上的逻辑性、清晰性、可证实性，防止副词、形容词的滥用——“新奥卡姆剃刀”——如无必要，勿增副词、形容词；厘清概念、原理诠释的边界和问题域；概念、原理诠释的不同语境可能出现的误译、误读、误用问题；等等。概念史、观念史的研究。

第五，建构当代中国哲学话语体系，要改变近代以来的“以西解中”的单向的诠释维度，在一种双向的、多向的互释中进行话语建构。哲学话语不是自话自说，不是话语独白，要使人家听得懂、听得进，还要使人家听后觉得你讲得有道理，然后还会认同你的话。

第六，在中国社会现代化的历史实践进程中来把握当代中国哲学话语建构——关注中国现代性问题。

（1）改革开放以来，中国哲学在思想层面上充当了中国社会现代性启蒙、现代性批判、现代性建构（中国特色社会主义现代化）的角色。启蒙、批判、建构的任务都还没有完成，并且交叠在一起，这使研究变得困难，但也给哲学研究提供了新的问题域和发展的可能性空间。

（2）要考量近现代以来哲学对现代性的分析批判框架：如康德——理性的批判，马克思——资本的批判，维特根斯坦——语言的批判，海德格尔——存在的批判，弗洛伊德——精神心理的批判，法兰克福学派——文化工业、技术理性的批判，生态学马克思主义——生态学批判，列斐伏尔——日常生活批判，鲍德里亚——消费主义批判，现代新儒家——道德理性批判，等等。一方面，反思批判当代人生存异化、物化和意义危机；另一方面，以理性反思方式建构引导现代人生存活动的价值理念。

（3）要明确现代性的个性与共性，现代性的中国语境与西方话语的区别与联系，要防止现代性批判中的话语平移而导致的一种“关公战秦琼”式的闹剧和“南橘北枳”的结果。

（4）从哲学角度可以把现代性看作一套源于理性的价值系统与社会模式设计。

社会模式设计：如中国特色、中国经验、中国模式、中国道路、中国方案、“一带一路”——现代化、全球化的中国性。

价值重建：如社会主义核心价值观、人类命运共同体、包容性全球化、和谐共享、合作共赢、以人为本的科学发展观、新发展理念等；基于当代中国人生存实践和生存意义的真、善、美、圣等人文价值系统的构建。

图书在版编目(CIP)数据

哲学的反思与反思的哲学 / 林默彪著. -- 北京 : 社会科学文献出版社, 2023.7
(哲学与社会发展文丛)
ISBN 978-7-5228-2079-8

Ⅰ.①哲… Ⅱ.①林… Ⅲ.①哲学-文集 Ⅳ.①B-53

中国国家版本馆 CIP 数据核字(2023)第 118669 号

哲学与社会发展文丛
哲学的反思与反思的哲学

著　　者 / 林默彪

出 版 人 / 王利民
责任编辑 / 黄金平
文稿编辑 / 周浩杰
责任印制 / 王京美

出　　版 / 社会科学文献出版社 · 政法传媒分社 (010) 59367126
地址：北京市北三环中路甲 29 号院华龙大厦　邮编：100029
网址：www.ssap.com.cn
发　　行 / 社会科学文献出版社 (010) 59367028
印　　装 / 三河市东方印刷有限公司

规　　格 / 开 本：787mm × 1092mm　1/16
印 张：18.5　字 数：302 千字
版　　次 / 2023 年 7 月第 1 版　2023 年 7 月第 1 次印刷
书　　号 / ISBN 978-7-5228-2079-8
定　　价 / 128.00 元

读者服务电话：4008918866